ラーニング・コモンズ

大学図書館の新しいかたち

LEARNING COMMONS

加藤信哉
小山憲司［編訳］

勁草書房

US Academic Libraries: Today's Learning Commons Model
Originally published by the OECD in English under the title: US Academic Libraries: Today's Learning Commons Model, PEB Exchange 2008/4, OECD Publishing, © 2008 OECD © 2012 by Keiso Shobo, JAPAN for this Japanese edition. Published by arrangement with the OECD, Paris.
The quality of the Japanese translation and its coherence with the original text is the responsibility of Keiso Shobo, JAPAN.

The Information Commons: The Academic Library of the Future
from Portal: Libraries and Academy, 3:2(2003), 241-257.
Copyright © 2003 The Johns Hopkins University Press.
Tranlated for publication with permission of The Johns Hopkins University Press through Japan UNI Agency, Inc., Tokyo

The Evolving Landscape of the Learning Commons
LR, vol.56, no.9, 2007
Japanese translation rights arranged with Emerald Group Publishing Limited through Japan UNI Agency, Inc., Tokyo

The Information or the Learning Commons: Which Will We Have?
Reprinted from The Journal of Academic Librarianship, Vol.34, Scott Bennet, Pages 183-185., Copyright (2008), with permission from Elsevier.
Permission arranged through Japan UNI Agency, Inc., Tokyo

Evolving a new model: the information commons
RSR v.34, no.2, 2006
Japanese translation rights arranged with Emerald Group Publishing Limited through Japan UNI Agency, Inc., Tokyo

Disconnects between library culture and Millennial Generation values
EDUCAUSE Quarterly Vol.29 No.4, 2006.
Copyright © 2006 by Robert H. McDonald and Chuck Thomas
Japanese translation rights arranged with the authors through Japan UNI Agency, Inc., Tokyo

First Questions for Designing Higher Education Learning Spaces
Reprinted from The Journal of Academic Librarianship, Vol.33, Scott Bennet, Pages 14-26., Copyright (2007), with permission from Elsevier.
Permission arranged through Japan UNI Agency, Inc., Tokyo

Linking the information commons to learning
Learning Spaces (excerpt). Copyright © 2006 by Joan K. Lippincott
Japanese translation rights arranged with the author through Japan UNI Agency, Inc., Tokyo

Reference services in the commons environment
RSR v.34, no.2, 2006
Japanese translation rights arranged with Emerald Group Publishing Limited through Japan UNI Agency, Inc., Tokyo

What is common about learning commons? A look at the reference desk in this changing environment
from The desk and beyond: next generation reference services
Copyright © 2012 by Association of College and Research Libraries
Permissions arranged with American Library Association through Japan UNI Agency, Inc., Tokyo

はじめに

　本書の原型は，2004年から6年間にわたり実施した大学図書館に関する研究の成果の一部としてまとめた報告書である。この研究は，2004年度から2006年度には「電子情報環境下における大学図書館機能の再検討」，2007年度から2009年度には，「電子情報環境下において大学の教育研究を革新する大学図書館機能の研究」という課題名で交付された科学研究費補助金（基盤研究B）の助成をうけて実施したものである。その基本的問題関心は，6年間を通じ一貫しており，21世紀にはいって急速に電子化した学術情報流通環境下における大学図書館の変貌とその将来であった。しかし，その研究の成果の大半はこの革命的とも言うべき変貌を記述することであり，将来を展望するだけの十分な議論ができたかについては留保せざるを得ない。もちろん，学術研究としては，この時期の事実をある意味で歴史として正確に記述することは重要であり，とりわけその変化を定量的に特徴づけられたという点において，データと分析とを後世に残すことができたと自負している。しかし，大学という知識の生産（すなわち研究）と伝達（すなわち教育）の場に位置する大学図書館に関する研究は，ますます社会的機能を問われるようになってきた大学，高等教育機関，研究機関の近未来の方向性を検討することに寄与しなければならないが，まさにその点については十分に満足しているとは言い難い。

　その中にあって，大学図書館の教育面における展開の方向性を示す本書は，その近未来の姿を構想するという意味で，一連の研究が目指してきた将来像の構築という目的を達成する成果にほかならない。従来の大学図書館は，世界から学術的に価値がある印刷出版物を購入し，保存，管理するとともに，学生，研究者の利用に供するという役割を果してきた。なぜならば，研究にも教育にも情報が必要であり，その媒体は印刷出版物であったからである。ところが，学術の世界における情報伝達の媒体は，印刷出版物であることをまさにやめようとしている。現代の大学図書館の資料費の三分の二は，電子的資料の利用契

約のためのものである。したがって，情報媒体が印刷出版物であることを必要条件とする大学図書館の機能定義は，この時代には妥当しないことになることは論理的な帰結である。

　では，そのような時代における大学図書館の機能とはそもそも何であり得るのだろうか。資料の導入，管理，提供が大学図書館の本質的機能でなくなった現在においては，それまではいかにも補助的な仕事のように見えていた利用者に対するサービス，それも資料提供以外のサービスが重要になることはいうまでもない。しかし，大学図書館は，学生の学習活動の支援の主体として自分の機能を定義し，大学内においてそのように自らを位置づけることには慣れておらず，その結果当然，さまざまな議論と試行が繰り返されつづけている。しかも，教員との関係においては，主として研究面における資料整備，および近年では機関リポジトリによる研究成果発信支援が中心となってきているので，大学図書館が学生に対する大学の教育活動のなかではどのような機能を担うかということを問題とする必要がある。いまや，その機能の重要性が増大するということそのものは自明であろう。ある意味でその先駆といえる現象は，すでに，「インフォメーション・コモンズ」，「ラーニング・コモンズ」という機能が北米の図書館において実現されつつあったということが，プロジェクトに参加した研究者，図書館員の共通の認識であった。その意味でこれらの実践に関する構想，報告，記録をよりわかりやすい形で整理しておくことは，これからの大学図書館を構想する基礎を提供すべき研究プロジェクトとして重要なことであると考えるに至った。また，このような論文を整理し，それを日本の図書館職員にも利用しやすい情報を提供することになるように日本語で読める形でまとめることも重要であると考えていた。

　では，このような動向の先にあるものは何なのであろうか。まず重要なことは，この疑問に対する解答を誰ももっていないという認識である。つまり，もはや先進事例を学んで，それを改良し実践するというような態度は許されない。もちろん，そのような態度が許されないからこそ，先進事例を知っておくことは不可欠の必要条件であり，本書の意義は強調しすぎることはできないのであるが，まさにこの先の構想は，ひとりひとりの図書館員に委ねられている。いや，この言い方は誤っているかもしれない。これまで，日本の図書館員が本当

の意味で，大学図書館の改革を先導したことがあったであろうか。もちろん海外先進事例の模倣という形のものは多々存在したが，日本の大学が置かれた事情から出発して次の世代の図書館の姿を示したことはなかったように思われる。

このことは，本書の読者として，図書館関係者のみが想定されているのではないことを意味している。大学において学生の学習にかかわる人々，すなわち，すべての大学構成員が想定された読者である。もし今後も大学に図書館が残るとしたら，それは，学習の場所として教室を代替するものでしかあり得ない。すべての資料が電子的に利用可能となるならば，学生はどこにいても，その資料を利用できるはずである。にもかかわらず，なにか学習の場所が必要であるとすれば，そこは，資料を利用する場所ではなく，端的に，学習の場なのである。つまり，すべての大学に共通する大学の目的を実現する場所でしかあり得ない。それをどう作るかということが問題であり，その出発点が本書である。

本書の背景について付記しておきたい。編者の一人の加藤信哉氏は，独自の関心からかねてより関連論文を収集，整理されており，本プロジェクトに研究協力者として一貫して協力いただき，このテーマに関する研究成果をまとめるにあたって，編集，翻訳再点検，およびイントロダクションの執筆の労をとられた。しかし，東北大学附属図書館，名古屋大学附属図書館に勤務され，とくに東日本大震災とその対応の最中にあったこともあり，編集の最終段階において，小山憲司氏が協力され，全体の編集の完成を図っただけでなく，独自の調査も加えて本書の意義を格段に深めることになった。また，「あとがき」を執筆されている竹内比呂也氏は，大学図書館の将来の方向性に関する千葉大学としての解答である「アカデミック・リンク」の構想，実現の激務の傍ら，編集作業の進捗を見守りつつ，勁草書房への仲介の労をとられた。また，巻末に読者の便宜を考え，國本千裕氏の手になるラーニング・コモンズに関する用語解説が付されている。僭越ではあるが，このような形で科学研究費補助金による研究プロジェクトの成果を一般書籍として提供することを可能とした各氏に感謝したい。

あわせて，この場を借りて，プロジェクト報告書の作成の段階でさまざまな協力をいただいた，谷川卓（日本学術振興会特別研究員（PD）），田中望

(University of Hawaii, Department of Linguistics 博士課程在学), 川端良子(千葉大学大学院自然科学研究科博士後期課程在学), 黒川恵（千葉大学文学部）の各氏には大変お世話になった。あらためて感謝したい。と同時に, 最後になってしまったが, 勁草書房の藤尾やしお氏には, 本書の刊行にあたって権利処理から内容的点検に至るまでご尽力いただき, 非常に価値ある論文集を読者に届けることが可能となった。筆者を含め, 本書の執筆, 編集に関与した一同心から感謝している。

土屋　俊

ラーニング・コモンズ

大学図書館の新しいかたち

目　次

はじめに（土屋　俊）

序章　ラーニング・コモンズ文献案内 ……………………………………… 1
　　　：翻訳論文のまえがきに代えて

　　　　　　　　　　　　　　　　　　　　加藤　信哉・小山　憲司

　　はじめに　1
　　1. ラーニング・コモンズと高等教育　2
　　2. 大学教育振興における図書館の役割　4
　　3. コモンズのイメージの二面性　6
　　4. なぜ今本書が必要か？　7
　　5. ラーニング・コモンズ関連主要図書の紹介　8
　　6. 収録論文の紹介　12
　　7. おわりに──残された課題　19

1章　米国の大学図書館：今日のラーニング・コモンズ・モデル ………25
　　　　　　　　　　　　　　　　　　　　スーザン・マクマレン

　　1. 計　画　26
　　2. 構成要素　26

2章　インフォメーション・コモンズ：未来の大学図書館 ……………37
　　　　　　　　　　　　　　　　　　　　ローリー・A・マクウィニー

　　1. 場としての図書館　38
　　2. 図書館に対する新しい要求　40
　　3. インフォメーション・コモンズ　41
　　4. 理論から実践へ　43
　　5. ミッション宣言とビジョン宣言　48
　　6. 計画報告と提案　49
　　7. 資　金　50
　　8. 統　計　52
　　9. 評　価　52

10. 正しいバランスを見つけること　54
  11. 将　来　56

3章　ラーニング・コモンズの進化する風景……………………63
　　　　　　　　　　　　　　　　　　　レジーナ・L・ロバーツ

  1. ラーニング・コモンズのビジョン　64
  2. コミュニティのセンターとしての図書館　65
  3. 「インフォメーション・コモンズ」対「ラーニング・コモンズ」　66
  4. 連携と計画　68
  5. ラーニング・コモンズにおける利用者行動　70
  6. ラーニング・コモンズにおける図書館員の役割　70
  7. むすび　74

4章　インフォメーション・コモンズあるいは
　　　ラーニング・コモンズ………………………………………77
　　　：私たちはどちらを持つのか？
　　　　　　　　　　　　　　　　　　　スコット・ベネット

5章　新しいモデルへの進化：インフォメーション・コモンズ……85
　　　　　　　　　　　　　　　　　　　メアリー・E・スペンサー

  1. はじめに　86
  2. 私達はいかにして到達したか？　振り返ってみる　86
  3. インフォメーション・コモンズの到来　89
  4. 成功を足がかりとする：次は何だ？　90

6章　図書館文化と新世紀世代の価値との断絶……………………95
　　　：図書館は次世代の学生にとって適切であり続けるために,
　　　　方針とテクノロジーの両面で変革を検討すべきである
　　　　　　　　　　　　ロバート・H・マクドナルド,チャック・トーマス

  1. 図書館文化　96

2. テクノロジーの断絶　97
   3. 方針の断絶　98
   4. 機会の断絶　99
   5. むすび　100
   6. 謝　辞　101

7章　高等教育における学習スペースの設計に当たって最初に
　　　問うべき質問 ……………………………………………103
　　　　　　　　　　　　　　　　　　　スコット・ベネット
   1. はじめに　103
   2. 6つの最初の質問　106
   3. 第2の質問　128
   4. 第1の質問への回答　130

8章　インフォメーション・コモンズを学習に結び付ける ………141
　　　　　　　　　　　　　　　　ジョアン・K・リッピンコット
   1. インフォメーション・コモンズの特性を明らかにする　141
   2. インフォメーション・コモンズを学習と結び付ける　145
   3. 教　室　150
   4. インフォメーション・コモンズの開発　151
   5. 結　論　159

9章　コモンズ環境におけるレファレンス・サービス ……………163
　　　　　　　　　　ダイアン・ダリス, キャロリン・ウォルターズ
   1. はじめに　164
   2. 背　景　165
   3. インフォメーション・コモンズの設計の開始　167
   4. リソース　169
   5. パートナーシップ　170
   6. 統合サービスポイント　171

7. 教育とワークショップ　175
8. コモンズ環境におけるレファレンス・サービス　176
9. 「コモンズ」というもの：単なる大きなコンピュータ・ラボなのか　179
10. ICを超えて　181
11. 次のステップ　182

10章　ラーニング・コモンズに共通するものは何か？　この変化する環境でレファレンス・デスクを見ると　185

ティム・ダニエルズ，キャロライン・C・バラット

1. 背　景　186
2. 方法論　188
3. 結　果　189
4. 担当者のデスクへの配置　191
5. 成功と課題　195
6. 不　安　196
7. むすび　197

終章　国内の大学図書館におけるラーニング・コモンズの現状　203
：アンケート調査を中心に

小山　憲司

はじめに　203
1. 調査概要　205
2. 調査結果　206
3. まとめ　218
調査結果表　222

用語解説（國本　千裕）　270

"ラーニング・コモンズ"を超えて（竹内　比呂也）　277
　：あとがきに代わる，日本の大学図書館への問いかけと期待

索　引　281

序章

ラーニング・コモンズ文献案内
――翻訳論文のまえがきに代えて――

加藤　信哉・小山　憲司

はじめに

　現在，大学生の学習態度は，インターネットを基盤としたデジタル情報環境の影響を大きく受けていることを大学教員は実感している。それだけでなく，客観的なデータもそれを示している。アメリカの大学生を対象に行ったある調査によれば，授業の課題を行うときに参照する情報源として，「読書課題として課された資料」に次いで，「検索エンジン」が2番目に挙げられている[1]。学生に限ったものではないが，日本国内のインターネット利用者を対象に2007年に行われた調査では，「知りたいことやわからないことはまずネットで調べてみる」という問いに対して，90％以上が肯定している[2]。現在，あるいは今後入学してくる大学生は，幼少のころからインターネットが身近に存在している世代である。なにか知りたいこと，調べたいことがあったときのファースト・チョイスがインターネットであるのは，自然なことである。

　学術情報がこれからますます電子化されていくなか，こうした行動様式をもつ学生の学習を支援するためには，大学図書館は紙の図書を主体とする知の蓄積と，静かに勉強できる空間を提供するだけでは十分とはいえるはずはない。紙，デジタルといった資料形態の垣根を取り払い，すべての資料を等しく効果的に利用できる環境と，そこで学生の学習を支援する適切なサービスこそが求められている。

　同様に，大学の学習・教育そのものも，デジタル情報環境抜きには成立しに

くくなってきている。eラーニングを実現する基盤はすでに現実のものとなり，さまざまな大学で実践されてきている。最近では，iPhoneやiPadなどのデジタル情報端末を積極的に学習・教育に取り入れている大学も少なくない。また学生は，一歩社会に出れば，PCの基本操作はもちろんのこと，電子メールによるコミュニケーション，インターネットを活用した情報収集，クラウドを利用した効率的な業務の推進，さらにはソーシャル・メディアを活用した広報活動など，デジタル情報環境を駆使したビジネス活動の場に出ていくことになる。

　大学進学率が50%を超え，大学進学を希望すればいずれかの大学に入学できる，大学全入時代を迎えた今日，高校生を対象とした学生募集（リクルート）は大学にとってもっとも重要な活動となり，そのなかでも，オープンキャンパスは重要な場面である。オープンキャンパスとは，入学を希望する高校生に大学に足を運んでもらい，大学の雰囲気を味わってもらったり，進学相談会を実施したりする，大学の広報活動である。その一環として学内の施設見学もよく行われ，大学図書館がそのコースに含まれることが多い。参加した高校生や入学したての学生に聞いてみると，図書館に排架された本の多さに圧倒されたという。知の蓄積を肌で感じられる「場」としての図書館の存在価値がそのときには，そこにはある。

　しかしかれらは上述のように電子化された文化に生まれ，電子化された文化に巣立つ。つまり，読まれない本がたくさんあるだけの大学図書館はかれらの生活の一部ではあり得ない。たしかに，大学図書館では早くからこうした環境の変化をとらえ，伝統的に行われてきた図書館利用教育を，デジタル資料の検索から利用までをも視野に入れた情報リテラシー教育という概念にまで拡張し，実践してきた。しかし，必ずしも学生生活の一部になり得ていない図書館に閉ざされた利用者教育は無意味であり，大学の中で存在感を示す図書館となるためには，教職一体となった学習・教育活動の推進に積極的に関わる必要がある。このための最重要のキーがラーニング・コモンズ（Learning Commons）である。

1. ラーニング・コモンズと高等教育

ラーニング・コモンズということばが，今日の大学図書館界において，市民

権を獲得しつつあることは誰もが認めるところであろう。しかしながら，その語が真に意味するものはなにか，これによって大学図書館が主体的になにを実現しようとしているのか，他方，大学図書館はどのような立場に置かれているのか，置かれようとしているのかについてまで，深く議論されていないのが現実であるように思われる。本書は，そうした議論に資する基礎的な情報を提供し，日本の大学教育に大学図書館がより効果的に貢献することを目指すものである。

2006年に我が国に初めてラーニング・コモンズを紹介したのは，現在東北大学附属図書館に勤務する米澤誠であった。ラーニング・コモンズが出現した背景を「学部教育の新たなパラダイム転換，すなわち学習理論が『知識の伝達』から『知識の創出・自主的学習』に移行したこととともに，顧客層の鮮明化の必要性という要因」に求め，ラーニング・コモンズを「ネット世代の学習支援を行う図書館施設もしくはサービス機能」と定義し，ラーニング・コモンズの事例として米国のマサチューセッツ大学アマースト校，マウント・ホリヨーク大学と英国のウォーリック大学を紹介している[3]。また，現在東京大学駒場図書館に所属する茂出木理子は，ラーニング・コモンズを「簡単にいえば，学習の場としての大学図書館を象徴する施設モデルであり，電子ジャーナルに代表される電子的な学術情報資源の普及により起こった「図書館不要論」や入館者の減少という大学図書館の危機に対する図書館側からの解決提言とも言える。」と説明し，上述した米国の2つの図書館を見学して紹介，報告している[4]。

海外の事例が紹介されるなか，国内でも多くのラーニング・コモンズの事例がみられるようになった。その嚆矢は，2000年4月に開学した公立はこだて未来大学と，同じく2000年9月に増築，開館した国際基督教大学のミルドレッド・トップ・オスマー図書館での取り組みであると考えられる。その後も，名称は多様であるが，お茶の水女子大学，東京女子大学，大阪大学，名古屋大学，上智大学等でラーニング・コモンズが開設され，いくつもの文献で紹介されている[5]。

こうした動きは，米澤が指摘するように，大学教育（学士課程教育）の動向に大きく関係している。特に，2008年の中央教育審議会答申『学士課程教育の構築に向けて（答申）』では，ユニバーサル化，グローバル化，知識基盤社

会などをキーワードとして，現代社会にふさわしい人材の育成と，それに見合った教育の質保障が大学に求められた[6]。その端的な例が，単位制度の実質化である。1単位あたり45時間の授業内外の学習時間を確保し，その成果にもとづき単位を認定するという単位制度の厳格な運用は，教育に直接関与する教員の教育活動の更新や教員自身の資質向上に加え，教育を直接的，間接的に支援する教職員全体の変革を求めるものである。ここには当然，学生の授業時間外の学習の機会や場所の提供に密接にかかわっている図書館も含まれる。さらに，図書館では，1990年代後半から急速に普及したインターネットとウェブ情報資源，2000年前後から登場した電子ジャーナル，最近注目を浴びつつある電子ブックといったように，学術情報の電子化に対応したサービスの構築が急務となっていた。そうした流れのなかで，ある意味，必然的に生み出されてきたのがラーニング・コモンズといえるだろう。

2. 大学教育振興における図書館の役割

　学習・教育支援にかかる大学図書館への注目は，図書館界内部にとどまらない。たとえば，IDE大学協会が発行する機関誌『IDE現代の高等教育』2008年5月号（510号）の特集テーマは，「学習環境としての大学図書館」であった。寄稿者の一人であった東京大学大学院教育学研究科教授の根本彰によれば，同誌で大学図書館に関する特集は3回目であるが，大学図書館の機能そのものについて扱った特集は今回が初めてであるという[7]。また，最近の大学教育，高等教育関係の研究大会においても，ラーニング・コモンズや情報リテラシー教育に関する発表も行われている。たとえば，大学教育改革フォーラム in 東海2010では，「大学の学習支援における図書館の可能性」と題したパネル・ディスカッションが開かれている[8]。翌2011では，フォーラムのテーマの1つとして「図書館を通じたアカデミックスキルの育成」が設けられるまでに至っている[9]。

　大学，あるいは高等教育という文脈において大学図書館が語られるようになるなかで，国の施策においても，学習支援機能と，それを実現するコンセプトの1つとして，ラーニング・コモンズが取り上げられるようになった。科学技

術・学術審議会学術分科会研究環境基盤部会学術情報基盤作業部会がまとめた『大学図書館の整備について（審議のまとめ）：変革する大学にあって求められる大学図書館像』では，大学図書館に求められる機能・役割の第1の項目として，学習支援が示されている。その主要な方策として，ラーニング・コモンズもとりあげられた。同時に，「教育活動への直接の関与」として，図書館員による情報リテラシー教育をはじめ，大学の学習・教育に直接的，積極的に関与する図書館の役割が期待されている[10]。

　こうした提言は，すでに国の施策としても実施されている。たとえば，2007年度の「特色ある大学教育支援プログラム（通称：特色GP）」に採択された明治大学の「教育の場としての図書館の積極的活用」は，全学の学生に開講した学部間共通総合講座『図書館活用法』などをつうじて，教員，図書館員が一体となって，体系的な情報リテラシー教育を目指した取り組みである[11]。また，先に提示した東京女子大学のラーニング・コモンズは，「新たな社会的ニーズに対応した学生支援プログラム（通称：学生支援GP）」に採択された「マイライフ・マイライブラリー：学生の社会的成長を支援する滞在型図書館プログラム」によって実現された[12]。さらに，ソニー学園湘北短期大学の「図書館を実践の場とする学科横断PBL教育」は，2010年度の「質の高い大学教育推進プログラム（通称：教育GP）」に採択されているが，その柱の1つに「ラーニング・コモンズを目指した図書館の有効活用」が立てられている[13]。いずれも，大学教育改革にかかるプログラムの中心に図書館を据えたものであり，大学図書館の学習支援，教育支援に対する期待の大きさが窺える。

　このほか，学生の学習スタイルや学習空間に関する研究のなかでも，ラーニング・コモンズが注目されるようになってきている。たとえば，『学びの空間が大学を変える』では，新しい大学教育モデルを模索するうえで，教室，図書館，交流の場という3つの「学びの空間」における変革が必要であるとし，それぞれについて東京大学駒場キャンパスの駒場アクティブラーニングスタジオ，東京女子大学のマイライフ・マイライブラリー，そして公立はこだて未来大学をケーススタディとして取り上げている[14]。公立はこだて未来大学の取り組みは，『「未来の学び」をデザインする』にも詳しい[15]。また，いずれの著作にも関わる東京大学大学院情報学環・学際情報学府准教授の山内祐平は，『「学

び」の認知科学事典』の1章を「大学の学習空間をデザインする」と題して執筆している[16]。

3. コモンズのイメージの二面性

　このように，大学図書館はラーニング・コモンズを1つのキー・コンセプトとして，学習・教育支援機能を高める機会を得てきた。その一方で，ラーニング・コモンズが図書館に存在することの意義を問い，それを学内外に発信し続ける必要もある。

　アメリカのある大学図書館員のブログに興味深い記事があった。それによれば，コモンズということばが象徴するのは，コンピュータが用意され，快適な家具が設えられた学習スペースのことであり，キャンパスのどこにでも設置することができるものである。したがって，コモンズということばを使って図書館の存在意義をアピールすることは逆に図書館のイメージを損ないかねない。キャンパスの他の場所では得られない，図書館ならではのサービスが「図書館」にあることを強調すべき，という意見であった[17]。

　これとは逆のベクトルではあるが，土屋俊（独立行政法人大学評価・学位授与機構教授）の「誰も来ない図書館」も同種の意見といえる[18]。学生が学内の他の場所と相対的に比較して，図書館以外に学習できる快適な場所がないから図書館に来ているとするならば，電子ブックや電子ジャーナルなどの学術情報の電子化がさらに進み，コンピュータが利用でき，図書館における禁止事項の一つである飲食もできる快適な空間が図書館以外に用意されれば，学生は図書館を選ばなくなるかもしれない。

　では，われわれが大学図書館におけるラーニング・コモンズを考えるとき，なにを求めればよいのであろうか。国内の大学図書館に設置されるラーニング・コモンズの多くで，海外，特にアメリカで実践されている多くの物理的要素が見受けられる。すなわち，可動式の机，いす，ホワイトボードなどが備え付けられたグループ学習のできるスペースが設置され，無線LAN環境も整備されている。プロジェクタが用意されたスペースもあり，そこでプレゼンテーションも行える。図書館によっては，カフェが隣接し，飲食もできる。しかしなが

ら，これらだけでは先のアメリカの大学図書館員が指摘したことの解にはならないだろう。ではなにが必要か。アメリカの大学を訪問した経験から，同志社大学企画部の井上真琴は，最も重要なことは人的支援であると指摘する[19]。5節でとりあげるビーグル（Donald Robert Beagle）の著作でも，人的資源がもっとも重要な要素であると述べている。資料探しから授業での発表，レポートの執筆にいたるまで，学生の学習活動にかかる課題や問題を解決できる人的支援をワンストップで受けられるサービスが展開されることが必要なのであり，アメリカの大学図書館ではそれらを実践してきた。

4. なぜ今本書が必要か？

　国内の事例のいくつかでは，こうした人的支援も含めたラーニング・コモンズが展開されているが，その多くは物理的な環境の整備が先行しているのが現状である。今後，より充実した学習・支援サービスを提供するため，これまで範としてきたアメリカの状況を，事例はもちろん，ラーニング・コモンズに対する姿勢や考えかたを文献をつうじて知ることは重要な作業の一つといえる。

　そこで本書では，アメリカではどのような考え方をもとにラーニング・コモンズが発展してきたのか，それによってどのような変化をたどってきたのかについて，主として2003年から2008年に発表された10の文献に着目，翻訳し，収録した。次節以降では，ラーニング・コモンズについて書かれた英語の主要な図書を紹介するとともに，各論文についてかんたんに紹介するが，どの論文にも共通する主張は，
（１）　学生の学習用施設・設備を提供することだけがラーニング・コモンズの本質ではないこと，
（２）　ラーニング・コモンズの実践は単に新しいニーズへの対応ではなく，図書館が本来果たしてきた機能や役割を再検討し，再構築しなくてはならないという危機意識に端を発していること，
（３）　ラーニング・コモンズというコンセプトをつうじて大学図書館が目指すべき将来像が語られていること
の３点である。本書があえて海外の文献を翻訳し，日本に送り出す理由がここ

にある。

　なお，終章では，国内におけるラーニング・コモンズの状況について，2010年11月から翌年1月にかけて実施した調査結果報告を収録した。アメリカの20の事例を集めた『インフォメーション・コモンズによる図書館サービスの変容』(5節(2)を参照)を参考にして，企画，実施したものである。あわせて参考にしていただきたい。

5. ラーニング・コモンズ関連主要図書の紹介

　ラーニング・コモンズについては，論文だけでなくすでに数多くの図書が刊行されている。本書で翻訳した論文の理解の一助となることを期待して，そのうち主要なものについて概要を紹介しておこう。関心のある読者は是非，各書を直接読んでほしい。

　(1) Beagle, Donald Robert. *The Information Commons Handbook*. Neal-Schuman, 2006.

　まず，ラーニング・コモンズに関する図書として2006年に出版されたビーグルの『インフォメーション・コモンズ・ハンドブック』[20]を挙げるべきであろう。本書は，インフォメーション・コモンズが何であるかのみならず，大学図書館におけるインフォメーション・コモンズの役割についても説明し，インフォメーション・コモンズの計画と設計の実務側面も扱っている。

　著者は，インフォメーション・コモンズをPhysical Commons, Virtual Commons, Cultural Commonsの3つのレイヤーに分けて説明する。Physical Commonsには，パソコンやネットワークといったITツール，家具類，冊子体資料をはじめとする図書館コレクション，そしてこれらを利用できる空間(場所)が含まれる。Virtual Commonsはネットワーク情報資源，電子資料，さまざまなウェブ・ツール，そしてeラーニングなどの資源を提供する環境を指す。そして，Cultural Commonsはこれら2つの資源を生かした学習活動やこれを支援するさまざまなサービスから構成される。こうした3つのレイヤーからなるインフォメーション・コモンズを展開するうえで，レファレンス・

ライブラリアンをはじめとする図書館員はもちろん，IT 関連スタッフ，メディア・スペシャリスト，教員・研究者，著作権専門家などの人的資源（Human Resources）の存在が強調されている。

上述の考えを基礎として，著者は，インフォメーション・コモンズを「学習の支援の中で組織化され，一群のネットワークのアクセス・ポイントと関連する IT ツールで，物理的資源やデジタル資源や人的資源や社会資源との関連で配置されたもの」と定義している。そして，「インフォメーション・コモンズで提供される 4 つの資源が大学内の他部署が出資する学習イニシアティブと協力して組織化されたり，協力過程（collaborative process）を通じて規定された学習成果に結びついた」ときに，インフォメーション・コモンズはラーニング・コモンズ，あるいはコラボレーション・センターと呼ばれる段階に移ったものとしている。

同書に付録する CD-ROM には 10 機関（米国のブルックデール・コミュニティ・カレッジ，シャーロット・ラテン語学校，コロラド州立大学，エロン大学，トロント公共図書館およびノースカロライナ大学シャーロット校，カナダのカルガリー大学，ニュージーランドのオークランド大学，ドイツのブランデンブルク工科大学，オーストラリアのサンシャイン・コート大学）の成功事例について図面や写真等のドキュメントが含まれている。資料的価値も高いといえる。

(2) Bailey, D. Russell; Tierney, Barbara Gunther. *Transforming Library Service through Information Commons: Case Studies for Digital Age.* American Library Association, 2008.

ビーグルの著書がインフォメーション・コモンズの計画，実施および評価を歴史的背景や大学との関係で体系的に調査したハンドブックであるのに対して，事例研究を通じて成功しているインフォメーション・コモンズの試行を跡付けた図書が 2008 年に出版されたベイリー（D. Russell Bailey）とティアニー（Barbara Gunther Tierney）の『インフォメーション・コモンズによる図書館サービスの変容』[21]である。「インフォメーション・コモンズとラーニング・コモンズの定義」「計画」「実施」「評価」の章に続き，本書の大半を占めるのは，北米の「大規模大学図書館（アリゾナ大学，ブリガム・ヤング大学，カルガ

リー大学，カリフォルニア・ポリテクニック大学サンルイスオビスコ校，ジョージア大学，ゲルフ大学，インディアナ大学ブルーミントン校，マサチューセッツ大学アマースト校，ミネソタ大学ツインシティ校，ノースカロライナ大学シャーロット校，南カリフォルニア大学，南メイン大学，ヴィクトリア大学）の事例研究」と「小規模大学図書館（アビリーン・クリスチャン大学，アズベリー神学校，カールトン・カレッジ，シャンプレイン・カレッジ，ディクソン・カレッジ，セントピーターバーグ・カレッジ）の事例研究」の章で取り上げられた20のインフォメーション・コモンズの事例研究である。事例研究は各機関の担当者が執筆しているが，最初にインフォメーション・コモンズの概要の表があり，同じ構成で比較が容易になっている。また，写真や図も豊富だ。まとめにあたる8章では「実践から学ぶ」が付録し，ラーニング・コモンズを実現するうえでのアドバイスが掲載されている。

(3) Schader, Barbara ed. *Learning Commons: Evolution and Collaborative Essentials.* Chandos Publishing, 2008.

2008年に出版されたシェイダー（Barbara Schader）を編者とする『ラーニング・コモンズ：進化と共同の本質的要素』[22]は，2006年4月に開催された「第11回カリフォルニア大学・研究図書館会議」のラーニング・コモンズに関する事前会議の発表がきっかけとなったものである。本書は11章から構成され，最初の章「インフォメーション・コモンズからラーニング・コモンズと学習空間へ：進化の背景」でラーニング・コモンズ発展の経緯を述べ，最後の章で「Facebookを超えて：ソーシャル・ネットワークとしてのラーニング・コモンズを考える」で今後の進化を予想している。残りの9章はそれぞれがテネシー大学ノックスビル校，カルガリー大学，カリフォルニア州立大学サンマルコ校，グラスゴー・カレドニア大学，オハイオ大学オールデン図書館，スタンフォード大学医学部，ヴィクトリア大学，ジョージア工科大学およびオークランド大学のラーニング・コモンズの詳細な事例報告である。

(4) Oblinger, D. G. ed. *Learning Spaces.* EDUCAUSE, 2006
http://www.educause.edu/LearningSpaces, (accessed 2012-05-21).

シェイダーの著書でも扱われた学習空間とラーニング・コモンズの関連では，2006年に出版されたオブリンガー（D. G. Oblinger）の『学習空間』[23]が重要である。本書は，利用者中心の学習空間の哲学的根拠を調査したもので「学習者の期待が，そのような空間，学習を容易にする原則，活動および学習環境を作成する側から見たテクノロジーの役割にどのような影響を及ぼすか」に重点を置いている。この論文集には米国と世界の「革新的な学習空間」の30の事例研究が含まれている。本書は電子ブックとしてEDUCAUSEのウェブサイトから無料でダウンロードできる。

(5) Hernon, Peter; Powell, Ronald R. eds. *Convergence and Collaboration of Campus Information Services.* Libraries Unlimited, 2008.

2008年に出版されたハーノン（Peter Hernon）とパウエル（Ronald R. Powell）の『キャンパス情報サービスの融合と共同』[24]は，ラーニング・コモンズに限らず，大学の使命と密接に結びつくための大学図書館と大学の他の部署やサービスとの融合と共同について調査を行ったもので，カリフォルニア大学アーバイン校，ジョージア工科大学，ミシガン大学ディアボーン校，カルガリー大学，マサチューセッツ大学，ジョージア大学，コロンビア大学，イェール大学，サフォーク大学および農業ネットワーク情報センターの事例が報告されている。このうち，カルガリー大学，マサチューセッツ大学およびジョージア大学はラーニング・コモンズの事例である。

(6) Forrest, Charles; Halbert, Martin eds. *A Field Guide to the Information Commons.* Scarecrow Press, 2009.

2009年にはフォレスト（Charls Forrest）とハルバート（Martin Halbert）による『インフォメーション・コモンズ・フィールドガイド』[25]が出版された。本書の前半は，インフォメーション・コモンズの起源と発展の経緯，現状，設計の際の課題，テクノロジー，アイオワ大学ハーダン図書館の事例についての論文を収録し，後半は主として北米の大学図書館の30のインフォメーション・コモンズの概要紹介となっている。

(7) Gould, Thomas H. P. *Creating the Academic Commons: Guidelines for Learning, Teaching, and Research.* Scarecrow Press, 2011.

　グールド（Thomas H. P. Gould）による本書は，そのタイトル『アカデミック・コモンズを生み出す：学習，教育，研究のためのガイドライン』[26]が示すとおり，学習，教育，そして研究活動に資する大学図書館の機能や役割について「アカデミック・コモンズ」という新しいコンセプトで提示する試みである。「アカデミック・コモンズ」ということばは，新しい時代の大学図書館の役割を提示した，いわばブランド戦略ともいえる活動ととらえることができるだろう（同書では "brand process"（ブランド構築過程）ということばが用いられている）。

　同書は大きく3部からなる。第1部では学生および教員に対する支援として，ラーニング・コモンズに加え，ティーチング・コモンズ，リサーチ・コモンズという3つのサービス・モデルが扱われている。図書館における活動として，教員の教育・研究を支援する場を設け，サービスを展開するという点は，他の図書ではあまり見られなかった視点である。

　第2部はアカデミック・コモンズを支える要素について扱っている。具体的には，学術情報の保存および発信機能，電子ブックへの対応などがあげられる。第3部はアカデミック・コモンズを推進するうえでの課題，著作権やプライバシーの扱い，利害関係者との調整，今後の展望などが述べられている。

　ラーニング・コモンズは，同書の一部で扱われるにすぎないが，大学というメタレベルからみたときのラーニング・コモンズの位置づけを俯瞰できる内容となっている。なお，同書の付録には，オハイオ州立大学の事例研究に加え，(2)で紹介したベイリーとティアニーの『インフォメーション・コモンズによる図書館サービスの変容』に収録されたブリガム・ヤング大学，アリゾナ大学，カルガリー大学，ジョージア大学，マサチューセッツ大学アマースト校，ミネソタ大学ツインシティ校，南カリフォルニア大学，南メイン大学の8大学の事例研究も更新され，掲載されている。

6. 収録論文の紹介

　本書では10の論文を収録しているが，これらは大きく8つのテーマに分け

られる．ここでは，テーマに沿って，翻訳論文の概要について紹介するので，章を追って読み進めていただいてもよいし，本節を手がかりに興味関心のある論文を見つけていただけたらと考える．

6.1 ラーニング・コモンズとは——その概要を知る

マクマレン（Susan McMullen）の「米国の大学図書館：今日のラーニング・コモンズ・モデル」[27]（1章）は，ラーニング・コモンズの設計，実施およびサービスの成功事例を見つけ出すために 2007 年に行った米国の 18 大学の調査を要約したものである．高等教育の学習環境を整備するうえでラーニング・コモンズがどのように計画されているのか，それを構成する要素はなにかを調査することが主要な目的であった．調査の結果，著者はラーニング・コモンズの構成要素として，コンピュータ・ワークステーション・クラスタ，サービス・デスク，共同学習スペース，プレゼンテーション・サポート・センター，FD のための教育テクノロジー・センター，電子教室，ライティング・センターと他の大学サポート施設，会合・セミナー・レセプション・プログラムおよび文化イベントのためのスペース，カフェとラウンジ・エリアの 9 つの要素を確認した．また，ラーニング・コモンズを実践する取り組みは，大学図書館以外の部署との協働など，大学という大きな枠組みでの視点が必要不可欠であることも指摘している．

マクウィニー（Laurie A. MacWhinnie）の「インフォメーション・コモンズ：未来の大学図書館」[28]（2章）は，2003 年現在でインフォメーション・コモンズの指針と特長を概観するために，北米の 19 のインフォメーション・コモンズの長所と短所を評価した．発行年が 2003 年と少し古いが，図書館が提供すべき情報資源のハイブリッド化が進み，教育方法が協同学習へと移り変わりつつあった当時の大学の潮流に合わせて，大学図書館がインフォメーション・コモンズをつうじてどのように対応していったのか，またどのような課題があるかを提示した論文となっている．今日の日本の大学図書館が抱える課題を解決するための基礎的な情報を提供するだろう．

ロバーツ（Regina Lee Roberts）の「ラーニング・コモンズの進化する風景」[29]（3章）は，ラーニング・コモンズの動向を踏まえながら，今後の発展可

能性について探ることを試みた論文である。著者はラーニング・コモンズを成功させ，さらに発展させていくためには，学習・教育という大学の使命を中心に据えつつ，利用者行動の把握，利用状況の測定・提示，学習における教員や学生との連携，そしてこれらを実施する上での図書館員の役割の変化を求めている。大学図書館におけるラーニング・コモンズ経営といった視点からの論考といえよう。

6.2　インフォメーション・コモンズとラーニング・コモンズの違い

　インフォメーション・コモンズとラーニング・コモンズという2つのことばの区別は，アメリカにおいても重要な関心の一つであったようである。ベネット（Scott Benett）の「論説：インフォメーション・コモンズあるいはラーニング・コモンズ：私たちはどちらを持つのか？」[30]（4章）は，ビーグルの『インフォメーション・コモンズ・ハンドブック』を参照しながら，2つの違いについて解説している。著者によれば，インフォメーション・コモンズとラーニング・コモンズの根本的な相違は，前者は機関の使命を支援するものであるが，後者はそれを制定することに関わると指摘する。というのも，図書館員やコンピュータ部門の担当者は大学の使命（mission）を支援することはできるが，それを制定することができないため，これらの部署だけでは，ラーニング・コモンズを設置することができない（すなわち，それはインフォメーション・コモンズに相当する）とし，ラーニング・コモンズの成功は図書館やコンピュータ部門のような支援・サービス部署による協力行動ばかりではなく，当該機関の学習目標を策定している部署の関与によって決まると主張している。さらに，ラーニング・コモンズの設計にあたっては，その空間に何があるべきかではなく，その空間で何が起こるべきかを問うことから始めなければならないと述べている。大学の使命を体現すること，そのためには学習・教育に責任を持つ部局と連携協力すること，そしてそこで行われる活動を基礎として物理的空間を用意すること，そうした基本的な考えを本論文は提示している。

　なお，2つの違いについては6.1で触れたロバーツの「ラーニング・コモンズの進化する風景」でも取り上げられているので，参照してもらいたい。

6.3 インフォメーション・コモンズの発達の経緯

スペンサー（Mary Ellen Spencer）の「新しいモデルへの進化：インフォメーション・コモンズ」[31]（5章）はインフォメーション・コモンズの考え方の発展を跡付け，1990年代の「レファレンス・サービス再考」の動きが，「場所としての図書館」運動と交差し，この衝突がテクノロジーの変化と利用者の期待と結びつき，インフォメーション・コモンズ・モデルをもたらしたと指摘している。

また，著者はインフォメーション・コモンズ・モデルの将来の拡張の方向性を考えるうえで，次の5つの視点に立つべきことを示唆している。すなわち，(1) 学士課程（学部）学生[32]のみならず大学院生や教員に最上のサービスを提供するためのインフォメーション・コモンズの導入あるいは拡張の方法，(2) 他の部門との連携の制限，営利企業（commercial partners）との新しいサービスの開発，図書館との連携，(3) インフォメーション・コモンズと図書館ウェブサイトとの関連のあり方，デジタル・インフォメーション・コモンズの可能性，(4) 現在のモデルのテクノロジー重視の妥当性，専門サービスや非デジタル資料（特殊コレクションやアーカイブなど）とインフォメーション・コモンズの親和性，(5) 新しい研究環境によるレファレンス・インフォメーション・サービスの根本的変革の可能性やそこで求められる技術や能力，である。

6.4 図書館ユーザとしてのネット世代

マクドナルド（Robert H. McDonald）とトーマス（Chuck Thomas）は「視点：図書館文化と新世紀世代の価値との断絶」[33]（6章）で大学図書館が次世代の学生にとって適切であり続けるためには，テクノロジー，方針，機会の3つの面で変革を検討しなければならないと主張する。

まずテクノロジーの面では，オンライン上で当たり前となっているさまざまなツールやサービスが図書館では取り入れられていないという現実を指摘する。また，新たなサービスを生み出すには，新しいテクノロジーを導入すれば済むだけではなく，方針の変更を伴うことも少なくない。さらに，これまでの図書館で当たり前であった古い価値をやめ，柔軟に対応する機会を自ら作り出すことが必要であるにもかかわらず，図書館はそうしてこなかったというのが著者

らの主張である。

　結論では，大学図書館に関わる基本的な哲学的課題は，大学図書館が利用者の方向に沿ってどの程度動くべきか，そして利用者が，大学図書館が思い描く方向に動くことをどの程度期待すべきかであると指摘する。さらに，大学図書館は競争と電子化に対応して変化してきたが，それはインフォメーション・コモンズに見られるように場としての図書館に顕著であって，残念ながら仮想情報空間でのサービスにおいては，利用者のニーズへの支援は未だに古い価値に頑なに固執しているため，オンライン利用者は図書館が提供しているものに気がついてさえいないことが多いと述べている。

6.5　ラーニング・コモンズ設計のポイント

　ベネットは，6.2で取り上げた「論説：インフォメーション・コモンズあるいはラーニング・コモンズ：私たちはどちらを持つのか？」において，その空間に何があるべきかではなく，その空間で何が起こるべきかを問うことから始めなければならないと述べている。ここで紹介する「高等教育における学習スペースの設計に当たって最初に問うべき質問」[34]（7章）は，その具体的な例を提示したものといえるだろう。具体的には，「仮想空間ではなく建物を学習空間として建築するのはなぜか」「学生が勉強時間を増やし，生産性を向上させるための空間デザインをどうするか」「学習空間の設計は単独学習から協同学習までのどこに焦点を当てるのか」「空間設計で知識の権限についての要求をどのように管理するか，この空間は知識の本質について何を確認するか」「この空間は教室外での学生と教員の交流を推進するように設計するべきか」「この空間で教育的経験の質を高めるにはどうするか」の6つである。これらの質問は，学業と学業成績について効果的な環境を提供するための運用上ないしは物理的な問題ではなく，その空間で発生させたい学習の性質を重視していると指摘する。

6.6　インフォメーション・コモンズと学習との関連

　リッピンコット（Joan K. Lippincott）の「インフォメーション・コモンズを学習に結び付ける」[35]（8章）は『学習空間』[23]の第7章にあたる。インフォメ

ーション・コモンズの概念を調査し，その特徴を説明し，インフォメーション・コモンズと学習の結び付きについて焦点を当てることにより，大学の学術目的を支援するスペースの確保を選択する，インフォメーション・コモンズの計画に携わっている関係者に役立つ情報を提供している。

著者はインフォメーション・コモンズが情報サービスではなく，利用者サービスであることを強調し，その全体目標が切れ目のない作業環境を提供することにより，キャンパス・コミュニティのサービスを改善することであると述べている。また，インフォメーション・コモンズは図書館を超えるモデルであり，改修された図書館内に設置されることが多いにせよ，新しい建物や図書館以外の建物に設置されていることを紹介している。なお，本論文の結論には「インフォメーション・コモンズの計画」と「計画者への重要な質問」のチェックリストが付いている。

6.7 大規模研究大学における事例研究

ダリス（Diane Dallis）とウォルターズ（Carolyn Walters）の論文「コモンズ環境におけるレファレンス・サービス」[36]（9章）は，大規模研究大学であるインディアナ大学ブルーミントン校に，2003年8月に開設されたインフォメーション・コモンズがいつ，どのように計画，設計され，それらがどのように実行に移されたのか，そしてどのようなサービスが実現し，その結果レファレンス・サービスにどのような影響を与えたのかなど，一キャンパスに開設されたインフォメーション・コモンズの成功体験をつづった事例研究である。実務的な側面において，著者が重要であると指摘しているのは，学内の情報部門との連携である。インフォメーション・コモンズとPCは切っても切り離せないものであるから当然といえば当然であるが，情報部門と共同で計画し，運用していることで，単に設備としてのコンピュータとそのスペースではなく，アカウントを1つに統合したり，協同のサービス・デスクを設けたりするなど，学生にとって最適なサービスをそれぞれが各々の役割を果たすことによって実現している。こうしたさまざまな取り組みの結果がインディアナ大学の学生新聞 *Indiana Daily Student* で「一ヶ所で用が済み，くたくたになるまで働ける技術のメガプレックス」と言わしめるに至ったのであろう。海外の大学図書館

における詳細な実践報告の一つとして，参考となる論文といえる。

6.8 米国大学図書館でのラーニング・コモンズ導入の現状と影響

ダニエルズ（Tim Daniels）とバラット（Caroline Cason Barratt）の「ラーニング・コモンズに共通するものは何か？ この変化する環境でレファレンス・デスクを見ると」[37]（本書10章）は，『デスクを超えて：次世代レファレンス・サービス』（2008年）に収録された13編の論文のうちの一つである。本論はインフォメーション・コモンズやラーニング・コモンズ環境におけるレファレンス・サービスの現在と将来の動向についての意見を知るために，米国の大学図書館員を対象にして行われたアンケート調査（質問数17，回答147件，分析対象137件）の分析結果が提示されている。

回答事項の分析は，ラーニング・コモンズで提供されるサービス・デスクの名称，ラーニング・コモンズにおけるレファレンス・デスクへの担当者配置，MLIS〔図書館情報学修士課程〕プログラムと新しい図書館員のスキル，ラーニング・コモンズがレファレンス・デスクに与えるインパクト，ラーニング・コモンズの成功，ラーニング・コモンズの課題およびラーニング・コモンズに関連した不安の8項目である。

分析結果のうち，ラーニング・コモンズがレファレンス・デスクに与えるインパクトは「レファレンス・デスクでの局所変化ではなく，図書館の性格の一般的変化が大きく」「ラーニング・コモンズの新しい空間が学生生活と共鳴しつつあり，良くも悪くもにぎやかで活動的な場所となっている」と説明されている。ラーニング・コモンズは，「図書館における人の出入りの増加であり，学生はそこで提供される新しいサービスや技術や共同作業空間を活用するため図書館に戻ってきた」という面で成功したといえるが，「騒音の増加」という負の側面も明らかとなった。しかしながら，ラーニング・コモンズの課題としてとりあげられているのは，「図書館員とIT専門家の間，場合によっては図書館員自身の間のサービス哲学の破壊」であった。「ラーニング・コモンズは，図書館，IT部門，キャンパスの他部署の間の一体となった取り組みの役割を果たすので，これらの空間についての包括的なミッションやアイデンティティへの合意への到達は簡単ではなく」「生産性ソフトウェアやその他のテクノロ

ジーによって学生を効果的に支援するため担当者のスキルを最新の状態に維持することに不安」があり,「ラーニング・コモンズの空間が古くなると,コンピュータやソフトウェアを更新し,突き詰めるとキャンパスの技術センターとしてのコモンズの位置を維持するための資金を獲得することが難しく」「図書館員は他の非図書館部署と連携するので,ラーニング・コモンズの出来事についてコントロールのレベルが減少する」といった不安を図書館員は掲げている。図書館の壁を超えたサービスの提供という,大学という枠組みにおいては至極当然のことと思われるが,一方でそうした「壁」が存在している(いた)ことも事実である。デジタル情報環境の進展という大きな変化に直面している今,いかに図書館員としてのアイデンティティを確立し続けるのか,本論にかぎらず,本書でとりあげたすべての論文に共通する課題といえよう。

7. おわりに——残された課題

本章では,日本の大学図書館におけるラーニング・コモンズの状況を概観したのち,ラーニング・コモンズについて書かれた英語の主要な図書と,本書に収録した論文の概要を紹介した。1~3節でも触れたが,これらの論文を参照すると,我が国の大学図書館に導入されつつあるラーニング・コモンズについて,検討すべき事項が多いことに気付く。以下に列挙しておこう。

- 学習支援における図書館と情報処理関連施設との関係
- 図書館資料の電子化,インターネット利用に対応して設置されたインフォメーション・コモンズに類した施設の評価
- 大学の方針を具体化するための大学図書館の学習支援サービス
- レファレンス・サービスの今後の方向性—レファレンス・デスクは必要か
- サービス対象となる学生や学習方法の変化への対応
- 図書館施設のリノベーションとラーニング・コモンズ
- ラーニング・コモンズの基盤となるICT機器の予算確保と維持
- ラーニング・コモンズに配置するスタッフの確保と育成場としての図書館の役割の再確認

なお，本書では扱わなかったが，1990年代から現在までの北米，英国，オセアニアの大学図書館のインフォメーション・コモンズおよびラーニング・コモンズの文献紹介をヘルド（Tim Held）が行っているので参照されたい[38]。

注・引用文献
1) Head, Alison J. and Eisenberg, Michael B. Truth be told: How college students evaluate and use information in the digital age. Project information literacy progress report, University of Washington's Information School, 2010, p. 6-8.
http://projectinfolit.org/pdfs/PIL_Fall 2010_Survey_FullReport1.pdf,（accessed 2011-12-11）.
2) ネットユーザー白書2008．技術評論社，2008，p. 13.
3) 米澤誠．動向レビュー：インフォメーション・コモンズからラーニング・コモンズへ：大学図書館におけるネット世代の学習支援．カレントアウェアネス．2006，no. 289，p. 9-12.
4) 茂出木理子．ラーニング・コモンズの可能性：魅力ある学習空間へのお茶の水女子大学のチャレンジ．情報の科学と技術．2008，vol. 58，no. 7，p. 341-346.
5) このうち，西南学院大学図書館の相田らによる調査報告書は，国内7大学，海外10大学のラーニング・コモンズを訪問調査した結果をまとめているほか，それに基づいて大規模，中規模，小規模大学にそれぞれ見合ったラーニング・コモンズの構築例を提案している点が興味深い。
相田芙美子ほか．ラーニング・コモンズの要素分析：日本における導入を前提として：私立大学図書館協会研究助成報告書．
http://www.jaspul.org/josei/houkoku2011_seinangakuin.pdf,（参照 2011-12-11）.
6) 中央教育審議会．学士課程教育の構築に向けて（答申）．文部科学省．2008．http://www.mext.go.jp/b_menu/shingi/chukyo/chukyo0/toushin/1217067.htm,（参照 2011-12-11）.
7) 根本彰．大学図書館の新しい見方．IDE現代の高等教育．2009，no. 510，p. 4-5.
8) 大学教育改革フォーラム in 東海 2010．http://www.cshe.nagoya-u.ac.jp/tf2010/,（参照 2011-12-11）.
9) 大学教育改革フォーラム in 東海 2011．http://www.cshe.nagoya-u.ac.jp/tf2011/,（参照 2011-12-11）.

10) 科学技術・学術審議会学術分科会研究環境基盤部会学術情報基盤作業部会. 大学図書館の整備について（審議のまとめ）：変革する大学にあって求められる大学図書館像. 文部科学省. 2010. http://www.mext.go.jp/b_menu/shingi/gijyutu/gijyutu4/toushin/1301602.htm, (参照 2011-12-11).
11) 特色 GP：「教育の場」としての図書館の積極的活用：図書館の持つ教育力を教育に活かす．明治大学図書館. http://www.lib.meiji.ac.jp/about/gp/index.html, (参照 2011-12-11).
12) 学生支援 GP 取組の概要：マイライフ・マイライブラリー：学生の社会的成長を支援する滞在型図書館プログラム．東京女子大学図書館. http://library.twcu.ac.jp/sogo/gp_outline.htm, (参照 2011-12-11).
13) 質の高い大学教育推進プログラム．湘北短期大学. http://www.shohoku.ac.jp/aboutus/education-gp.html, (参照 2011-12-11).
14) 山内祐平編著．学びの空間が大学を変える：ラーニングスタジオ，ラーニングコモンズ，コミュニケーションスペースの展開．ボイックス，2010.
15) 美馬のゆり，山内祐平著．「未来の学び」をデザインする：空間・活動・共同体．東京大学出版会，2005.
16) 山内祐平著．第 2 章 大学の学習空間をデザインする．「学び」の認知科学事典．渡部信一編．大修館書店，2010，p. 239-249.
17) Mathews, Bryan. Just don't call it a Commons: building the learning boutique model. The Ubiquitous Librarian. 2011. http://chronicle.com/blognetwork/theubiquitouslibrarian/2011/09/07/just-don%E2%80%99t-call-it-a-commons-building-the-learning-boutique-model/, (accessed 2011-12-11).
18) 土屋俊．誰も来ない図書館．丸善ライブラリーニュース．2008，復刊第 4 号，p. 4-5.
19) 井上真琴.「学びのマネジメント」を支援する．IDE 現代の高等教育. 2009, no. 510, p. 12.
20) Beagle, Donald Robert. *The Information Commons Handbook.* Neal-Schuman, 2006.
21) Bailey, D. Russell; Tierney, Barbara Gunther. *Transforming Library Service through Information Commons: Case Studies for Digital Age.* American Library Association, 2008.
22) Schader, Barbara ed. *Learning Commons: Evolution and Collaborative Essentials.* Chandos Publishing, 2008.
23) Oblinger, D. G. ed. 2006. *Learning Spaces.* EDUCAUSE, 2006 http://www.educause.edu/learningSpaces, (accessed 2011-12-11).
24) Hernon, Peter; Powell, Ronald R. eds. *Convergence and Collaboration*

of Campus Information Services. Libraries Unlimited, 2008.
25) Forrest, Charles; Halbert, Martin eds. *A Field Guide to the Information Commons*. Scarecrow Press, 2009.
26) Gould, Thomas H. P. *Creating the Academic Commons: Guidelines for Learning, Teaching, and Research*. Scarecrow Press, 2011.
27) McMullen, Susan. US Academic libraries: today's learning commons model. *PEB Exchange*, No. 62, 2008, p. 1-6.
28) MacWhinnie, Laurie A. The information commons: the academic library of future. *portal: Libraries in the Academy*, 2003, vol. 3, no. 2, p. 241-257.
29) Roberts, Regina Lee. The evolving landscape of the learning commons. *Library Review*, 2007, vol. 56, no. 9, p. 803-810.
30) Bennett, Scott. Editorial: The information or the learning commons: which will we have? *Journal of academic librarianship*, 2008, vol. 34, no. 3, p. 183-185.
31) Spencer, Mary Ellen. Evolving a new model: the information commons. *Reference Services Review*, 2006, vol. 34, no. 2, p. 242-247.
32) この「学士課程学生」という表現は、"undergraduate student"の訳語である．この英語表現はこれまで「学部学生」のように訳されてきたが、2008年ごろから、文部科学省中央教育審議会を中心に、「学士課程」という表現を意識的に使用することになったことから、本書においては一貫して、「学士課程学生」という表現を使用することにした。この点について、2008年12月に中央教育審議会でまとめられた『学士課程教育の構築に向けて（答申）』の「用語解説」では、【学士と学士課程教育】の項目で次のように説明している。

　　　従来、学士課程教育は、一般的に「学部教育」などといった「組織」に着目した呼び方がなされていた。しかし、知識基盤社会においては、新たな知の創造と活用を通じ、我が国社会や人類の将来の発展に貢献する人材を育成することが必要であり、そのためには、「○○学部所属」ではなく、国際的通用性のある大学教育の課程の修了に関わる知識・能力を習得したことが重要な意味を帯びる。学位は、そのような知識・能力の証明として、大学が授与するものであることが、国際的にも共通理解になっており、その学位を与える課程（プログラム）に着目して整理し直したものが、学士課程教育である。

33) McDonald, Robert H.; Thomas, Chuck. Disconnects between library culture and Millennial Generation Values. *EDUCAUSE Quarterly*. 2006, vol. 29 no. 4, p. 4-6.
34) Bennett, Scott. First questions for designing higher education

35) learning spaces. *Journal of academic librarianship*, 2007, vol. 33, no. 1, p. 14-26.
35) Lippincott, Joan K. Linking the information commons to learning. *Learning Spaces*. Oblinger, D. G. ed. EDUCAUSE, 2006. http://net.educause.edu/ir/library/pdf/PUB7102g.pdf, (accessed 2011-12-11)
36) Dallis, Diane; Walters, Carolyn. Reference services in the commons environment. *Reference services review*, 2006, vol. 34, no. 2, p. 248-260.
37) Daniels, Tim; Barratt, Caroline Cason. What is common about learning commons? A look at the reference desk in this changing environment. *The Desk and beyond: Next Generation Reference Services*. Steiner, Sarah K; Madden M. Leslie. eds. ACRL, 2008, p. 1-13.
38) Held, Tim. The information and learning commons: a selective guide to sources. *Reference services review*, 2009, vol. 37, no. 2, p. 190-206.

1章

米国の大学図書館：今日のラーニング・コモンズ・モデル

スーザン・マクマレン

McMullen, Susan.
US Academic Libraries: Today's Learning Commons Model.
PEB Exchange No. 62, 2008/4, p. 1-6.
http://www.oecd.org/dataoecd/24/56/40051347.pdf

　筆者は，2007年にラーニング・コモンズ施設の設計，実施およびサービスのベスト・プラクティスを決定するために米国の既存の大学図書館を調査した。本調査の主要目的は，学問を維持し，連携を促進し，学生の学習に力を与える，高等教育の学習環境をどのように創造しているかを発見することであった。本稿は現代のラーニング・コモンズがどのように計画されているかを説明し，そのスペースを構成する多様な要素について提示する。
　デジタル技術の継続的な発展，もっと重要なことは，これらのツールの学術へのアクセス，選択，操作，生産への使用方法が，図書館員に役割，施設および組織構造の見直しをもたらした。学習プロセスを強化するために使用されるより大きな社会的・空間的状況に目を向けることによって，大学図書館は一つの図書館ができる可能性に気がつき始めている。大学図書館がそれらをラーニング・コモンズ，インフォメーション・コモンズ，知識コモンズ，あるいは単に図書館と呼ぼうとも，大学図書館はデジタル世代に必要な統合サービスをサポートする新しいスペースと新しい連携を思い描きつつある。
　ラーニング・コモンズ・モデルは，機能的にも空間的にも，利用者に一連のサービス，スタッフの知識と技能および適切な専門的知識の分野への紹介を提

供するために図書館，情報テクノロジーおよびその他の大学サポート・サービスを統合する。それは問合せ，共同，議論および相談を通じて学習を促進するダイナミックなスペースである。

1. 計　画

　ラーニング・コモンズ・プロジェクトに着手する前に，図書館員とパートナーは，最初に新しい環境を概念的に説明し，施設の根本的な理論的根拠を定義するのに役に立つ計画イニシアティブに従事すべきである。計画プロセスの初期段階でパートナーを確認し，連携することは図書館中心のアプローチから脱皮し，大学のミッションとビジョンをサポートするスペースとサービスについて総体的に考える際に役立つ。広範囲におよぶとともに変化の力をもつために，ラーニング・コモンズは大学のコア・バリューおよび学習中心の目標と戦略的に歩調を合わせなければならない。キャンパスを越えた構成員を取り込み，学生の学習に焦点を置いた，明確に示されたビジョン，サービスの考え方および設立趣意書は，ラーニング・コモンズの成功にとって不可欠である。

　ラーニング・コモンズ・モデルによって提案されたダイナミックでインタラクティブなスペースの設計にあたって，図書館員は正しい質問をしなければならない。フロア・プランや家具に焦点をあてる代わりに，そのスペースで利用者が従事する活動の種類やそれらの活動をサポートするためにどのようなサービスが必要となるかについて質問する方がよい。これを了解した上で，作業に従事し，その目標を達成するために必要なキャンパス・パートナー，サービス・エリアの配置，サポート・スタッフの種類を計画することができる[1]。新しい図書館スペースを戦略的に教育経験の本質に合わせるにあたって，計画の焦点は移り変わってきた――すなわち，図書館業務やコレクションに対する焦点は小さくなり，学生の学習により多くの焦点があてられるようになった。

2. 構成要素

　本プロジェクトで調査したどのラーニング・コモンズ施設も非常に多様であ

ったが，それらはすべて，多様な学習中心の課題を完了するのに十分な柔軟性と快適性を持つ，社会的にも技術的にも活性化されたスペースを切望している多数の学生の気質を支援していた。

　本調査で次のようなラーニング・コモンズの構成要素が確認された（各構成要素は以下で説明する）。
- コンピュータ・ワークステーション・クラスタ
- サービス・デスク
- 共同学習スペース
- プレゼンテーション・サポート・センター
- FDのための教育テクノロジー・センター
- 電子教室
- ライティング・センターと他の大学サポート施設
- 会合，セミナー，レセプション，プログラムおよび文化イベントのためのスペース
- カフェとラウンジ・エリア

2.1　コンピュータ・ワークステーション・クラスタ

　1990年代のコンピュータ・ラボのような配置はもう見られない。コンピュータ作業エリアは，今や機能的にも空間的にも図書館の全体的な設計概念に統合されつつある。これらの新しいコンピュータの配置は，ふつうポッドまたはクラスタと呼ばれている。それらは，資料を広げる学生にとって十分なスペースを提供する。他の成功した配置は，曲がりくねった列（serpentine rows），クローバー型（clover leaf），Y型（Y shape），円形または八角形のポッド，短い直線の列および4つの分離したワーク・ポイントによる四角形に変化をもたせた設計である。

2.2　サービス・デスク（Service desk）

　サポートは，あらゆる種類の生産性ソフトウェアを含むコンピュータ・ワークステーション環境の不可欠な構成要素である。情報資源の識別と探索からテキストあるいはマルチメディアの最終成果物の作成までの，一連の課題を完成

図1-1 ハミルトン大学（Hamilton College）
学生が資料を広げることができるように曲がりくねった列に置かれたコンピュータ・ワークステーション

図1-2 ブリッジウォーター州立大学（Bridgewater State College）
個人作業または共同作業用に十分なスペースを提供する，建物の支柱の回りに置かれたクローバー型ワークエリア

させるためにテクノロジーを利用する際に，学生は調査支援とテクノロジー支援の両方を必要とする。図書館員と情報専門家は，単一のデスクによる統合サービスや分離しているが共同配置されているスタッフによってこれらのサポー

ト・ニーズを満たしつつある。サービス・デスクを設計するにあたっては，そこで起こるであろう活動の種類を慎重に考慮すべきである。このスペースは深い調査支援を可能にするだろうか。あるいは，他のエリアやオフィスで調査相談が起こるだろうか。学生はこのデスクで複雑なソフトウェア・パッケージについて詳しい支援を受けるだろうか。

2.3　共同学習スペース

　従来の図書館のスペースとは対照的に，ラーニング・コモンズのために考案されたスペースの主な違いは，共同学習を容易にし，作業での社会的交流について学生の要望を満足させるためのグループ・スタディ・スペースの流入である。調査した全図書館で，共同学習する学生が何種類かのスペースを利用でき，グループ学習室はもっとも目立つようになりつつあった。大半の図書館で4人から12人までの利用者を収容する小規模と大規模のグループ学習室の両方を提供している。部屋にはふつうプロジェクタとホワイトボードが設置されている。

　囲いのある部屋に加えて，共同学習スペースがコモンズの至る所に見られた。家具を多様に配置することによって，共同作業ができるようにスペースが設計

図1-3　ブリッジウォーター州立大学

可動式家具，ホワイトボード，プロジェクタがある大規模グループ学習室

図1-4　マウント・ホリヨーク大学（Mount Holyoke College）

共同プラズマ・スクリーンのある共同エリア

図1-5　アパラチア州立大学（Appalachian State University）

サイバー・カフェ

されていた。最低でも，2人以上の利用者を収容するのに十分な大きさのコンピュータ作業エリアによって共同作業が促進されていた。コネティカット大学（Connecticut College）では，カフェ・エリアの周辺にあるブースの中に共同作業エリアを提供している。マウント・ホリヨーク大学（Mount Holyoke〔College〕）は，コモンズの指定されたエリアに大きなスクリーン・モニタのある共同〔作

業〕スペースを持っている。また，共同作業がうまく機能しているスペースには，ラップトップ〔コンピュータ〕用に真ん中に電源の付いたテーブルが含まれている。

　インターネット・カフェはインフォーマルな共同〔作業〕環境を作っている。カフェにはラップトップ〔コンピュータ〕用の無線〔LAN〕環境とゲスト・ログインができるコンピュータ・ワークステーションが数台置かれていることが多い。快適で布張りの魅力的な家具は，議論やグループの共同作業のために学生が集まる素晴らしい機会を提供する。車輪付きの家具があると，学生は人数に応じて家具の配置をいかようにも動かすことができる。

2.4　プレゼンテーション・サポート・センター

　ラーニング・コモンズの重要な特徴は，マルチメディア・プロジェクトを展開する学生をサポートする高度なテクノロジー設備であることだ。プレゼンテーション・サポート・センターは，マルチメディア・プレゼンテーション・センター，高度テクノロジー・ラボ，デジタル・スタジオ，メディア・オーサリング・ラボ，テクノロジー・コートヤード，特別プロジェクト・コンピュータ・ラボ等の多くの名前で通っている。これらのスペースは通常，高性能PCとマ

図1-6　ハミルトン大学

高性能マッキントッシュ，デジタル編集装置およびスキャナのあるマルチメディア・プレゼンテーション・センター

図 1-7 エロン大学（Elon University）
学生教育テクノロジー・ラボでモニターを共有して他の学生を手助けしている学生アルバイト

ッキントッシュのコンピュータならびにマクロメディアのソフトウェア一式，他の画像編集ソフトウェアを組合せて計画されている。それらのマルチメディア・プレゼンテーション・センターは，デジタルおよび音響編集，会議やセミナーでのプレゼンテーション用のポスター作成に利用できる大判印刷ならびにビデオ，音響，アニメーションを伴うウェブコンテンツ開発を含む多様な高性能のマルチメディア強化プロジェクトをサポートしている。

2.5 FDのための教育テクノロジー・センター

2.4 で説明したプレゼンテーション・サポート・センターに加えて，一部の機関では授業でテクノロジーを利用する教員を手助けする独立したサービスを提供している。FD のための教育テクノロジー・センターは教育ラーニング・センターと呼ばれることが多く，教育テクノロジー部門によってサポートされていることが多い。これらのセンターは，コース管理ソフトウェア，デジタル技術および多様なソフトウェア・パッケージの支援と同様にテクノロジーによる授業のための教育デザインおよび戦略を支援する。

図1-8　エロン大学

情報デスクから見通しがよく，インフォメーション・コモンズのコンピュータ・ワークステーションの間に置かれた円形の図書館教室

2.6　電子教室

　電子教室は，情報リテラシーへの取り組みにとって不可欠であるばかりでなく，スタッフの訓練や随時の教室サポートのような追加のキャンパス学習機会を提供する際に重要な役割を果たす。これらの電子教室は，様々な機能をサポートするためにさまざまな方法で設定されている。図書館利用講習用の教室には，通常20台から30台のワークステーションがある。追加の教室はより小規模か，ラップトップ〔コンピュータ〕使用のために設計されており，部屋には固定されたプロジェクタと講師用のワークステーションがある。この傾向は，電子教室を廊下や壁の向こうにしまいこむというよりも，むしろラーニング・コモンズというパブリック・スペースに慎重に統合する方向を目指してきたものといえる。

2.7　ライティング・センターと他の大学サポート組織

　学生に対する「ワンストップ」サービスの利用可能性を誇っているラーニング・コモンズ・モデルで，さまざまな学生サポート・サービスを組み合わせることは意味がある。本調査の対象となった18館のうち9館がキャンパス・ライティング・センターや大学相談，個人指導・学習サービスのような他の大学サポート組織と連携を確立していた。それらは，意図的にこれらのサービスを

図1-9　マサチューセッツ大学アマースト校
(University of Massachusetts Amherst)

大学相談・キャリア・サービス・デスクは，ラーニング・コモンズの4つの主要サービス・デスクの1つである。他の3つは，レファレンス・調査支援デスク，ラーニング・コモンズおよび技術サポート・デスク，ライティング・センターである。

ラーニング・コモンズ環境に組み込んでいる。

2.8　会合，セミナー，レセプション，プログラムおよび文化イベントのためのスペース

ラーニング・コモンズ設計時にコミュニティの意識を生み出し，アイデアの交換を行うスペースの提供を見落としてはならない。これらのスペースは，学術コミュニティの不可分な部分として学生のアイデンティティを強化し，学生，教員およびコミュニティ・メンバーに対し，相互に交流するための新しい手段を提供する。これらのスペースは教室以外の学生の学習成果を強化するのみならず，図書館をキャンパス・コミュニティ内外の知的・文化的生活の中心に置く。

2.9　カフェとラウンジ・エリア

多数の人たちは，飲食ができることが重要でないと見ているかもしれないが，カフェと快適な柔らかいすわり心地の座席のエリアはラーニング・コモンズ・

図1-10 ブリッジウォーター州立大学

柔らかいすわり心地の座席

モデルの大黒柱である。

　研究プロセスの最初から最後までに対応できるよう設計されたスペースで学生がより多くの時間を費やすよう促すには，小休止と社会的ネットワーク（人間関係）を作れる機会を与えることが必要である。

　人間中心の設計に焦点を置き，学習者の参加を促進するスペースは，学習者のアカデミック・コミュニティと彼らの要求するサービス範囲を強調するコモンズ・モデルへの移行にあたってますます重要となるだろう。私たちはスペースが暫定的で，利用者の要求のおもむくままに変化することを認識する必要がある。新しい学習環境の計画にあたって，デューク大学（Duke University）は，新しいスペースを思い描く際に，将来のニーズを考慮すると思い描いたスペースがどのように再構成できるか，あらためてその新しいスペースを思い描くべきであると，忠告している。

注
1) Lippincott, J. K. (2006), "Linking the Information Commons to Learning", in D. G. Oblinger (ed)., *Learning Spaces*, EDUCAUSE, http://

www.educause.edu/learningspaces.

本調査および訪問した 18 館の詳細な記述は著者のウェブサイトから入手可能である。http://faculty.rwu.edu/smcmullen/

PEB Publication School Libraries and Resource Centers（OECD, 2001）を含む図書館情報資源センターに関連する著作については http://www.oecd.org/edu/facilities/resources も参照。

2 章

インフォメーション・コモンズ：未来の大学図書館

ローリー・A・マクウィニー

MacWhinnie, Laurie A.
The Information Commons: The Academic Library of the Future.
portal: Libraries and Academy, Vol. 3, No.2, 2003, p. 241-257.

抄 録

　情報にアクセスする手段としてテクノロジーの利用が増加し，また最近では協同学習とグループ研究へと移行していることにより，学生が大学図書館と図書館資源を利用する方法に変化がもたらされた。大学図書館は，情報資源，テクノロジー，研究支援を結びつける新たな方法を試みている。いくつかの大学図書館が，新たな難題に対処するため，インフォメーション・コモンズ，すなわちコンピュータ，さまざまなフォーマットの情報資源，スタッフ支援を提供する中心的な場所というアイデアを採用し，物理的スペースの再構成とサービスの再設計を行ったのである。大学図書館は，同様の目標とある共通した特徴とを共有しているが，インフォメーション・コモンズの設計，資金調達，人材配置にあたってはさまざまなアプローチを取ってきた。本稿では，米国とカナダにおけるいくつかのインフォメーション・コモンズを概観し，そのミッション，特徴，長所と短所を探る。

　大学図書館は，過去十年間で著しい変化を受けてきた。情報を組織化し普及させるのにテクノロジーの利用が増えるにつれて，コンピュータは情報にアクセスするための重要なツールとなっている。図書館は，利用者がOPACを使うために必要なテクノロジーを提供するだけでなく，学術的なデジタル資源や増え続ける電子データベースにアクセスするための手段も提供しなければなら

ない。図書館内の物理的スペースは改修されている。図書館の資源をうまく使えるようにし，そして情報ニーズに応えるようなツールを学生に提供するのに必要なテクノロジーを追加して用立てるためである。スペースの展開の仕方にさらに寄与しているのは，学生がどのように情報を探し，見つけた情報をどのように利用するのかが変化したことである。複数のフォーマットで利用可能な情報に対する要求や，情報を学習成果物に組み込ませるのに使えるツールに対する要求が増している。テクノロジーは情報獲得の手段として信頼されているので，テクノロジーの利用，情報がどう組織化されているかについての理解，そして資源の発見にあたって支援を求める学生のニーズは拡大している。そのことが，情報資源としても物理的な場所としても，大学図書館を変化させているのである。

1. 場としての図書館

　大学図書館はテクノロジーによって運命を決められるわけではない。図書館建築は多くの理由により相変わらず重要である。その理由の第一は，印刷物は廃れてしまってはいないし，今すぐに時代遅れになるというような兆候もないという事実である。「印刷物は終焉を迎え，将来すべてはデジタルになるという1980年代後半から見られた予言は，……当然のように忘れ去られようとしている」[1]。出版社は印刷物での出版を続けており，情報を広める主要な様式がデジタル・フォーマットになる見込みはほとんどない。書籍の出版は毎年増加しており，図書館はコレクションに加えるため引き続き膨大な数の書籍を購入している[2]。同様に，10万タイトルを超える学術雑誌があるが，そのうち全文をオンラインで利用できるのはおおよそ6%から8%だけで，その半分以上は定期購読によってのみアクセスできる[3]。

　なぜ印刷物はテクノロジーに取りつかれた社会のなかで引き続き活況を呈しているのか。デジタル化は高くつく。現在，デジタル形式で出版し，資料をデジタル変換するのにかかる費用は印刷物のコストをはるかに上回る。加えて，出版社は電子アクセスつきで印刷体雑誌の定期購読を要求することが多いので，全文電子アクセスがあっても図書館は印刷体雑誌コレクションを増やし続ける

ことになる。

　印刷物の存続にさらに寄与しているのは，その使いやすさである。スミソニアン研究所図書館の副館長は，最近このように指摘している。「書籍は持ち運びやすく，比較的アクセスが容易である。そのため，電子情報資源はそのパワーゆえに研究の対象となるが，読書の人気が続くことは保証されるのだ」[4]。大学図書館が一般に要求するのは，全文データベースが雑誌の定期購読に変わることおよび雑誌全文へのアクセスを増やすこと，またはそのいずれか一方であり，書籍への全文アクセスではない。

　大学図書館の変化に影響を及ぼしている別の要因は，協同学習への移行である。コラボレーションとグループ研究を重視するという教育面での最近の潮流が新たな資源の要求をもたらしている。「知識創造」のための作業スペースというニーズにより，必要なテクノロジー，情報，サービスを用意するために図書館員，教員，コンピュータの専門家が一緒になって作業することが促されている[5]。図書館は常に研究スペースを用意してきたが，今では物理的コレクションと電子資源の両方にアクセスするためのテクノロジーを持つグループ研究施設を加えているし，他にも学生が共通の課題を仕上げるのに一緒に作業できるようにする生産性ソフトウェアを加えている。

　物理的にあるということは，利用者のための伝統的なサービス（たとえば，ILLや貸出），図書館員とスタッフのための作業エリア，静かな研究スペース，印刷物コレクション用の保管庫を用意するためにも必要である。重点が印刷物から電子媒体に移ったとしても，増え続けるコレクションのための物理的スペースに対するニーズや，物理的コレクションと電子情報資源の両方を利用できるようにするテクノロジーのための物理的スペースに対するニーズは依然としてある。新しいサービスに対するニーズは，伝統的なサービスが引き続き利用可能だろうという期待と結びついて，物理的な図書館を要求するのだ。しかし，そのニーズはまた，大学図書館が利用者の求める資源を提供する新しい方法の検討を迫っている。

2. 図書館に対する新しい要求

　今や利用者は，印刷物，電子媒体，マルチメディアを含む多種多様なフォーマットで情報へのアクセスを期待しているので，図書館員による研究支援に対するニーズがより高まることになった。学生は情報スペシャリストにたいていの資源を利用可能にしてくれるような専門知識を要求する。そして学生が多くの階層の電子的情報資源を検索する際にガイダンスを求めるにつれて，図書館員の役割はますます不可欠のものとなっていくだろう[6]。新しいデジタル情報源と多岐にわたる電子情報資源が利用できることにより，自分自身で情報を探すことができるように学生を教育することも求められるだろう。研究戦略の支援，多様なフォーマットの大量の情報の管理，適切な情報の評価と選択について，学生は図書館員を頼りにし続けるだろう[7]。

　技術的な支援もまた強く求められている。WebCT およびその他の教育用ソフトウェアは，以前はキャンパスの計算機施設の領域であったが，学生が講義ノートを取得したり，電子リザーブにアクセスしたり，仕上げた課題を提出する際に電子的手段に頼るようになるにつれて，大学図書館でますます重要となった。授業の課題を仕上げるのに要求されるテクノロジーは，文書を電子メールで送付したり，ファイルをダウンロードしたりするといった基本的なものを超えている。パワーポイント，アドビ・フォトショップ，ウェブ開発ツールは今日の大学生にとって当たり前になっている。こうしたテクノロジーを図書館に取り入れることは，必要とする場所で必要とするテクノロジーと情報を学生に提供することに向けた必然的段階なのである。

　1日24時間週7日間という連続する電子的アクセスがあっても，学生は学習する場所として図書館の利用時間をもっと長くするように要求している[8]。大学図書館は，騒がしい学生寮に住む人々や学習のはかどる場所を必要とする人々にとっての避難所なのである。図書館は，静かな学習スペースに加えて，グループで学習するのに自然と集まる場所や，学生が授業の合間に会うための社会的なスペースを用意する。こうした特徴は，情報へのリモート・アクセスが利用者を孤立させ，そして学生が他の人々と接触できるような学習スペース

や社会的スペースを求めるようになるにつれて，将来さらに重要になるだろう。

　大学のキャンパスは今，利用者の便宜のために学習資源とその他のサービスを一緒にしようと試みている。学生が図書館に来たときに併せて利用できるように，図書館内や図書館の隣に教育以外のサービスを設置するという潮流が強まりつつある。大学図書館の多くは今では学生を惹きつけるような喫茶店やカフェを加えている[9]。一つの屋根の下に重要ないし不可欠なサービスへのアクセスを提供することは，社会的なスペースやコミュニティ・スペースの提供のように，多忙な学生を引き寄せるのである。

3. インフォメーション・コモンズ

　将来の図書館は，情報の所有から情報のアクセスおよび管理へと焦点が移るにつれて，「学生と教員が世界中にある大量の情報にアクセスする入り口であり，情報が保管される場所ではなくなっていく」と説明されてきた[10]。図書館は，利用者の新たな要求に応えるため，電子情報資源とデジタル情報へのアクセスを提供し，そして学生の学業を支援するための新しいモデルを開発している。図書館は，テクノロジーに対するニーズと要求の変化に対応するため，サービスとスペースの再設計を行っている。テクノロジーと情報資源の統合を用意するモデルの一つはインフォメーション・コモンズである。インフォメーション・コモンズ（IC）は，既存の図書館の一部を再設計したものであったり，新しく加えたものであったり，新しい建築物に図書館とテクノロジーを統合させた組織であったりする。ICは「統合デジタル環境下で作業スペースとサービス提供を組織するためにとくに設計された新しいタイプの物理的施設」[11]として，また「研究のための電子情報資源と熟練した技術スタッフがメンテナンスする製作物を提供するために設計された特定の場所」[12]として定義されている。その最も単純な形態では，ICは図書館内でテクノロジーへのアクセスとレファレンス・サービスとを結びつける中心となる場所である。コンピュータ・ワークステーションが，そばにヘルプ・デスクと印刷体のレファレンス資料を置いてひとまとめにされている。学生は，OPACにアクセスしたり，インターネットや電子的データベースを検索したり，生産性ソフトウェアを利用した

りするのにワークステーションを利用できるし，印刷資料，テクニカル・ヘルプ，専門的な研究支援がすでに利用可能な状態で課題に取りかかることができる。こうしたお膳立てにより学生には「生産性ソフトウェアとツールだけでなくそれぞれの図書館ワークステーションから電子情報資料へのアクセス」[13]が提供される。通常，その他の IC の特徴に挙げられるのは，共同学習スペース，マルチメディア・ワークステーション，ハイテク教室，グループ研究スペースである。こうした特徴が盛り込まれているのは，グループ学習を強化し，教員がカリキュラムにテクノロジーと新しい情報資源を取り入れることを後押しし，図書館講習会を実施するのに技術的に進んだ設備を提供するためである。

　こうしたタイプの施設には学生にとっていくつもの利点がある。学生は，一つの場所で，研究プロセスを開始し，必要とする情報を探索，評価，選択し，研究支援や技術支援を受け，そして課題を仕上げることができる。このような情報とテクノロジーへのアクセスの統合は，マルチメディア・ツールとスタッフ支援が利用できることと相まって，課題を準備したり必要なヘルプを呼んだりするのに学生が別の場所に行く必要をなくす。理論的には，サービス・ポイントで研究支援の訓練を受けたスタッフ（たとえば，図書館専門職）とテクノロジーについて質問するためのヘルプを利用できることで，学生には学問的成功を収めるのに必要なガイダンスが用意される。

　しかし，IC に課題がないわけではない。最も解決が難しいものの一つは，訓練を受けたスタッフが必要なことである。学生が 24 時間のアクセスを要求したために図書館の開館時間が長くなり，IC にスタッフが集中する。支援は，テクノロジーについての質問に対処でき，かつ研究支援をも提供できるような多能なスタッフという形態か，あるいは，適切なタイプのサービスを要求に応じて提供することができるように情報資源とテクノロジーの両方の専門家がいるようにスタッフを一緒に配置するという形態を取らなければならない。訓練はテクノロジーの変化とシステムのアップグレードに追いついていかなければならない。適切な訓練にはかなりの時間と費用がかかり，そのため多忙で資金不足の大学図書館では適切な訓練が不足することが多い。

　コンピュータ設備の追加とアップグレードにかかる費用もある。OPAC，インターネット，データベースへのアクセスを提供するシンクライアント・ワー

クステーションは基本的なアクセスには適しているかもしれない。だが，プロジェクトを何から何までこなすためのフル装備のソフトウェアおよびマルチメディア・ツールまたはそのいずれか一方のサポートは「ダム端末」の能力を超えており，もっとしっかりした設備が必要である。スキャナ，CD-RW，およびその他のハードウェアは，ウェブ作成やマルチメディアのための高価なソフトウェアとともに，それらの整備には相当の資金源を必要とすることをはっきりさせる。設備の更新コストもまた，図書館の厳しい予算にとっての難題である。

　簡単に印刷やダウンロードができる電子的フォーマットで情報にすぐにアクセスできることは，研究の質にも影響を及ぼしうる。電子情報資源を通して全文情報を利用できるアクセスが増えたことで，学生は印刷体ないしデジタル・フォーマットで存在する，より良質でより関連する情報を利用することを放棄するようになっているのかもしれない。学生には「3つのF」の要求を満たす情報でよしとする誘惑がある。「3つのF」とは，最初（first），最速（fast），全文（full-text）である。しっかりした研究スキルの欠如とスキルを活用しようという意志の欠落が意味しているのは，学生が最も関連する最善の情報を見つけていないということである。「カット・アンド・ペースト」しようと追い立てられてしまうのも欠点である。データベースの全文記事をワープロ文書にすばやく移動する能力は，安直でずさんな作業慣行につながる。研究スキルの不足を改善すべき状況は，情報とテクノロジーが結合したこのような新たな環境で学生を教育し，支援を提供するのに図書館員がより大きな役割を果たさなければならないことを意味している。

4. 理論から実践へ

　ICモデルはどのように実践に移されてきたのか。こうした施設は単なる見せかけの「テクノロジー・ラボ」以上のものなのだろうか。さもなければ，付加価値サービスを提供するのだろうか。ICモデルはどの程度の成功を収めているのだろうか。そして何を改善することができるのだろうか。ICは，大部分，米国とカナダの大学で見られる特徴である。ICは小さなカレッジにも大きな総合大学にも見られ，図書館，あるいは図書館がさまざまなレベルで組織

的ないしサービス的に関与する別施設と一緒になる傾向がある。個々の IC に関するデータの大多数はウェブで見つけることができる。ミッション宣言，計画報告や提案，統計を付けた詳細な記述書を提供している機関もある。その他の機関も IC とテクノロジーの特徴についての簡潔な要約だけは提供している。ここで評価する 19 の IC は，キーとなるウェブ・ページと文書が明らかにするように，さまざまな資源レベル，スタッフ構造，資金源を活用している[14]。IC のホームページの URL と特徴の概観についての表を参照してもらいたい。

表 2-1 IC のホームページの URL と特徴の概観

大　学	コモンズの名称/設立年	スタッフ配置/コンピュータ	注目すべき特徴
コロラド州立大学 http://manta.library.colostate.edu/eic/index.html	電子情報センター / 1990 年代後半	EIC マネージャー，2 名の技術者，レファレンス・ライブラリアン / 100 台以上のコンピュータ，20 台の貸与用のノート型 PC，2 部屋の教育実験室	図書館によってのみ運営されている。
ジョージ・メイソン大学 http://ulcweb.gmu.edu	ジョンソン・センター / 1995	責任を分担するようにスタッフが配置されたインフォメーション・デスク / 425 ステーションのコンピュータラボ，14 部屋のグループ利用のための個別閲覧室，32 部屋のグループ研究室，講習会用の部屋	4 階のアトリウム，映画館，銀行，書店，フードコート
カンザス州立大学 http://www.lib.ksu.edu/infocommons/index.html	インフォコモンズ / 2001	2 階レファレンス・デスクにテクノロジー・スタッフ，1 階・2 階・3 階にレファレンス・センター / 200 台のコンピュータ，無線ノート型 PC 貸出	3 年計画とされている。コンピュータ群は集中配置せず，レファレンス・サービス近くにコンピュータが並んでいる。学生テクノロジー料によって部分的に資金供給されている。
レイク・スペリオル・カレッジ http://www.lsc.cc.mm.us/lib/infocom/home.html	インフォメーション・コモンズ	カレッジ・スタッフまたは学生アルバイト / 60 台のコンピュータ。ヘルプ・デスク	小規模な 2 年制のカレッジである。ラーニング・センターのヘルプ・デスクがチュートリアルを提供している。

大　学	コモンズの名称/設立年	スタッフ配置/コンピュータ	注目すべき特徴
マギル大学 http://www.geog.mcgill.ca/heeslib/welcome.html	地理情報センター / 1997	図書館員，書誌学者，GIS管理スペシャリストが配置されている。/ GISテクノロジーとソフトウェア。	地理情報と情報資源についての唯一のセンターである。
オレゴン州立大学 http://osulibrary.orst.edu/computing	インフォメーション・コモンズ / 1999	準専門職スタッフ。利用者支援スペシャリストがコモンズ長である。/ 100台以上のコンピュータ。電子教室。	レファレンス・デスクとコンサルタント・デスクの2つのサービスデスクがある。チューターと一対一支援が利用できる。
アリゾナ大学 http://dizzy.library.arizona.edu/library/teams/pic/pic.htm http://dizzy.library.arizona.edu/library/teams/ust/infocomm/ic-features.pdf	インフォメーション・コモンズ / 2002	スタッフには図書館員とテクノロジー専門家が含まれている。レファレンス部門が隣接している。/ 250台のコンピュータ。	統合学習センターの一部である。特徴と方針についての概要報告がウェブサイトで閲覧可能。学生と教員のため，月曜から木曜まで24時間オープンしている。
カルガリー大学 http://www.ucalgary.cal/IR/infocommons http://www.ucalgary.ca/InformationCommons/をも見よ。	インフォメーション・コモンズあるいは「インフォメーション・ハブ」/ 1999	インフォメーション・コモンズの長（教員の身分）がコモンズを運営する。ピーク時には専門補佐スタッフと図書館員がいる。主要スタッフは学生「ナビゲイター」である。/ 250台のワークステーション，13部屋の作業室，2部屋の教室。	ウェブサイトには計画文書と概要報告が統計とベスト・プラクティスのサイトのリストとともに掲載されている。南カリフォルニア大学のレヴィー・コモンズに基づく。日曜から木曜まで24時間利用可。また期末には毎日24時間利用可。
アイオワ大学 http://lib.uiowa.edu/arcade/ http://www.lib.uiowa.edu/arcade/publications.html	インフォメーション・アーケード / 1992	スタッフは高度なテクノロジースキルを持つさまざまな分野の大学院生である。パートタイムの図書館員が運営している。/ 26台のMacと5台のPCマルチメディア・ステーション。1台のMacと1台のDOS/Windowsの"レトロな"ステーション。ネットワークのある	1994年，ALAのLibrary of the Future Awardを受賞。1996年，この成功によりUniversity's Hardin Library for the Health Scienceのためのインフォメーション・コモンズの設立へと至った。他の機関のプロトタイプでもある。

大　　学	コモンズの名称/設立年	スタッフ配置/コンピュータ	注目すべき特徴
		教室。ノート型 PC。	TWISTed Pairs が教材と教育講座を開発するために教員と連携している。
ミシガン大学 http://www.knc.lib.umich.edu/	知識ナビゲーション・センター / 1996 メディア・ユニオンを有する。	スタッフは図書館専門職と情報科学の大学院生からなる。/ KNC：9 台のワークステーション ユニオン：500 台のワークステーション, バーチャル・リアリティ実験室, マルチメディア製作スタジオ, ビデオ会議室。	キャンパスの Teaching and Technology Collaborative の一部であり, 他のソフトウェア, ハードウェア, テクノロジー支援については, 他のキャンパス施設に紹介している。ウェブサイトにはソフトウェアとウェブ作成についての優れたガイドとチュートリアルがある。
ミズーリ大学カンザス・シティ校 http://www.umkc.edu/lib/MNL/About/info-commons.htm	インフォメーション・コモンズ / 2000	インフォメーション・コモンズ・スペシャリスト, レファレンス・ライブラリアン（教員待遇）。/ 30 台のワークステーション, 44 のノート型 PC のためのアクセスポート, 3 部屋の研究室。	4 ヶ月で完成。スペースが図書館職員による徹底した相談のために提供されている。
ネバダ大学ラスベガス校 http://www.library.unlv.edu/infocommons	インフォメーション・コモンズ / 2001	2 名のフルタイム・スタッフと 12 名のパートタイム・スタッフ。/ 100 台のコンピュータ, 2 階に 50 台のコンピュータ。2 部屋のグループ研究室。障害者用資料室。	レファレンス・コレクションのある図書館の 1 階にある。
ニューメキシコ大学 http://www.unm.edu/%7Elibadmin/Projectoverview.htm	インフォメーション・コモンズ / 計画段階	図書館職員およびスタッフ, ピア・チューター / 設備情報なし	準備計画報告とプロジェクト運営スケジュールがウェブサイトで閲覧可能。コーヒーショップ（cybermart）が含まれる。
ノースカロライナ大学シャーロット校 http://libweb.uncc.edu/library/infocom	インフォメーション・コモンズ / 2000	インフォメーション・コモンズの長, レファレンス図書館員, 大学院生スタッフ。複数の訓練を受	指導サービス, メディア・サービス, レファレンス・サービス, 研究データサービスを含

大　学	コモンズの名称/設立年	スタッフ配置/コンピュータ	注目すべき特徴
		けたスタッフ。/ 108 台のコンピュータ。グループ研究と会議のための部屋と教室。	む。バーチャル IC コンポーネントも有する。
南カリフォルニア大学 http://www.usc.edu/isd/locations/undergrad/leavey/IC.html	レヴィー図書館 Lower Commons と Upper Commons / 1994, 1998	3 つのレベルのスタッフ；レファレンス・ライブラリアン，テクノロジー補助員，学生ナビゲーション補助員 / 173 台のコンピュータ（Mac と PC）40 台のノート型 PC のコネクション。29 のコラボレーション研究室，2 部屋のコンピュータ実験室，講堂。	1998 年に規模が倍となり 2 階分となった。施設には印刷と電子メールのための express station がある。1 日 24 時間オープン。
テキサス大学オースティン校 http://www.lib.utexas.edu/services/computing/index.html	電子情報センター（EIC），21 世紀研究 / 2000	1 つのデスクでレファレンス・サポートとテクニカル・サポート。/ EIC：115 台のコンピュータ。21 世紀研究：40 台のコンピュータと 25 台のノート型 PC 用のイーサネット。	3 つの図書館に EIC がある。21 世紀研究は週 5 日 24 時間アクセス。
トロント大学 http://utronro.ca/welcome.html	スコティアバンク・インフォメーション・コモンズ / 1996	元計算センター利用者サービス部局のフルタイム従業員とパートタイム従業員。/ 160 台のワークステーション，デジタル・スタジオ，ニューメディア室。	ウェブサイトに施設のバーチャル・ツアーがある。ニューメディア室はマルチメディア対応の会議室である。利用には利用のために 2 時間のトレーニングコースを終えることが要求される。
ワシントン大学 http://www.washington.edu/uwired	UWired：教育・学習・テクノロジー・センター / 1994	スタッフはコモンズの運営者とコンピュータ技術者および学生。/ 350 台のコンピュータ（2000 年時点），3 部屋の教室。	レファレンス・デスクとヘルプ・デスクが一緒になっている。
ウィノナ州立大学 http://www.winona.msus.edu/library/IG/ig/about.html	インフォメーション・ギャラリー / 1999	インフォメーション・ギャラリー図書館員・マネージャーとスタッフ（詳細は不明）/ 42 台の PC	図書館の一階にマルチメディア計算エリア。

大　学	コモンズの名称/ 設立年	スタッフ配置/ コンピュータ	注目すべき特徴
		と6台のMac。ノート型PC, CD-RW, USBステーションを貸出。1,400のネットワークコネクション, 図書館にノート型PC用の4台のプリンタ。	

表のデータは，以下のリソースと個々の機関のウェブ・ページから集められた。
- Russell Bailey and Barbara Tierney, "Information Commons Redux: Concept, Evolution, and Transcending the Tragedy of the Commons," *The Journal of Academic Librarianship* 28 (September 2002): 277-286.
- Richard Bazillion and Connie L. Braun, *Academic Libraries as High-Tech Gateways: A Guide to Design & Space Decisions* (Chicago: American Library Association, 2001), 3, 174-81.
- John N. Berry III, "Arizona's New Model," *Library Journal* 127 (November 2002): 40-42. Alison Cowgill, Joan Beam and Lindsey Wess, "Implementing an Information Commons in a University Library," *The Journal of Academic Librarianship* 27 (November 2001): 432-9.
- James Duncan, "The Information Commons: A Model for (Physical) Digital Resource Centers," *Bulletin of the Medical Library Association* 86 (October 1998): 576-82.
- Carol Ann Hughes, "'Facework': A New Role for the New Generation of Library-Based Information Technology Centers," *Library Hi Tech* 16, 3-4 (1998): 27-35.
- Tim Lougheed, "Libraries Gain Clout and Cachet in the Information Age," *University Affairs* (October 2001): 8-11, 17. Available: 〈http://www.trainyourbrain.ca/uafeatures/en/university_affairs/feature/2001/october/pg08.pdf〉 [January 31, 2003].
- Barbara MacAdam, "Creating Knowledge Facilities for Knowledge Work in the Academic Library," *Library Hi Tech* 16, 1 (1998): 91-99.
- University of Arizona Faculty Center for Instructional Innovation. *Online Survey: Review Responses.* Available: 〈http://www.fcii.arizona.edu/ilc/survey_results.asp〉 [January 31, 2003].
- University of New Mexico. *Information Commons Preliminary Report*, April 20, 2000. Available: 〈http://www.unm.edu/%7Elibadmin/prelimreport.htm〉 [January 31, 2003].
- University of Washington. *UWired: History.* Available: 〈http://www.washington.edu/uwired/about/history.shtml〉 [January 31, 2003].

5. ミッション宣言とビジョン宣言

ミシガン大学，アイオワ大学，トロント大学，カルガリー大学，ニューメキシコ大学，ノースカロライナ大学シャーロット校，カンザス州立大学の7つの大学は，ウェブサイトにミッション宣言とビジョン宣言を掲載している。1つ

の簡潔なパラグラフからなるものもあれば，詳細なものもある。長さにかかわらず，これらの機関はICの目的と目標について同じ理解を共有している。中でも基本は，学生，教員，研究者が自分の仕事に新しいテクノロジーを取り入れることができるようにするため，大学コミュニティに情報資源とテクノロジーを提供する中心的ないし主要なアクセス・ポイントを創りだすことである。加えて，学問的作業に携わる人々を支援する知識スタッフの重要性に触れている文書もある。このようなサービスと施設の提供者として，図書館は明らかに適切である。ICの多くが図書館内に置かれており，少なくともあるレベルの専門図書館スタッフを抱えているからである。

6. 計画報告と提案

　カンザス州立大学，カルガリー大学，ニューメキシコ大学の3つの機関のウェブサイトには，ICの展開に関する計画提案や準備報告書が含まれている。これらの文書は，別々の機関が大学コミュニティの個々のニーズに適合するようにICモデルを適用するやり方について，価値ある洞察を示していることが多い。カンザス州立大学の特別諮問委員会は，プロジェクトの範囲，設備の配置，スタッフと資金についての提言，キャンパスにある他のコンピュータ施設へのインパクトの評価をまとめた詳細な報告を準備した[15]。興味深いことに，特別委員会は，コンピュータへの自由なアクセスが増えたために図書館外のスペースについて考慮することを提言した。この提案には，他の部局や学生ユニオンにコンピュータを置くことや，アクセスをよりよくするために無線ネットワークを確立する可能性が含まれている。利用者の要求に応えるために図書館でないスペースが24時間利用可能となることもまた提言されている。この報告のなかでも最も有益な記事は，配置方式（電子メール・ステーション，ノート型PC，専門化したワークステーション）を付した，図書館内のさまざまなエリアに推奨されるコンピュータのリストである。そのリストは，図書館とキャンパスにさまざまなレベルとタイプのアクセスを供給することで，ICについて提案した目標をどのように実施に移せるかの事例を与えている。

　対照的に，カルガリー大学の計画報告は，施設の目標および使命の詳細な概

要を提供している。それは利用者の目標やサービスの目標と合致する望ましい成果のリストと実施提案のリストという形を取っている[16]。この文書は、機関がICの実施を考えるにあたって優れた指導書となっている。その文書は、特定のタイプの資源、訓練、スタッフ、設備と広範な目標を合わせている。最も重要なのは要旨である。要旨には、考え方の支持と受容を促進させるためのコミュニケーション戦略について詳細が述べられている[17]。「利害関係者」と「クライアント・グループ」の包括的なリストが、それぞれに伝えるべきマーケティング・ポイントとともに含まれている。また、成功の保証を確実にする前に、新しい資源を気づかせ支持させる重要性を強調している。市場戦略の利用は時間がかかり高価につくことになるが、しかし長期的な利益はプロジェクトの成功である。考え方の受容はスタッフと利用者が施設をコスト効率の良いものとするために必要であり、考え方の支持は適切な財政的支援と将来の資金を保証するために重要である。

7. 資 金

ICの実施と継続的なコストに関する資金データを見つけるのは困難であった。入手可能な情報には、大学図書館がICの実施に必要な財政的支援を得るためにさまざまな資金源を利用したことが示されている。カンザス州立大学の特別諮問委員会は、3つのコスト部門を素描している。実施、継続、拡大の部門である[18]。見積は与えられていない。しかし委員会は、図書館もテクノロジー部局も予算から費用を捻出することはできないのだから、新施設にかかるコストはすべて新しい資金源から支払われるべきだと提言した。実際には、施設の支出は3つの異なる資金源から賄われている。備品と配線は大学保全改修基金（University Repairs & Restoration Fund）が資金提供し、ネットワークの更新（電子的）は保全改修基金とカンザス州立大学図書館が共同して支払い、コンピュータとソフトウェアは学生テクノロジー料金（Student Technology Fee）基金から購入した[19]。

　他の機関は資金および支援を外部に求めてきた。ニューメキシコ大学は、施設はまだ建造されていないが、総合図書館が蓄えていた100万ドルに加えて、

地域研究センターからの 50 万ドルを使う計画である[20]。追加資金にはインフラ整備のためにニューメキシコ大学学生料金評価委員会（UNM Student Fee Review Board）が配分した 20 万ドル以上に加えて，フォード自動車クレジット（Ford Motor Credit）の 4 年間にわたる 40 万ドル〔の支出〕が含まれている[21]。ジョージ・メイソン大学のジョンソン・センター総合図書館は，3,000 万ドルをバージニア州の援助する歳入担保債による資金提供を主として受けており[22]，総額 200 万ドルの議会助成金がアリゾナ大学の IC を拡大させた総合図書館に新しくかかる 1,300 万ドルの一部として支払われた[23]。ネバダ大学ラスベガス校のインフォメーション・コモンズがある新しい図書館は，4,100 万ドルのプロジェクトのうち，リード財団（Lied Foundation）が 1,500 万ドルを寄付し，残りはネバダ州の財政支出によって資金供給された[24]。

　数篇の出版論文で，カルガリー大学とアイオワ大学の実施コストについての情報が提供されている。カルガリー大学のプロジェクトは，アルバータ州政府による助成金 230 万カナダドルと学生ユニオンの 5 年間にわたる 100 万カナダドルの支援からの担保によって資金提供された[25]。アイオワ大学のインフォメーション・アーケードは，1992 年に設立されたが，慈善信託からの 75 万 2,000 ドルと，継続的なリノベーションのため大学当局の支払った 40 万ドルによって資金提供された[26]。

　運営費に関する唯一のデータは，アイオワ大学ハーディン図書館の健康科学インフォメーション・コモンズについての修正予算だけである。それによれば，最初の 3 年間の運営のための人員，ソフトウェア，設備すべてで 734,905 ドルのコストがかかっている[27]。この数字は，実際には，当初見積もられた 100 万ドルの予算より低い。

　IC 設立には共通した資金提供パターンはないことが，利用可能な財政データから歴然としている。明らかに，実施，スタッフ，維持，設備の更新と交換のために要求される資金の総額は，施設の規模と機関のタイプに応じて異なる。興味深いのは，かなりの資金が政府資金と学生組織から獲得されているということである。サービス拡大のニーズに直面している図書館は，こうした新しい資金源に出資するのに助成金や債権といった別の資金オプションを考慮するかもしれない。政府資金と学生組織による支援が利用できるということは，学術

機関の技術資源に対して強力な公的支援があるということ，そして学生が必要とする学習資源の展開にお金を払う意志があるということを示している。

8. 統　計

カルガリー大学のウェブサイトには，ICについての興味深い事実データと統計がある。情報は一般統計（尋ねられた質問の種類，文献デリバリーの件数，図書館講習会の時間）からサービス改善と協同学習の取り組みにまで及ぶ。最も目覚しいのは，1999年9月から2001年12月に尋ねられたレファレンス質問の件数がテクノロジーについての質問の件数を3：1の割合で超えているということである[28]。通常期間と期末試験期間の両方で時間を延長しているので利用がかなり増えていることがICにも見受けられるが，その利用の増加は米国中のキャンパスに見られる図書館の時間をもっと長くしてほしいという学生の要求の観点からすれば目立つものではない[29]。24時間アクセスを提供しているICもいくつかあるが，残念なことにこの本質について比較のために利用可能なデータが他にない。

9. 評　価

入手可能な情報は各施設で多様であり，ICを評価する公式の研究調査は公表されていないので，IC本来の目標の到達に成功を収めているのかどうかを判断するのは難しい。アイオワ大学のインフォメーション・アーケードとメディア・ユニオンについての論文が数篇あり，スタッフのレベル，サービスと資源のタイプ，ICで利用可能な資源とテクノロジーを活用するよう教員に促すために開発されたプログラムについて触れている。しかし，そのいずれもが研究調査ではない。カンザス州特別委員会はさまざまなデータ収集方法を通じて施設の利用と効果を評価することを推奨しているが，詳細は与えていない。施設がオープンしたのは2001年なので，運営初年度の評価は進行中かもしれない。

　おそらく，評価のうえで一般に障害となっているのは，この新しい学習資源

の多角的な特徴を評価することができないことである。ICはサービス提供を伝統的な図書館の範囲を超えて拡張させる新しいモデルであり，そのため効果を測るには新しい評価手法が必要となる[30]。ICのサービス多面性を評価するための信頼に足る手法がないので，10年以上も続いているICがあるにもかかわらず評価が妨げられているのかもしれない。ICでは提供するサービスとテクノロジーのタイプがきわめて多様となる傾向があり，画一的な評価手法を適用することができないかもしれない。評価は，どれほど難しいかに関係なく，見過ごされるべきでない。評価データはプログラム支援を継続的に受け，資金を増やすのに有益な手法となりうる。すべてはウェブ上にあり，これまでのように図書館に相当の資金を供給する必要はないと考える当局と立ち向かっている図書館にとって，データの提出は説明責任を示し，拡張したサービスに対する支出を正当化し，図書館利用者に資源の価値を明示するための強力なツールとなる。

　今のところ，いくつかの機関の事実報告情報がある。コンピュータ設備をめぐる事項について言及しているICもある。オレゴン州立大学はシンクライアント・ワークステーションには人気がないという問題にぶつかった。コンピュータは頑丈なワークステーションほどコストはかからないが，学生は作業結果を保存するディスク・ドライブがないようなものは好まなかった[31]。ジョージ・メイソン大学は，中央インフォメーション・デスクの共有管理の取り組みにくわえて，学生が生産性ワークステーションを電子メールやゲーム，その他の必須ではない機能に利用するといった問題を経験した[32]。スタッフの配置，スタッフの訓練のレベル，物理的スペースの利用もまた，いくつかの機関が直面した問題である。アリゾナ大学教育革新教員センターによるICの調査の回答で，さまざまな機関の代表者は変更予定の領域について次のように指摘した。テクノロジー・ヘルプとエキスパート・ヘルプをもっと訓練されたレファレンス担当者とまとめること（カルガリー大学），複数のサービス・ポイントの利用と学生アルバイトへの依存を再考すること（オレゴン州立大学），グループ研究スペースをもっと提供すること（アリゾナ大学），部屋の増設を許可すること（南カリフォルニア大学），主要なスタッフを学生アルバイトとするときには良質の長期的なサービスを提供する方法を見出すこと（テキサス大学オースティン校）[33]。

10. 正しいバランスを見つけること

　ICが成功するかどうかはいくつかの要因によって決まる。ICの存続は、そのミッションと目標が承認されるだけでは保証されない。施設は、当局による適切な資金と支援を必要とするだけでなく、学生、教員、スタッフからの支援をも受けなければならない。協同学習には学生、教員、図書館員、技術スタッフの間のコラボレーションが求められる。図書館員には、ICの提供する資源やサービスのタイプについて教員に教えたり、学生の便宜のために新しいテクノロジーをコースに取り入れるよう教員を促したり、学生に利用可能な資源と支援について知ってもらう必要があるかもしれない。図書館とコンピュータ部門のあいだに同盟関係を築くのが難しい場合、〔それは〕協力の成功にとって障壁となる[34]。図書館員が人間本位であるのに対して、テクノロジー部門は問題中心の傾向がある。テクノロジー部門は、図書館より資金提供を受けていることが多く、また最新のテクノロジーを備えているので、その2つが協力するときには困難が生じるのである。ミシガン大学は、メディア・ユニオン施設のコンピュータ設備の2つのレベルの格差を解消することについて、当局、コンピュータ・サービス、図書館が同意するよう働きかけるのに1年間を費やした[35]。

　スタッフの配置と訓練は決定的な問題である。よく訓練されたスタッフは、専門的知識、テクノロジー、資源、利用者のためのサービスの統合を最善のものとするのに不可欠である。理想的には、利用者に最高のサービスを提供するため、ICには専門職のレファレンス・ライブラリアンと高度な訓練をされたテクノロジー・スタッフとが配置されるだろう。実際には、その目標を実施するのは困難である。テクノロジーの問題に適切に処理するため、スタッフを倍に増やし、訓練された図書館スタッフを用意するコストが図書館にかかり過ぎ、いずれの選択肢も実施可能とは考えられない。それゆえ、調査対象としたICのほとんどがあるレベルの専門職スタッフと学生アルバイトを組み合わせ、専門職スタッフの人数を利用のピーク時に制限するのは不思議ではない。

　2つのユニークなやり方をミシガン大学とアイオワ大学に見ることができる。

ミシガン大学の知識ナビゲーション・センターは，図書館専門職によって監督された情報科学研修生を配置している。しかし，研修生は2年間のプログラムを終えたら入れ替えなければならないので，過去には利用可能な資源に適したスタッフ・レベルを見つける際に問題となった[36]。アイオワ大学は，インフォメーション・アーケードとハーディン健康科学図書館のICの両方で，大学院生を主要スタッフとして活用することにより成功を収めた[37]。このやり方は主題の専門化という利点をもたらしたが，研修生の利用と同じ欠陥がある。大学院生が課程を終了したときに，適切な交代要員を見つけるのが難しく，新しいスタッフのためのオリエンテーションは時間がかかる。専門職スタッフの配置でさえ難しくなる。ミシガン大学のメディア・ユニオンは，工学図書館と美術建築図書館と専門職スタッフの統合に取り組んだ。各専門職スタッフが個別領域の専門と特徴を持っている[38]。明らかに，図書館専門職と技術スタッフの利用は理想的であるが，必ずしも現実的ではない。準専門職スタッフや専門職スタッフを配置することは，普通の学生の集団から選ばれた図書館アルバイトを利用するよりも，質のよいサービスを提供するが，高価でもある。簡単な解決がないということははっきりしている。ほとんどの図書館にとって，利用可能な資源のなかでできる限りベストの配置を行うのが唯一の選択肢である。それこそ，こうした機関がある程度の成功を収めてきたことである。

　関連する論点は，図書館員が専門職としてのアイデンティティを失っていることである。すでに触れたように，カルガリー大学の統計ではますます多くのレファレンス質問がICで尋ねられていることが示されているが，他の機関では必ずしもそうでない。コロラド州立大学の図書館員が見出したところでは，受け取った質問の大多数が本来は技術的なものであった[39]。技術的な質問が多いデスクにスタッフを配置すると，研究スキルと専門的知識を十分に活用しきれていないレファレンス・ライブラリアンの士気を落とすことになる。テクノロジーを向上させる恒常的な訓練は高くつくし，訓練が不十分だとテクノロジーについての複雑な質問をワンストップ・ヘルプ・デスクで受け取っても対処するだけの準備がないと図書館員が感じることになってしまう。

　資金の共有もまた論点となりうる。ICは，施設がどのように置かれているかに応じて図書館の資金を節約できる。キャンパスのテクノロジー部門やコン

ピュータ・サービスと共同して新規事業に着手するならば，かなりの共同基金とそこから徴収して訓練されたスタッフを引き出せる。しかし，利害が競合すると双方のあいだに衝突が引き起こされるかもしれない。図書館は，利用者のためにより良い設備と技術的支援という利点を望むかもしれないが，「スペース」における自律性を失うことは望まないかもしれない。テクノロジー部門は予算とスタッフを当の施設に当てたいと思うかもしれないし，部門の資源を要求するような共同新規事業の支援には気が進まないかもしれない。コロラド州立大学の電子情報センターは，図書館が完全に資金を提供しており，維持している[40]。そうすることで図書館はスタッフ，設備，資源レベルに関して機関としての意思決定を行う自由を持つことができるが，これは一方で図書館がコスト負担の責任をすべてとることを意味する。

11. 将　来

　客観的な評価データがなくとも，IC が多くの大学で成功を収めてきたことははっきりしている。1992 年にアイオワ大学でインフォメーション・アーケードがオープンして以来，IC の数はかなり増えてきている。いくつかの IC は評判が高く，利用者により良いサービスを提供するよう拡大している。アイオワ大学のアーケードの成功の結果，大学の健康科学図書館において IC を展開することになった。また南カリフォルニア大学レヴィー図書館での IC は，要求に応えるため，今ではその規模が倍となった。明らかに，テクノロジーと情報とを統合しているこれらの機関は利用者が必要とし，期待しているサービスを提供しているし，親機関に支援の継続を訴えるだけの十分な理由を与えている。ここで評価したさまざまな IC について入手可能な情報は，学習を促進して親機関の教育目標を支援するという使命を満たすには大学図書館がサービスと物理的スペースをどのように変えたらよいのかについて，展望を与えてくれる。IC がこれからどのように展開していくかは，現時点では不明である。

　図書館が過去に提供していた伝統的なサービスを超えて発展し，場としての変化を続けているのは明らかである。大学図書館の将来は，利用者の要求によって形作られていくだろうし，テクノロジーの発展によって後押しされるだろ

う。無線ネットワーク，バーチャル・レファレンス，リモート・アクセスは図書館が利用者にサービスを提供する手法を変えたが，物理的な図書館が終わったということを意味しないし，スキルのある図書館員が必要でなくなったことも意味しない。イーサネットとネットワーク・カードを通じてより多くのアクセス・ポイントを提供することがコンピュータ・ワークステーションに取って代わったわけではなく，図書館では高価な生産性ソフトウェアを持つワークステーションに対する要求がさらに増えている。図書館員は，情報の組織化や研究支援の提供を続け，特定のニーズにとって最善の情報にアクセスし，選択し，評価する方法を利用者に教え続けるだろう。しかし，それは発展する物理的環境で新しい手法を使用することによってである[41]。図書館が存在していくには，これからの図書館は学生が必要とする資源を，それがスキルのある研究支援であれ，最新のテクノロジーであれ，快適な学習スペースであれ，期待される物理的アメニティと一緒に提供しなければならない。その結果として新しい図書館は「書架のコレクションと学習スペースというよりは学習と情報のためのセンター」となるだろう[42]。携帯可能なコンピュータやウェアラブル・コンピュータが大学図書館にどのような変化をもたらすのか（もたらすとすればだが），あるいは電子情報の一過性がこの先数年のあいだに図書館のコレクションにどういうインパクトを与えるのか，誰にも分からない。ありそうなのは，テクノロジーと電子情報は図書館と図書館員に挑戦し続けるだろうが，取って代わることはない，ということである。しかし，図書館は，将来どのような変化がもたらされようともそれに追いついていく必要があるだろう。将来の大学図書館はどのようになるだろうか。それは，デジタル情報資源と印刷情報資源にすばやく柔軟なアクセスを提供して，快適で協力的な環境のもとで学術研究を促進し，協同学習を促す知識豊富でスキルのあるスタッフが配置され，常に発展する情報資源となるだろう。IC はその方向への第一歩なのである。

注
1) Walt Crawford, "Paper Persists: Why Physical Library Collections Still Matter," *Online* 22 (January/February 1998): 43.

2) Thomas Mann, "The Importance of Books, Free Access, and Libraries as Places.And the Dangerous Inadequacies of the Information Science Paradigm," The Journal of Academic Librarianship 27 (July 2001): 272.
3) Tanya Schevitz, "A New Chapter for Libraries," The San Francisco Chronicle (February 10, 2002): A1. Available from 〈http://web.lexisnexis.com/universe/〉 [January 31, 2003].
4) Mary Augusta Thomas, "Redefining Library Space: Managing the Coexistence of Books, Computers, and Readers," The Journal of Academic Librarianship 26 (November 2000): 409.
5) Rod Henshaw, "The Library as a Place," College & Research Libraries 55 (July 1994): 284.
6) Joel Clemmer and David Smith, "Trends and Issues" in Libraries for the Future: Planning Buildings that Work, Ron G. Martin, ed. (Chicago: American Library Association, 1992) , 4.
7) Sarah Michalak, "Planning Academic Library Facilities: The Library will have Walls," Journal of Library Administration 20, 2 (1994): 99.
8) William A. Gosling, "To go or not to go? The Library as a Place," American Libraries 31, 11 (December 2000): 45; William Miller, "The Library as a Place: Tradition and Evolution," Library Issues 22, 3 (January 2002): 2. 3. Available: 〈http://www.libraryissues.com/pub/LI220003.asp〉 [January 31, 2003].
9) Mark Clayton, "Food for Thought: Campus Libraries Add Cafes to Lure Students from their Computer Screens," The Christian Science Monitor (January 22, 2002): 12. Available: 〈http://www.csmonitor.com/2002/0122/p12s01-lehl.html〉 [January 31, 2003].
10) Patricia A. Wood and James H. Walther, "The Future of Academic Libraries: Changing Formats and Changing Delivery," The Bottom Line: Managing Library Finances 13, 4 (2000): 173.
11) Donald Beagle, "Conceptualizing an Information Commons," The Journal of Academic Librarianship 25, 2 (March 1999): 82.
12) Allison Cowgill, Joan Beam and Lindsey Wess, "Implementing an Information Commons in a University Library," The Journal of Academic Librarianship 27, 6 (November 2001): 432.
13) Helen M. King, "Academic Library Buildings for the Next Century: Insights from the United States," LASIE 29, 1 (March 1998): 27.
14) George Mason University, Johnson Center Building History. Available: 〈http://jcweb.gmu.edu/design/history.htm〉 [January 31, 2003].

Johnson Center Facts and Figures. Available: 〈http://jcweb.gmu.edu/design/facts_figures.htm〉 [January 31, 2003];
Kansas State University, *Information Commons Advisory Task Force Proposal* (May 19, 2000). Available: 〈http://www.lib.ksu.edu/infocommons/final.html〉 [January 31, 2003].
The KState InfoCommons: How. Available: http://infocommons.ksu.edu/how.html [January 31, 2003];
Oregon State University, *Information Commons Overview.* Available: 〈http://osulibrary.orst.edu/computing/overview.htm〉 [January 31, 2003].
Virtual Tour: Information Commons. Available: 〈http://osulibrary.orst.edu/tour/tour3.htm〉 [January 31, 2003];
University of Arizona Faculty Center for Instructional Innovation, *Review Responses.* Available: 〈http://www.fcii.arizona.edu/ilc/survey_results.asp〉 [January 31, 2003];
University of Calgary, *Executive Summary.* Available: 〈http://www.ucalgary.ca/IR/infocommons/commplan.htm〉 [January 31, 2003].
Information Hub Planning Document. Available: 〈http://www.ucalgary.ca/IR/infocommons/conceptdoc.htm〉 [January 31, 2003].
Information Commons Fact Sheet. Available: 〈http://www.ucalgary.ca/informationcommons/facts.html〉 [January 31, 2003];
University of Iowa, *Information Arcade Mission and Vision Statements.* Availa-ble: 〈http://www.lib.uiowa.edu/arcade/mission.html〉 [January 31, 2003];
University of Michigan, *Knowledge Navigation Center (KNC): Mission Statement.* Available: 〈http://www.knc.lib.umich.edu/about/mission.html〉 [January 31, 2003];
University of Missouri-Kansas City, *Miller Nichols Library Information Commons.* Available: 〈http://www.umkc.edu/lib/MNL/About/info-commons.htm〉 [January 31, 2003];
University of New Mexico, "New Information Commons" by Robert L. Migneault, excerpt from the *UNM General Library Annual Report*, 1998. 1999, p. 27. 8. Available: 〈http://www.unm.edu/~libadmin/Projectoverview.htm〉 [January 31, 2003].
Preliminary Planning Report. Available: 〈http://www.unm.edu/~libadmin/prelimplnrpt.htm〉 [January 31, 2003]; *Preliminary Report* (April 20, 2000). Available: 〈http://www.unm.edu/~libadmin/prelimreport.htm〉 [January 31, 2003];

University of North Carolina, Charlotte, *Information Commons, with links to "Mission" and "Goals."* Available: 〈http://libweb.uncc.edu/library/infocom/〉 [January 31, 2003];
University of Toronto, *Scotiabank Information Commons Vision Statement.* Available: 〈http://www.utoronto.ca/welcome.html/about/vision.html〉 [January 31, 2003].

15) Kansas State University, *Information Commons Advisory Task Force Proposal.*
16) University of Calgary, *Information Hub Planning Document.*
17) University of Calgary, *Executive Summary.*
18) Kansas State University, *Information Commons Advisory Task Force Proposal.*
19) Kansas State University, *The K-State InfoCommons: How.*
20) University of New Mexico, "New Information Commons".
21) University of New Mexico, *Preliminary Planning Report.*
22) George Mason University, *Johnson Center Building History.*
23) D. A. Barber, "Library Staff Prepares to Enter Fifth Floor and the Library Cafe", *LQP Online* (2002). Available: 〈http://uanews.opi.arizona.edu/cgi-bin/WebObjects/UANews.woa/wa/LQPStoryDetails?ArticleID=4962〉 [January 31, 2003].
24) Gordon Wright, "Cutting Edge Libraries: New Facility at the University of Nevada, Las Vegas Showcases as Automated Storage and Retrieval System", *Building Design and Construction* (September 1, 2002). Available from 〈http://web.lexis-nexis.com/universe/〉 [January 31, 2003].
25) Tim Lougheed, "Libraries Gain Clout and Cachet in the Information Age", *University Affairs* (October 2001): 11. Available: 〈http://www.trainyourbrain.ca/uafeatures/en/university_affairs/feature/2001/october/pg08.pdf〉 [January 31, 2003].
26) Creth, Sheila D., "The Information Arcade: Playground for the Mind", *Journal of Academic Librarianship* 20, 1 (March 1994): 23.
27) James M. Duncan, "The Information Commons: A Model for (Physical) Digital Resource Centers", *Bulletin of the Medical Library Association* 86 (October 1998): 577.
28) University of Calgary, *Information Commons Fact Sheet.*
29) Gosling; William Miller.
30) Beagle, 87.
31) Richard Griffin, "Technology Planning: Oregon State University's

Information Commons," *OLA Quarterly* 6, 3 (Fall 2000): 13. Available: 〈http://www.olaweb.org/quarterly/quar6-3/griffin.shtml〉 [January 31, 2003].
32) Charlene Hurt, "The Johnson Center Library at George Mason University" in T. D. Webb, ed., *Building Libraries for the 21st Century: The Shape of Information* (Jefferson, NC: McFarland & Company, Inc., 2000): 102.
33) University of Arizona Faculty Center for Instructional Innovation, *Review Responses.*
34) Barbara I. Dewey, "Beyond the Information Arcade™: Next generation Collaborations for Learning and Teaching at the University of Iowa" (1998): 6. Available from ERIC (Accession # ED 428659) [January 31, 2003].
35) Michael Miller, "Anticipating the Future: The University of Michigan's Media Union," *Library Hi Tech* 16, 1 (1998): 81.
36) Barbara MacAdam, "Creating Knowledge Facilities for Knowledge Work in the Academic Library," *Library Hi Tech* 16, 1 (1998): 97.
37) Carol Ann Hughes, "'Facework': A New Role for the New Generation of Library-Based Information Technology Centers," *Library Hi Tech* 16, 3. 4 (1998): 29.
38) Michael Miller, 73.
39) Cowgill, Beam, and Wess, 435.
40) Ibid.
41) Richard M. Dougherty and Mignon Adams, "Campus Libraries: Time to Market an Undervalued Asset?" *Library Issues* 22, 2 (November 2001): 1.
42) Heather M. Edwards, *University Library Building Planning* (Metuchen, NJ: The Scarecrow Press, Inc., 1990): 130.

3 章
ラーニング・コモンズの進化する風景

レジーナ・L・ロバーツ

Roberts, Regina Lee.
The evolving landscape of the learning commons.
Library Review, vol. 56, no. 9, 2007, p. 803-810.

抄　録

目的　図書館は「インフォメーション・コモンズ」の意味を探っており，デジタル・アクセスの流れの多様性についての技術的ニーズに対応している。本概念論文の目的は，当該分野の図書館員が提示しているプロジェクトや考え方の例を使って，活力に満ちた「ラーニング・コモンズ」の発展についての次の段階の可能性を調査しようとするものである。

設計／方法論／アプローチ　「ラーニング・コモンズ」モデルは，学生や図書館員や教員のための実験室となる可能性を秘めている。それは，連携のスペースであり，学問を越えた連携や協力が必要となる。研究すべき利用者行動やプロジェクトの種別についての考え方を含んでいる。

知見　ラーニング・コモンズへの財政的支援（funding）は測定された成果とリンクしている。図書館員の役割は，支援（advocacy）とプロジェクトの立案を含むものに変化している。

実用的意義　本稿は，ラーニング・コモンズの考え方を通じた図書館サービスの変革には，計画や学際間の連携やある程度のリスクの引き受け（risk taking）が必要となることを明らかにしている。

新規性／価値　本稿は「ラーニング・コモンズ」のスペースや考え方を図書館や図書館サービスに対して設計および実施し，あるいはそのいずれか一方を行って

いる図書館員にとって有益である。

キーワード　情報化社会，学習，組織変革，利用者研究，デジタル・コミュニケーション・システム

論文の種別　概念論文

1. ラーニング・コモンズのビジョン

　従来の図書館サービスとデジタル図書館サービスを一緒に組み合わせた大学図書館の流れが進化しつつある。この進化は，技術の変革や情報利用と知識の創造に関する認識の変化によるものである。世界中の大学のキャンパスで，学術機関の教授法に影響を及ぼしている学習についての考え方にパラダイム転換がある。技術は教員の教授法と学生の学習法に影響を与えている。学習・教授プロセスに対するアプローチの転換は，学習者中心の活動への総合的支援において明らかである。これは，学生に教えるといういつもの階層構造からの変化である。このような大学の風潮の中で，図書館自体の位置はどのような状況かという質問が出された場合，図書館が対応を求められる，利用者のパターンや新しいツールの利用可能性の変化は明らかである。ラーニング・コモンズの創設は，図書館が対応する方法の一つである。

　ラーニング・コモンズは単に概念に留まらず，それは場所であり，多くの場合図書館の中に存在する。一部の学術機関では，それは独立した部門である。どちらの場合であれ，これらのコモンズは，各機関の教授の使命（teaching mission）を支援するために創設されている。教員や管理部門は学生が動的方法で学習することを認識しているので，学術機関はラーニング・コモンズのモデルを支持している。ラーニング・コモンズを展開しつつある指導的機関の一例は，カルガリー大学（University of Calgary）である。『カルガリー大学戦略プラン 2004-2006（University of Calgary's Strategic Plan for 2004-2006）』で示されているように，「「ラーニング・コモンズ」の包括的なビジョンと義務化は，『大学の学術プラン（University's Academic Plan）』（April, 2002）と，その中核原理である，質と学術文化の強化に重点を置く「学習中心の大学」と不可分である」（University of Calgary, 2004, p. 2）。その計画の一部として，カ

ルガリー大学の目標の一つは，ラーニング・コモンズを，新たに「中枢に位置する」キャンパスであるカルガリー・デジタル図書館に設置することである（Garrison, 2005, p.27）。カルガリー・ラーニング・コモンズ（Calgary Learning Commons）は，図書館から出発しなかったコモンズの一例であるが，管理者は図書館の中に設置し，図書館員と連携し作業する必要があることに直ちに気が付いた。カルガリーの例は，学習中心大学の考え方に対する組織的な努力（organizational dedication）の一つである。それによってコモンズは成功した。鍵となるのは，学習組織全体をラーニング・コモンズの試みに巻き込むことである。

2. コミュニティのセンターとしての図書館

　図書館はラーニング・コモンズのモデルが展開されるのにうってつけの場所である。というのは，単に図書館が電子情報資源と印刷情報資源の提供に留まらないからである。「場所としての大学図書館はキャンパスで独特の位置を占めている。それ以外で機関の学術の中心であることを抽象的にも物理的にも示すことができる建物はない」（Freeman and Council on Library and Information Resources, 2005, p.9）。図書館はコミュニティのセンターであるのと同時に，知識のセンターであると長い間見なされてきた。最も著名な例は，エジプトにあった歴史上のアレキサンドリア図書館である。ディーマス（Sam Demas）が述べているように，「近年，私たちは図書館が人々にとって根本的なものであるという事実——人々がどのように学習し，どのように情報を利用し，どのように学術コミュニティの生活に加わるか——を呼び起している。その結果，私たちは，学習や文化や知識のコミュニティとしての図書館の歴史的役割の一部の復元を求めて図書館を設計し始めている」（Demas, 2005, p.25）。したがって，ラーニング・コモンズの追加は，ますます新しい図書館設計の一部になりつつある。人々が入館し，作業し，連携し，図書館のサービスと情報資源を利用することを促進するので，設計の段階で，魅力的で，快適で，実用性に富んだスペースを描くことは重要である。機能するラーニング・コモンズの諸要素は多様である。それらには，つなぎ目のない技術や生産ソフトウェアやプロジェク

トですぐに利用できるコンテンツ（すなわち，図書館資源）や実用的で魅力的な物理的設計が含まれる。

　図書館内にラーニング・コモンズを設置することは重要である。というのは，図書館が知識のセンターを表現しているだけではなく，それが実用的であるからだ。「図書館の場所の計り知れない利点は，ラーニング・コモンズが豊かで包括的な印刷情報資源，電子情報資源および人的資源に取り囲まれる唯一の場所であることだ」(Bennett and Council on Library and Information Resources, 2003, p.39)。このような状況で，ラーニング・コモンズのスペースとツールを提供することによって，図書館は利用者に対してさらにもう一つの卓越したサービスを提供する。それはまた，図書館コレクション利用の増加の機会を作り出す。

　コミュニティのセンターとしての図書館は，学習と学術コミュニケーションに対する機関の目標［の達成］を手助けするプロジェクトに着手し，考え方を生み出し続けなければならない。多くの図書館が既に「インフォメーション・コモンズ」を持っていることは興味深い。ラーニング・コモンズを展開する流れは，インフォメーション・コモンズと混同されることが多い。これは，人々がどのように学習し，知識がいつ生み出されるのかについての学問的対話と考えの展開の一部である。用語の定義に立ち戻ることは，図書館のリーダーシップが思い描くべき方向性が何であるかを理解する一部分である。

3.「インフォメーション・コモンズ」対「ラーニング・コモンズ」

　文献やオンラインのラーニング・コモンズのウェブサイトを普通に探してみると，用語に矛盾があることがわかる。多くのラーニング・コモンズがインフォメーション・コモンズとして参照され，その逆も同じである。しかしながら，それらは違っている。多くの図書館は既にインフォメーション・コモンズを持っており，ある場合には，インフォメーション・コモンズはラーニング・コモンズの機能を持っている。事実，ラーニング・コモンズはインフォメーション・コモンズ・モデルの自然な進展であり，特に技術基盤は既に整っているからである。これは違いを捉えにくくしている。

　インフォメーション・コモンズは単に情報リテラシーを学習するための図書

館利用者向けのオンライン・ポータルであるかもしれないし，ウェブサイトのようなサービスであるかもしれない。同様に，それはオンライン目録や電子データベースにアクセスする図書館のコンピュータ・クラスタかもしれない。多くの例では，インフォメーション・コモンズは遠隔教育プログラム用に開発された。どうかすると，これらのプログラムはラーニング・コモンズの概念への進化を促した。インフォメーション・コモンズはベネット（Bennett）が「インフォメーション・コモンズは情報の学際的な性質や明らかに本質的に異なる情報資源を一つのものとして管理するデジタル技術を強調する。そのようなスペースは，多種多様な情報管理ソフトウェアや情報資源の最も豊富な集合へのアクセスを用意する高機能のコンピュータを利用者に提供するのが特徴である。」と最も的確に説明している（Bennett and Council on Library and Information Resources, 2003, p. 37）。インフォメーション・コモンズは利用者を知識探索で支援する。

　一方，ラーニング・コモンズは，知識の創造を強化する技術とデザインを伴う場所である。ラーニング・コモンズは，学生や教員や図書館員や職員に双方向の研究ツールを提供する次のフェーズである。ラーニング・コモンズのモデルでは，図書館は，知識の創造のスペースである実験室となる。生産ソフトウェア（production software）の追加は大きな違いの一つである。成功するラーニング・コモンズもまた，学問を越えた連携と組織内を通じた協力に依存している。

　さらに，ラーニング・コモンズのモデルへの転換は，概念的なものであり，学生や教員や職員や経営陣の連携への一層の取り組みを含む組織の変革を要求する。ベネットがこのような説明をしている。「ここでイメージしている，ラーニング・コモンズは，……伝統的なコモン・ルームで起こっているように非公式に関心を共有している人々を結びつけるのではなく，共通の学習課題を持っている人々，場合によっては授業での宿題の形で結びつけるのである」（Bennett and Council on Library and Information Resources, 2003, p. 38）。ベネットは，プロジェクトでワーキンググループが連携できるように，プレゼンテーションのソフトウェアやツールを含むグループ学習室やエリアの必要性をほのめかしているのだ。

　知識の探求と知識の創造を区別することは重要であり，それは，ラーニング・

コモンズの立案と実施を特徴づける。上記のグループ学習室／個人学習室を提供するラーニング・コモンズの一例には，学習グループや個人がプレゼンテーションを行ったり，プロジェクト用にプレゼンテーションを作成する作業を行ったりできるように，オーバーヘッド・プロジェクタが付いたコンピュータがあるかもしれない。別の例は，個人やグループ利用で使用できる装置が付いたビデオ作成・編集室である。基本的に，これらは，学生が彼ら自身で公式あるいは非公式のプロジェクトに従事し，プロジェクトを設置できるように，技術が組み込まれ，装備された専用のスペースである。しばしば，その成果は授業内容に関係した協働作業の結果である。しかしながら，プロジェクトは学生や学生グループの個人的な関心から開始されることもある。ある事例では，スペースと機器は教員同士のプロジェクトに利用される。これらのスペースとツールは，図書館に集中して配置されることで行われる学術コミュニティと学術コミュニケーションを再開することを除いて，コンピュータ・ラボと似ている。図書館にラーニング・コモンズを配置すると，ずらりと並んだ広範な研究資料が備わっているので，学習プロセスを一層よくする。

　ラーニング・コモンズの考え方は，インフォメーション・コモンズよりも相当広いモデルである。しかしながら，コモンズの両方の種類とも，知識の創造と知的刺激のセンターとしての場の維持を求める図書館での一つの手段である。ラーニング・コモンズを創造するのは小さな作業ではない。しかしながら，特に学際的な連携と機関の支援があれば，それは不可能ではない。

4. 連携と計画

　図書館へのラーニング・コモンズの導入には，図書館を支援している機関からの広範な立案と深い関与が必要となる。協力（partnership）と強力な連携（collaboration）は，プロジェクトを成功させるのに必要不可欠である（Bennett and Council on Library and Information Resources, 2003, p. 40）。図書館はラーニング・コモンズ・ラボの提供によって起こる多様な技術上の要求に対応しなければならない。技術上の要求は財政的支援を必要とする。これはキャンパスの情報技術（IT: Information Technology）グループとの積極的な協力を極め

て重要なものとする。一部の図書館は，図書館に IT 部門を既に統合し，これはプロジェクトの計画に継続性を与えている。図書館は従来の図書館の役割である情報の収集，組織化，蓄積および配布を維持しようと望むので，より多くのサービスの提供が複雑な権限を生じさせる可能性がある。戦略的計画はこのような領域における軋轢を緩和する。ラーニング・コモンズ・サービスは，もっと新しいサービスの提供と一緒になって，従来の蔵書構築実務の継続に価値を付加する，図書館資源の利用を増加させる可能性を秘めている。

　ラーニング・コモンズの実施には，将来の変化に対する明確なビジョンを持った立案が求められ，将来は未知であるので，それにはある程度のリスクを引き受ける意欲が求められる。リスクを引き受けた図書館にとって，それらのコモンズは成功を示しつつある。南カリフォルニア大学レビー図書館 2004 会議（University of Southern California（USC）*Leavey Library 2004 Conference*）で発表された詳細な諸報告は，それらの成功と将来計画についての様々なアイデアを明らかにしている。これらのプレゼンテーションは，USC レビー図書館のウェブサイト（www.usc.edu/isd/libraries/locations/leavey/news/conference/about/）からアクセスできる。

　これらの会議のプレゼンテーションで，図書館員は測定可能な成果（measurable outcomes）に焦点を合わせている。彼らは，統計記録管理の標準化に継続して取り組むことを強調していた。これらの記録は，センターの効用を説明するのに役に立つ。記録管理もまた，どのようなニーズが追加され，あるいはどのようなニーズを中止あるいは変更するかのような将来計画を可能とする。このような種類の報告は，戦略的計画にとって重要であり，管理者が継続して財政的支援を獲得する際の助けとなる。

　図書館スペースにラーニング・コモンズを含むためには，柔軟性も念頭において設計しなければならない。技術は変化するので，機器構成やツールは容易に素早く順応できなければならない。品質アセスメントはこれらのワークステーションについての意志決定プロセスで助けとなろう。レイコスとフィップス（Lakos and Phipps）（2004）は，利害関係者からの支持を促進するための手段としての査定の強力な提唱者である。持続可能なプログラムには測定可能な成果が必要である。

5. ラーニング・コモンズにおける利用者行動

　ラーニング・コモンズを設計し，実施し，維持する費用が非常に重要なので，成果の測定は極めて重要である。管理上の支援を獲得するために，図書館は提供しているツールや建造物を利用者がどのように利用し，また便益を受けているかを説明しなければならない。ベネットと図書館情報資源振興財団（Bennett and Council on Library and Information Resources）(2003) は，主要な研究図書館の図書館長や大学経営者へのインタビューを実施することで学習のセンターとしての図書館の支援について根拠となる著作（the ground work）を提供した。彼の調査『学習のために設計された図書館（Libraries Designed for Learning）』で，ベネットは学生の学習行動への対応について質問している。ベネットは，学生の学習が効果的にできるようになった図書館設計プロジェクトは歓迎され，施設とコレクションの利用の増加を招いているので成功したと見なされていることを発見した。また，ベネットのインタビューは，図書館の設計と図書館スペースの組織化の発展を特徴づけるために，利用者行動についてのより具体的な情報が必要であることを浮き彫りにした。したがって，ラーニング・コモンズを含む図書館はまた，成果やラーニング・コモンズの活動方法を測定する体系的な計画を盛り込まなければならない。

6. ラーニング・コモンズにおける図書館員の役割

　図書館員の役割はまた，ラーニング・コモンズの環境下で変化する。実際の学習を通じて情報リテラシーを向上させることは，ラーニング・コモンズの基本的な考え方の一つである。これらのコモンズの成功は，組織行動における変化を含んでいる。これは，図書館と図書館員の役割に対する教員と学生の認識を含む。それはまた，学習プロセスにおける図書館員の参加が，単に情報リテラシーに留まらず，［図書館員は］協力的なパートナーや可能であればプロジェクトの世話人（facilitator）となることが求められる。これは教員の図書館員についての認識がまだ変わっていないと，実施が難しいことがある。サマヴィ

ル（Somerville）がここで述べているように「サービスが価値を持たない文化の脈絡の中では，研究者は図書館員を学生の学習経験を豊かにする，移転可能な専門知識を持つ教授のパートナーとして思い浮かべることができない」（Somerville, 2005, p. 81）。

　ラーニング・コモンズの枠組みでは，世話役としての図書館員が強調される。図書館員は特定プロジェクトの連携プロセスにおけるパートナーとなる。図書館員はまた，ラーニング・コモンズのマーケティングや成果の評価に責任がある。図書館員が調整する必要のある別の領域は，ツールがいつでも利用でき，利用者が簡単に操作できることを確認する技術サービスの増加である。図書館員はプロジェクト計画者になる。ベネットの報告書『学習のために設計された図書館』の調査では，学習実験室としての図書館の考え方を支援するために図書館に「投資してもよい」と教員が感じる必要性があることを示している（Bennett and Council on Library and Information Resources. 2003, p. 130）。これが，ラーニング・コモンズのような実験的なプロジェクトに関わる図書館が，それらのサービスの成功を評価し，マーケティングし続ける，また教員や管理者のような利害関係者からの支持を獲得するために統計や他の収集データを利用し続ける必要がある理由である。

　スタンフォード大学の図書館員ウィーラー（Will Wheeler）は，教員や大学院生が所属する学科で計画した選択研究プロジェクトを捕捉することについて，連携して作業を行うために，彼らを招き入れるという考えを支持している。ウィーラーは講演のなかで，進行中の作業を「社会科学研究のためのフィールド・サイトとしての図書館」と説明している（Wheeler, 2005a）。このプロジェクトで彼が目指したのは，図書館員，教員および学生が連携して，社会科学分野におけるキャンパス主導プロジェクトのデジタル・コンテンツを捕捉することである。このような例では，図書館員は，情報資源や索引作業や利用者の監視や開発可能性（exploitability）について助言できる。ウィーラーの考え方は既存のラーニング・コモンズの一部ではない。しかしながら，ラーニング・コモンズのモデルに適したプロジェクトの種別を提示しているので，私はここで彼の事例を利用した。

　この事例における，研究図書館に対する不可欠な責任は，付随する研究プロ

ジェクトの保存や目録作業を手助けすることである。図書館の役割はプロジェクトのコンサルタントとして働くことである。長期保存（Long-term preservation）は，研究機関の別々の部門が作成したデジタル・プロジェクトで欠落している領域の一つである。ウィーラーの考え方は図書館に対する付加価値の選択肢を示している。それは，ラーニング・コモンズのモデルの一部分となる可能性を持つ考え方である。ラーニング・コモンズの文化的な支えを育成する機関は，図書館員が相談に乗るこのような種類のプロジェクトの育成に対応できるように準備している。ラーニング・コモンズがさらに発展するにつれて，図書館員はそのような独自の制作物の発展と移行について交渉するために，教員や学生と密接に作業を行う必要があろう。

　加えて，デジタル・プロジェクトへの助成金は，デジタル・コンテンツの長期保存や配布を保証する図書館経費を含むべきである。この種類の作業への助成はまた，関連があれば図書館の人員配置の問題も検討すべきである。気乗りのしない教員へのセールスポイントは，図書館を，彼らの部局や部局のサーバに加えられる圧力を緩和する，デジタル・コンテンツを保存するセンター（例えばラーニング・コモンズ）として提示することである。また，デジタル・プロジェクトが図書館コレクションに含まれない場合，将来の研究者のために保存され，あるいはアクセス可能となる保証は何もない。これは，図書館が提供可能な重要サービスである。

　しかしながら，ウィーラーが指摘しているように，図書館は製作されたあらゆるデジタル製品を捕捉し，保存しようとは望んでいないだろう。図書館員は蔵書構築の訓練をしっかり受けており，コレクションを強化する製品を選択することができるだろう（Wheeler, 2005b, personal communication）。図書館員が類似のプロジェクトに関わるようになると，いつもの，従来の図書館員の役割を越えて，学習プロセスで相談を受け，それに加わる機会が多くなるだろう。私見では，ラーニング・コモンズのモデルはこのような種類の教員と図書館員の対話を行うことを容易にするだろう。

　これを次の段階に進めるには，ラーニング・コモンズ・プロジェクトの保存がまた，プログラム実施の不可欠な部分となるべきである。コモンズのプロジェクトの多くが何らかの電子メディアとなっている。それらは，学習プロセス

の一部として作成されたので，図書館は将来の研究のため，コンテンツを保管したいかもしれない。この筋書きでは，アイテムが電子形態の場合，助成金がサーバにアイテムを保管する費用を賄うために配分されなければならない。この取り組みのための人件費も含まなければならない。図書館員は保存の分野で既に経験を積んでいるので，保存の詳細は図書館員によって効率的に取り扱うことができるということが要点である。これは，ラーニング・コモンズの風景が進化するにつれて図書館員の役割がいかに変化するかの別の事例である。

　また，ラーニング・コモンズのデジタル・プロジェクトやサービスの保管に関わる費用が増加しているので，学問分野を越えた連携の必要性が増加している。しかしながら，デジタル・コンテンツを処理し，蓄積する費用がかかるとはいえ，完成したプロジェクトを保存する便益が機関の研究資産全体に加わることに注意すべきである。多くの場合，プロジェクトは唯一のものであり，保存という点で図書館を指名することは，そのプロジェクトが全体として，また長期間にわたる機関への価値の付加を保証する。これは，資金助成の可能性を導く機関の外部の関心を高める。この事例は，ただ単なる図書館以上の，図書館サービスに関する組織の考え方について変革を要求する。機関の文化はまた，ラーニング・コモンズ・モデルというアイディアに加わりたいという要望を反映しなければならない。

　あらためて，評価が強調され，毎年継続されなければならない。図書館員は，査定（assessment）と内省（self-reflection）に携わり，ラーニング・コモンズ・プロジェクトの成功を示す指標を提供しなければならない。ラーニング・コモンズのモデルと関連した図書館員の役割について質問された場合，ウィーラーは「内省的なラーニング・コモンズ／連携の態度は，その段階［査定］を省かないのみならず，一緒に教授法について明確な作業に継続して取り組むことを求めている」と述べた（Wheeler, 2005b, personal communication）。ウィーラーの査定についての考え方は，自己評価とよりよいサービスの提供方法を見つけるための図書館員や利用者の行動の測定を含んでいる。これらの種類の調査は，図書館サービスを実際に利用している人々のニーズを図書館員に知らせる助けとなる。成果は，他のラーニング・コモンズのサービスの発展に結びつけられる。成果はまた，報告やマーケティングや意志決定に利用できる。

教員や管理者に対するラーニング・コモンズのような図書館サービスのマーケティングには，ラーニング・コモンズの成果の費用便益分析を含む必要があるだろう。この点で，機関は，図書館に大規模な資源の支援をもたらす連携と共生関係（symbiotic relationship）について考え始めるかもしれない。ニッケル（Nikkel）は，ダルハウジー・ラーニング・コモンズ（Dalhousie learning commons）についての論文で共同の取り組みの効果を強調している。彼は，「全員が，学生に対するコンピュータ資源としての価値のみならず，大学自体に対する独特で価値のあるマーケティング・ツールとして新しいセンターの価値を理解したので，プロジェクトは前例のない水準の大学部門間の協力――施設管理，ネットワークとシステム，ハードウェアサービス，そしていうまでもなく図書館――を誘発した」と書いている（Nikkel, 2003, p. 214）。ニッケル（2003）は，ダルハウジー・ラーニング・コモンズが，統計コンピューティングのコンサルタントや地理情報システム専門家との連携を含む成功を収めたと説明している。連携はまた，機関全体としての利害関係者の基盤を増加させるので，潜在的なマーケティング装置でもある。

7. むすび

基本的にラーニング・コモンズは革新的である。ラーニング・コモンズはまた，図書館利用者のニーズと行動に対する反応である。興味深く，刺激的なプロジェクトがこの組織連携のモデルを通じて存在する可能性がある。既に，一部の機関は，学術を支援するラーニング・コモンズを実施する便益を経験しつつある。この分野は創造的活動の機会と成果を受け入れやすい。この脈絡で，図書館は連携と相談を通じて教員や学生と結びつく新たな方法を発見しつつある。持続可能なラーニング・コモンズは，様々な機関との連携の調整による図書館組織についてのしっかりした取り組みに依存している。ラーニング・コモンズを伴う図書館は，新しい技術の利用や新しい空間設計，さらに高い連携による知識のセンターとしての図書館の伝統を呼び起こしているのだ。

注
- Bennett, S. and Council on Library and Information Resources (2003), *Libraries Designed for Learning*, Council on Library and Information Resources, Washington, DC, available at: www.clir.org/pubs/reports/pub122/pub122web.pdf (accessed 21 March 2007).
- Demas, S. (2005), "From the ashes of Alexandria: What's happening in the College Library?", in Freeman, G. T. (Ed.), *Library as Place: Rethinking Roles, Rethinking Space*, CLIR, Washington, DC, pp. 25-41, available at: www.clir.org/PUBS/reports/pub129/pub129.pdf (accessed 21 March 2007).
- Freeman, G. T. and Council on Library and Information Resources (2005), *Library as Place: Rethinking Roles, Rethinking Space*, Council on Library and Information Resources, Washington, DC, available at: www.clir.org/PUBS/reports/pub129/pub129.pdf (accessed 21 March 2007).
- Garrison, D. R. (2005), *Learning Commons: Internal Review 2005*, University of Calgary, Calgary, available at: commons.ucalgary.ca/documents/LC_Review_2005_Final.pdf (accessed 21 March 2007).
- Lakos, A. and Phipps, S. (2004), "Creating a culture of assessment: a catalyst for organizational change", *Portal*, Vol. 4 No. 3, pp. 345-61.
- Nikkel, T. (2003), "Implementing the Dalhousie Learning Commons", *Feliciter*, Vol. 49 No. 4, pp. 212-14.
- Somerville, M. M. and Vuotto, F. (2005), "If you build it with them, they will come: digital research portal design and development strategies", *Internet Reference Service Quarterly*, Vol. 10 No. 1, pp. 77-94.
- University of Calgary (2004), *Learning Commons: Strategic Plan 2004-2006*, University of Calgary, Calgary, Alberta, available at: commons.ucalgary.ca/documents/StrategicPlan01-04Final.pdf (accessed 21 March 2007).
- Wheeler, W. (2005a), "The library as field site for social science research", Stanford University Library Scholars'Workshop series (lecture).
- Wheeler, W. (2005b), "Email answers to workshop questions", Personal communication, 6 December.

4 章

インフォメーション・コモンズあるいは
ラーニング・コモンズ：私たちはどちらを持つのか？[1]

スコット・ベネット

Bennett, Scott
The information or the learning commons: which will we have?
The Journal of Academic Librarianship, Vol. 34, No. 3, 2008, p.183-185.

　現在，誰がインフォメーション・コモンズを盛り込まないで大学図書館を建築したり，改修したりすることができるのだろうか？　フォレスト（Charles Forrest）は私たちに次のように述べている。「最近10年間に国内や全世界の大学・研究図書館でインフォメーション・コモンズは，突然，劇的に，広範に出現した」[2]。実際に，インフォメーション・コモンズはいろいろな点で図書館空間を決定する主要な手段としてのカード目録に取って代わることになった。
　同時に，これらの空間をどのように呼ぶかについて私たちが相当あやふやなことを示している。インフォメーション・コモンズやラーニング・コモンズは群を抜いて最も一般的な名称であるが，*情報*（*information*）や*ラーニング*（*learning*）と並んであるいはその代わりに，名称の中に*学術*（*academic*）や*協力*（*collaboration*）や*教授*（*teaching*）や*テクノロジー*（*technology*）や*メディア*（*media*）ということばが含まれることが多い[3]。不思議なことに，サービスということばは，自身をサービス専門職としてみなす図書館員でさえ使用せず，サービスのための「ワンストップ」ショッピングの利便性が，コモンズの第一の呼び物として高く評価されることが多い。

それでは私たちは現実に何を建築しているのか？ ビーグル（Donald Beagle）はインフォメーション・コモンズとラーニング・コモンズの区別に役立つ方法を提供する。彼は前者を「学習の支援の中で組織化され，一群のネットワークのアクセス・ポイントと関連するITツールで，物理的資源やデジタル資源や人的資源や社会資源との関連で配置されたもの」として定義する。インフォメーション・コモンズの目的は，学習支援――サービス目的――である。対照的に，ビーグルはラーニング・コモンズをインフォメーション・コモンズの資源が「大学の他の部署が出資する学習イニシアティブと協力して組織化されるか，協力過程（collaborative process）を通じて規定された学習成果と協力する」場合のできごととして定義する[4]。ラーニング・コモンズは定義されているように，その成功は（図書館や大学コンピューティングのような）支援・サービス部署による協力行動のみならず，当該機関の学習目標を策定している大学の部署の関与によって決まる。適切に理解したとすれば，図書館員や大学コンピューティングの担当者だけではラーニング・コモンズを設置することができない。というのは，彼らは機関の使命（mission）を支援はするが，制定しないからである。大学の他の部署がそれを行うのであり，ラーニング・コモンズを設置する場合，彼らは図書館員と技術者を加えなければならない。インフォメーション・コモンズとラーニング・コモンズの根本的な相違は，前者は機関の使命を支援するが後者はそれを制定することである。

　どのようにして機関の使命の支援から制定に，学習支援から学習そのものに動くのだろうか？ 適切な助言が，カレイドスコープ・プロジェクトの管理責任者であるネイラム（Jeanne Narum）から得られる。彼女は，「新しい空間の設計が悪い質問――その空間に何がどのくらい入るか――から始まることが余りにも多い。」と見ている。そのような質問は通常，もの（例えば，図書とコンピュータ）とサービス（インフォメーション・コモンズの場合はレファレンス質問に対する援助とテクノロジーの利用）に関連する回答を生み出す。ネイラムはこれらの質問の重要性を理解しているが，「設計の初期段階を形成する際に，そのプロセスが歪んでしまう。あなたは，あなたが必要とし，学生にふさわしい建物で終わらないだろう。」と主張する。正しい最初の質問は，その代わりに「学生の学習――教室や実験室で実際に*何が起こっているか*」に焦点を合わせ

る。その中にラーニング・コモンズを付け加える人もいるかもしれない[5]。大事なのは，何がその空間にあるべきかについての私たちの典型的な質問を，余り典型的でない質問，その空間で何が*起こる*べきかと交換することである。

　ビーグルの定義を利用したインフォメーション・コモンズやラーニング・コモンズの簡単な評価が示しているにもかかわらず，これは極めて重要な差異である。

　もちろん，コモンズの「ネットワークのアクセス・ポイントと，関連するITツール」という特徴を創造することは比較的簡単であるが，必要とされる「人的資源」を集めるのはやや難しい。そのような施設についての調査は，事例の88％で図書館員を配置し，71％で情報技術担当者を配置していることを示した――それはこれらの2種類の情報サービス提供者へのアクセスに著しい相違があることを示している。サービス提供者間の交差訓練（cross training）と協力について入手できるエビデンスは肯定的ではない。専門的なバックグラウンドが異なる担当者の交差訓練がコモンズの成功にとって不可欠であるかどうかについて質問したところ，調査の回答者の82％が「はい」と答えた。それにもかかわらず，情報技術担当者の控えめな41％と比較すると，そのような交差訓練を受けた図書館担当者は事例の73％に過ぎなかった。これは一方に傾いていることを示すが，完全に一方通行の協力ではない。コモンズの成功を保証するために異なる専門的なバックグラウンドを持つ担当者とどの程度協力するのかについて質問すると，「完全（full）」と回答した調査の回答者は14％に過ぎなかった。残りの86％は，成功が「多大（55％）」か「中程度（27％）」か「最低限（4％）」のみの協力で築かれると回答した[6]。

　学習成果や学生の成功やそれ以外の機関の使命の課題に重点的に取り組んだ大学の他の部署との協力――ラーニング・コモンズにとって絶対に不可欠な検討――に戻れば，実態は入り混じっている。肯定的な側面では，学生指導担当者とファカルティ・ディベロップメント担当者がコモンズに含まれるのは，それぞれ事例の59％と25％であるという事実がある。しかし，交差訓練に参加しているのはそれぞれ32％と11％にしか過ぎないので，これらの担当者はコモンズ内部ではいくぶん孤立しているように思われる[7]。さらに事実を述べているのは，独立カレッジ委員会（Council of Independent Colleges）と全国技術・

一般教育研究所（NITLE: National Institute for Technology and Liberal Education）が 2004 年と 2005-2006 年に主催した情報リテラシー・ワークショップに参加した 122 人の図書館長の調査データである[8]。このうち，93% の図書館長が自ら所属する大学において，キャンパス全体で協力する雰囲気があるという目覚ましい数字を提示した一方で，その協力は，カリキュラム設計者，教員，図書館員，指導教員（academic adviser），そしてコンピュータ担当者の間において限定的な影響しか与えていない——そうした影響は学内で 59% しか存在していないと図書館長は報告した[9]。教員や図書館員や大学の他の支援担当者の間の協力が，情報リテラシー・プログラムの成功における重要な要素であることは長い間理解されてきた[10]。そしてそれは，ビーグルのラーニング・コモンズの定義における目覚しい要素である。

　これらのデータは，ビーグルが定義しているようにラーニング・コモンズを建設するつもりであれば——インフォメーション・コモンズを定義する学習支援の枠を越えようとするならば——まだまだ先が長いことを示している。ラーニング・コモンズの建設に成功したことをどのように知ればよいのだろうか？ この質問に対するビーグルの回答は，ラーニング・コモンズの設計と運用に大学の教育組織が深く関与することに関わりがある。それは，カレッジであれ総合大学であれ，教育上の使命を単に支援するのではなく，制定する部署である。その他，密接に関連する回答は，私たちがラーニング・コモンズで何を起こそうとしているかという最初の質問にどのように回答するかから生まれる。私たちがコモンズでよいサービスが起こることを第一に意図して設計すれば[11]，私たちは間違いなくその目標を達成するだろう。おまけに私たちが学生に学んでもらおうとすることは，学習が良い講義の結果であるという，今や信頼を失っている仮定に匹敵する余りにも安易な仮定である[12]。その代わりに私たちが，コモンズで学習が起こることを第一に意図して設計するために学内の部署と役員と一緒に作業するなら，教室で開始された作業に基づいて，学生が自らの学習に責任を持ち，支配するという魅力的な瞬間を見ることが非常に多くなりそうである。これは，図書館とそのラーニング・コモンズを「文化変容の文化（a culture of acculturation）の防波堤にする」重大な出来事である。「それらはあなた方が学習する場であり，そして学習においてより大きな世界の一部

となる」13)。

　結局，名前がどうしたというのだ？　インフォメーション・コモンズとラーニング・コモンズの相違は強い願望の一つである。これを明確にするのは，単に意味の詮索にとどまらない。それは，むしろ，空間設計における最初の正しい質問に重点的に取り組み，機関の使命に深く対応する空間を設計する共同の努力に無条件に委ねることを伴っている。これらは実行することが難しい事項だが，ちょっとでも手を抜こうものなら，生み出されたコモンズは確かにほぼ有用にもかかわらず，私たちの機関のニーズと学生の称賛からは，たぶんほど遠いものとなるだろう。

注

1) Scott Bennett, 2007. 本記事の読者と図書館員は，コピーや教育・非営利目的でのコピーの利用時に著者および出版社への感謝の意を表するなら，著作権所有者の許諾なくコピーできる。
2) Charles Forrest and Lisa Janicke Hinchliffe. "Beyond Classroom Construction and Design: Formulating a Vision for Learning Spaces in Libraries," *Reference and User Services Quarterly*, 44: 4 (Summer 2005): 296.
3) 著者が所属する図書館が遂行した調査の回答情報から，インフォメーション・コモンズを持っていると識別した。より詳細な情報は Scott Bennett, "Designing for Uncertainty: Three Approaches," *Journal of Academic Librarianship*, 33: 1 (Jan 2007): 165-179. を参照。
4) Donald Robert Beagle, with Donald Russell and Bailey Barbara Tierney, *The Information Commons Handbook* (New York: Neal Schuman, 2006), p. xviii.
5) Jeanne Narum, "Building Communities: Asking the Right Questions," Project Kaleidoscope (2002), 強調は筆者による。http://www.pkai.org/documents/BuildingCommunitiesAskingTheRightQuestions.cfm （25 September 2007 確認）から入手できる。ネイラムは "Transforming the Physical Environment for Learning," *Change*, 36: 5 (Sept/Oct 2004): 62-66. で学習空間の設計の情報源についての優れた総説を提供している。*Change* のこの号は，現行の教授や学習の実践とテクノロジーとの交差の諸相を議論したその他の論文を含んでいる。
6) 本パラグラフで報告した全データは "Designing for Uncertainty," p. 167-

168 からとった．

7) *Ibid.* 私はここで図書館員と情報技術担当者に焦点をあわせているが，学生指導担当者，AV・メディア担当者，他の学生サービス，ファカルティ・ディベロップメント担当者はばらつきがあるが，かなり多くの事例ではインフォメーション・コモンズで働いている．

8) これらの調査データの説明は Scott Bennett, "Campus Cultures Fostering Information Literacy," *portal: Libraries and the Academy*, 7: 2 (April 2007): 147-167. を参照．

9) これらのデータはワークショップの前に収集された．協力に関する2つの同じ質問が，各ワークショップの約1年後の追跡調査で尋ねられた．この時点で，回答した同じの図書館長はキャンパスの協力がかなり低いという特性を示した (93% から 68% に減少)．一方で，教員や図書館員などの協力の頻度は 59% と変わりがなかった．ワークショップの1年後に報告された学内協力についての劇的に低い数値は参加者をこの課題に対して敏感にさせる方法をとり，協力の達成について高い標準を設定したことを反映していると推測する人がいるかもしれない．

10) 例えばラスパとウォード (Dick Raspa and Dane Ward) が編集した優れた論文集 "*The Collaborative Imperative: Librarians and Faculty Working Together in the Information Universe*" (Chicago: Association of College and Research Libraries, 2000) を参照．これらの著者の最初の論文 "Listening for Collaboration: Faculty and Librarians Working Together," pp. 1-18 は特に読む価値がある．情報リテラシーについての専門文献は膨大である．優れた導入の手がかりは ACRL が維持管理しているウェブ "ACRL Information Literacy" である．http://www.ala.org/ala/acrl/acrlissues/acrlinfolit/informationliteracy.htm (25 September 2007 確認) から利用できる〔http://www.ala.org/ala/mgrps/divs/acrl/issues/infolit/informationliteracy.cfm に移動〕．

11) その事例として，イリノイ大学アーバナ・シャンペーン校の学部学生図書館のラーニング・コモンズやオバーリン・カレッジの学術コモンズ (Academic Commons) があった．前者が「新しいサービスモデルの実装」として説明されている一方で後者は，新しい中央サービスデスクが「コモンズが提供するすべてのサービスに対するフォーカルポイント」であり，そこで「良く調整された情報や研究テクノロジーや学習支援」が利用できるだろうと説明されている．イリノイ大学図書館アーバナ・シャンペーン校のニュースレター *Friendship* の 2006 年秋号と *Library Perspectives. A Newsletter of the Oberlin College Library* の 2007 年春号を参照．

12) 例えば広く引用されている論文 "From Teaching to Learning-A New Paradigm for Undergraduate Education," *Change*, 27: 6 (Nov/Dec

1995): 12-25 を参照。
13) Aaron Betsky, "Dark Clouds of Knowledge [ユトレヒト新大学図書館の説明]," *Architecture* 94: 4 (Apr 25): 52.

5 章

新しいモデルへの進化：インフォメーション・コモンズ

メアリー・E・スペンサー

Spencer, Mary Ellen
Evolving a new model: the information commons.
Reference Services Review, Vol. 34, No. 2, 2006, p. 242-247.

抄　録

目的　本稿はレファレンス・サービス，利用者の期待，テクノロジー及び設備計画を再検討しつつ，大学図書館におけるインフォメーション・コモンズ・モデルの歴史的背景を提供することを目的とする。本稿は，インフォメーション・コモンズ・モデルの将来の拡張についての方向を示唆し，注目すべきインフォメーション・コモンズを持つ大学図書館の URL を提供する。

設計／方法論／アプローチ　本稿はインフォメーション・コモンズに関する本号の他の3論文の枠組としての機能を果たすものである。

知見　1990 年代の「レファレンス再考」サービスへの動きは，「場所としての図書館」運動と交差した。この衝突は，テクノロジーの変化と利用者の期待と結びつき，インフォメーション・コモンズ・モデルをもたらした。

研究の制約／示唆　本文献展望は包括的ではない。

実践への示唆　本稿は，大学図書館の歴史的傾向についての簡潔なレビューのほかに利用者へ影響を及ぼした最近のテクノロジーの変化のレビューも提供する。

創造性／価値　本論文は事例研究でもなければ，特定の図書館に焦点を当てたものでもない。本記事の価値はその歴史観と将来の課題と動向の識別にある。

キーワード　設備，情報転送，図書館，学習

論文の種別　総合レビュー

1. はじめに

　最前線からのニュースは，大学図書館に設置されたインフォメーション・コモンズが成功していることである。これらの新しいスペースは学生に大変な人気があり，図書館を学生生活（Campus life）の中心に戻しつつある。図書館がインフォメーション・コモンズをまだ持っていない場合は，インフォメーション・コモンズを計画することによる変化は改善を意味する。*Reference Services Review* の本号（訳者注：34巻2号，2006）は，ブリガム・ヤング大学（ユタ州プロボ），インディアナ大学（インディアナ州ブルーミントン）およびウェストミンスター・カレッジ（ユタ州ソルトレイク市）のインフォメーション・コモンズの計画，遂行および評価を記録する3論文を特集している。図書館がこの新しいサービス・モデルを洗練し，進化させ続けるので，これらのサクセス・ストーリーは，深い洞察をもたらし，重要な質問を提起する。そしておそらく，インフォメーション・コモンズの次の進化した形がどのようなものになるかを大学図書館が検討するのにふさわしい時期である。

2. 私達はいかにして到達したか？　振り返ってみる

> 資料のコレクションと関連するサービスから，分散した，たぶん不定形の情報支援システムへの図書館の変貌は，図書館員にとって重大な変化を示唆している。従来の役割は，新世界ではほとんどの場合うまく適合しない。進化してゆく役割は，古い形の直線的な模倣でないかもしれない。私たちは，従来の情報処理から総合情報支援システムへの移動に伴う，テクノロジー上の問題の解決のみならず，図書館専門職が直面しつつある移行にも取り組まなければならない。（Molholt, 1985）

　20年以上前に，レンセラー工科大学図書館の副館長であったモルホルト（Pat Molholt）は，時間と空間に依存しない情報資源の利用や生産性ソフトウェアや人とエキスパート・システムの両方からの要請に対応する支援を組み合わせた情報支援システムを構想した。モルホルトは，図書館が研究者用の統合

システムを開発するために,主導的な役割を果たし,大学の計算機センターと連携することを提唱した。そして,これらのシステムの開発にはパブリック・サービス担当図書館員が新しいサービス・モデルを開発し,さまざまな役割を担うことが必要であると正しく予測していた。

　過去を振り返って,このビジョンがその時点で図書館員にどのように感動を与えたのだろう。レファレンス担当者(Reference librarian)は既にオンライン目録とデータベースの検索に取り組み,使いこなしていた。レファレンス室に初めて単体のCD-ROMワークステーションが設置された過程で,彼らは「エンド・ユーザ」がどのように検索を行うかを不思議に思った。この環境では,モルホルトが記述したシステムは,実際には未来の話と思うべきであった！

　1990年代を通じて,ベンダーは,OPAC用にウェブベースのインターフェースを開発し,データベースをワークステーションからLANに移動し,その次にウェブに移動した。これらのデータベースは,ますます全文およびフルコンテンツ資源を呼び物としていた。これらの製品の一部は,ソフトウェアのプラグインを必要とする強力な機能を提供していた。図書館は生産性ソフトウェアへの制限されたアクセスを可能にすることにより,すべての機能を支援できるかどうかについて取り組み,レファレンス・ライブラリアンは無意識のうちに(そして場合によってはいやいやながら)トラブル・シューティングの専門家となりつつあることに気付いていた。2000年が近づくにつれて,無線LANやノートパソコンの貸出や電子ブックやバーチャル・レファレンスのような資源とサービスは,テクノロジーとレファレンス・ライブラリアンとの関連を強固にした。レファレンス支援とテクノロジー支援の境界が以前よりもぼやけてきたように思われた。

　また,同時期を通じて,図書館員は学生や教員の期待が同じように変わりつつあるようだと見て取っていた。ポケットベルや携帯電話や小型情報端末によって情報へのアクセスのスピードが判断されるので,それらはますます標準となった。たくさんの時間の節約,カスタマイズ可能な顧客サービス,ウェブベース〔のサービス〕は,これらと比較すると,図書館サービスが手間がかかり,遅いと思わせた。私たちのユーザは,イーベイ(eBay®)で売買し,オンライン在庫と取引し,インスタント・メッセンジャー(Instant Messenger™)と接

触し，MyYahoo!®のようなツールでブラウザをカスタマイズしていた。彼らは製本雑誌の書架と複写機の前に立つのではなく，オンライン全文資料への速やかなオンライン・アクセスを望んでいた。彼らは，図書館環境が慣れ親しんでいるテクノロジー主導の情報環境を反映することを望んでいた。

　最後に，1990年代には図書館型の資源やサービスやスペースをめぐる市場の争いが見られた。ベゾス（Jeff Bezos）は1995年に，図書とメディアへ迅速で容易で手頃な価格でアクセスを提供する，アマゾン（Amazon.com®）を創立した。ベゾスは物理的なスペースと違って，ウェブベースの書店は顧客に「単一の場所で何百万冊もの図書から選択するブラウジングの便利さ」を提供できると確信していた（Amazon, 2006）。たとえそうであっても現実の店舗では，顧客に対して図書館のような体験を生み出すスペースについての美学を十分に利用していた。ボーダーズ（Borders）やバーンズ・アンド・ノーブル（Barnes & Noble）のような小売店は，「本の倉庫」のようなアプローチを拒否し，カフェやインターネットへの無線アクセス，プログラムとイベント，快適な深い安楽椅子，そう，情報デスクまでも呼び物とした店舗を建築した。

　私たちの環境におけるこれらの変化は，情報サービスと資源の第一の情報源としての大学図書館の生存能力に深刻な問題を引き起こした。学生や教員は情報にアクセスする新しく，魅力的な選択肢を持つことになった。選択肢には，図書館への訪問やサービス・デスクで質問するために列をなすことは含まれていなかった。入館者数や参考質問統計が下落したので，大学図書館は積極的に対応した。1993年に，図書館員は「レファレンス再考」のため，カリフォルニア大学バークレイ校とデューク大学で会議を開催した。この期間の傾向と代替サービス・モデルには次のものが含まれる。

- さまざまな種類の情報ニーズを取り扱うためにサービス・デスクの数を拡張する階層化されたサービス
- 利用者への「ワンストップ・サービス」を提供するためにサービス・デスクの数を削減するサービスの合併や統合
- サービス・デスクの後ろで待っているのではなく，利用者と対応するためにレファレンス室を歩きまわる「放浪」図書館員や「ローミング」図書館

員や「流動」図書館員 (Rettig, 1993)
- 予約ベースの研究コンサルテーション・サービス
- サービス設計・計画における利用者の積極的な関与

インフォメーション・コモンズの中心的構成要素の一部は，ここには提示されていない。最も顕著なものは大学の他部門との連携の必要性である。図書館員は伝統的な過去から根本的に分化する解決策を探していた。

1990年代を通じて，私たちはまた「場所としての図書館 (library as place)」運動を経験していた。レファレンス担当者は，教室以外の社会活動や学生の学習を支援する物理的スペースの計画と展開にますます関与するようになった。大学図書館は，カフェを設け，開館時間を延長し，無線LANを設置し，学業のための快適でとても魅力的で刺激を与えるスペースを開設した。図書館は飲食についての方針を改訂し，図書館が個人の研究用に設計された静寂なスペースであるという発想を放棄した。2000年までに，利用者の期待によって図書館スペースについての考え方の変化と交差する新しいサービス・モデルが推進され，私たちはインフォメーション・コモンズの近くまで押し出された。

3. インフォメーション・コモンズの到来

それは1999年だった。前ノースカロライナ大学シャーロット校の図書館サービス副館長兼インフォメーション・コモンズ部長，ビーグル (Donald Beagle) は，「インフォメーション・コモンズ」という語句は「できるだけ広範囲なデジタル・サービスにアクセスできるオンライン環境」と「統合されたデジタル環境の近くでワーク・スペースとサービスの提供を組織化するために特に設計された新しい種類の施設」の両方を説明するために使用すべきであると注意した (Beagle, 1999)。2004年に，北米研究図書館協会 (ARL) は，インフォメーション・コモンズの大半が共有する3つの構成要素，すなわち，調査とコンピューティングの両方に対する支援が利用できること，いろいろな図書館サービスのための「ワンストップ」ロケーション，「図書館員やコンピュータ専門家やその他のパブリック・サービス担当者」を含む職員配置モデル，を

識別した (Haas and Robertson, 2004)。

いったんは非現実的で手に負えないと思われた連携サービス・モデルは、ますます大学図書館で当たり前のことになった。2006年の時点では、大学図書館は、大学の典型的で複雑怪奇なライティング・センターやキャリア・センターや個別指導サービスやコンピュータ作業室等から、論理的でつなぎ目のない、それらの構成要素の一連の混合サービス（blended services）に変容しつつある。図書館は、これらの新しいスペースが学生から圧倒的な人気があり、なぜ理解しやすいかについて報告している。第一にインフォメーション・コモンズ・モデルは、学生のテクノロジーとのユビキタスな関連や連結性の必要性やマルチタスクの要望を認識し、醸成している。次にこのモデルは、授業の課題でますます選択されている共同作業を容易にする。最後に、教員によるテクノロジーやコース管理ソフトウェア（course management software）の増加しつつある利用を推し進め、支援する。

4. 成功を足がかりとする：次は何だ？

インフォメーション・コモンズ・モデルの成功は、強化された図書館サービスを提供するために、大学の他の部門との効果的な連携を打ち立てる可能性についての考えを強固にした。図書館員は、私たちが考えているよりもレファレンスのような従来の図書館サービスの多くに弾力性があり融通が利くことを学んだ。また、図書館員は、自分自身が新しい役割を柔軟に担うことができることも学んだ。

さあ、次は何だ？ インフォメーション・コモンズの次の進化ステージはどのように見えるだろうか？ 5年間規範となる将来のビジョンは何か？ 次の10年ないし20年はどうか？ おそらく次の質問が出発点である。

1. 現在のモデルは主として学士課程（学部）学生を中心にしているか？ 大学院生や教員に最上のサービスを提供するには、インフォメーション・コモンズをどのように導入あるいは拡張したらよいか？
2. 図書館は大学の他の部門との連携を制限すべきか、あるいは、営利企業

と新しいサービスを開発すべきか？　他の図書館とは？
3. インフォメーション・コモンズと図書館 Web サイトとの関連はどのようなものか？　それらが結びつくのはどのような点か？　デジタル・インフォメーション・コモンズがあるか？
4. 現在のモデルは余りにテクノロジーにのみ重点を置いていないか？　専門化されたサービスや，特殊コレクション，アーカイブのような非デジタル資料はインフォメーション・コモンズになじむのか？
5. このような新しい研究環境はレファレンス情報サービスを根本から変革するだろうか？　どのような技術や能力が必要となるか？

インフォメーション・コモンズについての本号の3論文は，私たちをこれらの方向に動かし始める。それらの著者たちは，図書館内のサテライト・インフォメーション・コモンズの設置，評価プログラムの開発，予期しない共同キャンパス・パートナーシップの利点と並んでコモンズ環境におけるレファレンス・サービスの進化について議論している。

2005年秋に，EDUCASE は「インフォーマルな学習スペースの設計」について2日間の集中セッションを主催した。情報テクノロジー専門職，建築家，施設管理者，図書館員，教育担当者 (teaching faculty)，大学管理者を対象とし，より伝統的な教室や講堂を補完する「インフォーマルな学習スペース―図書館，ラウンジ，ラボ，サイバーカフェ」の創造に焦点を当てた (EDUCAUSE, 2005)。インフォメーション・コモンズが議論の一端となる一方で，講演者は，屋外エリアや廊下や食堂施設や待合室や教員研究室や洗濯室でさえも含む，広範囲の一連のキャンパス・スペースが，学生の学習を支援し，促進するように設計できることを認識した (Chism, 2005)。ブラウンとロング (Brown and Long) は，インフォメーション・コモンズから，ラーニング・コモンズへの転換を議論した。それは広範囲の一連の人間活動（例：食べる，議論する，書く，描く，考える，社会的である，個人的である等）とともに学生の学習，情報創造，統合キャンパス・サービス，社会教育スペース，テクノロジーの統合に焦点をあてていることで区別される。(Brown and Long, 2005)。

カレッジや総合大学がますます「学生が他の学生や教員と一緒になり，共同

し，共有し，結びつくことを促進するインフォーマル・スペースを創造する」と，大学図書館はその事業体の中心となるべきである（EDUCAUSE, 2005）。

おそらく，私たちはインフォメーション・コモンズが図書館内にあるか，あるいは図書館そのものであるかについて自問すべきである。図書館がインフォメーション・コモンズの成功を真似し，すべての利用者のためにすべてのスペースやサービスをどのように適応させるかが私たちの次の大きな課題となるかもしれない。

文献案内

Brigham Young University, Information Commons, Harold B. Lee Library, http://www.lib.byu.edu/departs/gen/ic/

University of Guelph, Learning Commons, McLaughlin Library, http://www.learningcommons.uoguelph.ca/

University of California, Los Angeles College Library Instructional Computing Commons, http://www.clicc.ucla.edu/

Indiana University Information Commons. Herman B. Wells Library, http://www.libraries.iub.edu/ic/

University of Tennessee, Knoxville, The Commons, John C. Hodges Library, http://commons.utk.edu/

Westminster College, Westminster Information Commons, Giovale Library, http://www.westminstercollege.edu/library/tour/infocommons.cfm

Yale University Teaching and Learning Experimental Space, Cross Campus Library, http://www.library.yale.edu/cclexp/

注

- Amazon.com® Media Kit (n.d.), available at: http://phx.corporate-ir.net/phoenix.zhtml?c=176060 &p=irol-mediaKit
- Beagle, D. (1999), "Conceptualizing an information commons", *The Journal of Academic Librarianship*, Vol. 25 No. 2, pp. 82-9.
- Brown, M. and Long, P. (2005), "Trends in informal learning spaces", *Proceedings of the EDUCAUSE Learning Initiative, ELI Fall 2005 Fall Focus Session, Design of Informal Learning Spaces*, Estrella Mountain Community College, Avondale, AZ, September 14-15, available at: www.educause.edu/Proceedings/8993

- Chism, N. (2005), "Informal learning spaces and the institutional mission", *Proceedings of the EDUCAUSE Learning Initiative, ELI Fall 2005 Fall Focus Session, Design of Informal Learning Spaces*, Estrella Mountain Community College, Avondale, AZ, September 14-15, available at: www.educause.edu/Proceedings/8993
- EDUCAUSE (2005), "ELI 2005 fall focus session", available at: www.educause.edu/eli 054
- Haas, L. and Robertson, J. (2004), *SPEC Kit 281: The Information Commons*, Association of Research Libraries, Office of Leadership and Management Services, Washington, DC.
- Molholt, P. (1985), "On converging paths: the computing center and the library", *The Journal of Academic Librarianship*, Vol. 11 No. 5, pp. 284-8.
- Rettig, J. (1993), "Academic reference service astride a fault line", *Wilson Library Bulletin*, Vol. 67, pp. 53-4.

参考文献

Campbell, J. (1992), "Shaking the conceptual foundations of reference: a perspective", *Reference Services Review*, Vol. 20 No. 4, pp. 29-35.

Gleick, J. (1999), *Faster: the Acceleration of Just About Everything*, Pantheon Books, New York, NY.

Oberg, L. (1993), "Rethinking reference: smashing icons at Berkeley", *College & Research Libraries News*, No. 5, pp. 265-6.

Rettig, J. (1993), "Rethinking reference and adult services: a preliminary report", *RQ*, Vol. 32, pp. 310-4.

Wetherbee, L. and Lipow, A. (1993), Rethinking Reference in Academic Libraries: *The Proceedings and Process of Library Solutions No. 2, University of California, Berkeley, March 12-14, Duke University, June 4-6*, Library Solutions Press, Berkeley, CA

6 章
図書館文化と新世紀世代の価値との断絶
：図書館は次世代の学生にとって適切であり続けるために，
方針とテクノロジーの両面で変革を検討すべきである

ロバート・H・マクドナルド，チャック・トーマス

McDonald, Robert H.; Thomas, Chuck.
Disconnects between library culture and Millennial Generation values
: Libraries must consider changes in both policy and technology to re-
main relevant to the next generation of students.
EDUCAUSE Quarterly, Vol. 29, No. 4, 2006. p. 4-6.

 1990年代にワールド・ワイド・ウェブが登場してから，研究図書館は，その潜在能力をいち早く受け入れ，十分に引き出した。研究図書館はすぐに仮想情報景観（virtual information landscape）の構築を開始し，それは，そのような地形（terrain）の内側に，可能性の領域を形成したばかりではなく定義された方針やサービスやコレクションをも含んでいた。これらの空間の領域形成者（terra-formers）および地図製作者（cartographers）としての両方の役割において，図書館は物理的な図書館の電子的対応物としての仮想地形（virtual terrains）をほとんどの場合，モデル化した。

 近年，仮想地形において断絶が具体化した。それは，私たちが構築した景観が，新世紀世代（Millennial Generation）[1]のような台頭しつつある利用人口が期待している一定のサービスや資源や可能性を提供していないことを意味する。これらの亀裂は，今日の図書館利用者とオンライン情報景観の第一世代を形成

した図書館の歴史的な基本的価値観との間の根本的な断絶を示していることが多い。私たちは，それらの断絶を3つのカテゴリー——テクノロジー，方針そして開拓されていない機会——に分類し，大学図書館が，これらのギャップに対処するための次世代景観を創造できる手段について議論する。大学図書館が，次の10年のウェブで，オンライン利用者に対する有効性を維持し，そして拡大したいのなら，これらの基本的な断絶に今，対処しなければならない。

1. 図書館文化

　研究図書館は，それ自体や資源を，今日の学習者にとって重要である日常のツールや空間や活動にほとんど組み込んでいない。図書館情報システムや発見ツールの大半はカスタマイズが簡単ではなく，個人のプライバシーや著作権とともに揺るぎのない図書館の強迫観念によって大幅な制約を受けたままである。私たちのサービスや方針は同様に制限されている。それは一見したところ，他のいかなる要因にも増して訴訟への恐怖によって導かれている。デジタル時代にあって，確かにプライバシーや知的財産は，かつてないほど重要であるが，別の面では，図書館は，現代のテクノロジーが可能にする多くの能力を排除しているといえるほど両者を保護している。その結果として，図書館は，研究や学術や創造的表現の新しい様態への参加の多くの機会を見逃している。研究図書館利用者の台頭しつつあるコミュニティは，図書館のテクノロジーや方針が妨げているネットワーク化された信頼形成（networked trust-building）や協調や資源共有や創造性の種類に対する強い希望を正確に示している[2]。彼らがこれらのシステムと遭遇し，テクノロジーよりは図書館文化によってシステムが制約を受けていることを発見した場合でも，研究図書館がニーズに対応しないと感じている彼らをどのように手助けできるのか。

　たぶん図書館は彼らの文化的ルーツに立ち返り，このような視点からシステムやサービスを調整する必要がある。ほぼ一世紀前に，ランガナタン（S. R. Ranganathan）は，次の五原則を明確に述べた。

●図書は利用のためにある

- すべての読者にその本を
- すべての本にその読者を
- 読者の時間を節約せよ
- 図書館は成長する有機体である[3]

　これらの原則は，図書館の歴史的で基本的な価値を反映し，それらは公開性やアクセス可能性や共有を含んでいる。今日では，ランガナタンの「図書」は，図書館を通じてアクセス可能なすべての情報に対するメタファーである。図書館それ自体は，より大きな成長する有機体の一部であるが，それにもかかわらず，個々の研究図書館は情報の発見と利用に関して未だに印刷体中心のアプローチを提供している。私たちのシステムや方針は，あらゆる特定の図書館が所有している資料にアクセスできるようにするだけでよいという考えを強めている。その上，これらのツールのインターフェースや性能は，ビデオゲームや，アマゾンやグーグルのような洗練された e コマースに慣れている世代にとって余りにも劣っている。

　RLG の RedLightGreen Catalog インターフェース[A]や OCLC の Open WorldCat[B]のようなごく少数の有望な例外を除いて，ほとんどの図書館は利用者に新しい性能を採用したり，または提供したりする気がない。情報資源のパーソナライズやリコメンデーションのような機能は，外部のソフトウェアやシステムでは普及しているが，図書館はこれらの性能を採用する要求や意図を持っていることを利用者に明らかにしていない。

2. テクノロジーの断絶

　図書館と現在のオンライン・コミュニティの間の重要なテクノロジーの断絶の一部には次のものが含まれる。

- 図書館には，新しいモデルのデジタル・スカラシップの創造を支援し，情報のリフォーマッティング（例えば，RSS）や，必要が生じた都度行うウェブベースの支援（point-of-need Web-based assistance）（マルチメディア・

チュートリアルやインスタント・メッセージ支援）を援助するためのウェブ・サービス・フレームワークの利用を可能にするツールが欠けている。
- 図書館による独善的なプライバシーの保護は，オンライン環境下でますます共通となっている，ファイル共有やワークシェアリングや信頼に基づいた相互交流に対する図書館の支援を阻止している。このようにウェブベースのサービスのシームレスな統合を制約している。
- いつでもどこでも手軽にアクセスできるのは，スマートフォンやiPodのようなデジタル生活機器によるところが非常に大きい。それにもかかわらず，図書館は典型的なデスクトップ・パソコン用のデジタル・コンテンツに未だに焦点を当てている。これらのステレオタイプがあらゆる状況を説明していないことは明らかである。それにもかかわらず，それらは多くの研究図書館が主として注意すべき領域を示している。

3. 方針の断絶

テクノロジーと方針の間にはっきりと一線を画することは難しいかもしれない。例えば，（以下のリストによって識別される）現在の図書館の特徴のうちいくつかが，純粋にテクノロジーあるいは方針によって推進されているか。これらの特徴には次のものが含まれる。

- 主にマルチメディア・コンテンツとともに電子テキスト・ベースのコレクションが著しく欠けている。
- 個人利用のために構築されているが，アクセスや情報やサービスの利用方法について専門家から教わることを利用者に要求する。
- 図書館の存在が一般に学生活動（MySpace, iTunes, Facebook, キャンパス・ポータル, 学習管理システム）のためのオンライン空間の「外側」にある。

これらの課題のうち，単に新しいテクノロジーを導入すれば解決できるものは多くない。逆に，これらの領域で変化を導くため首尾一貫した方針をとれば多大の成果が生まれるだろう。同様に政策解決は，図書館とオンライン利用者

との間の次のような種類の断絶に取り組む必要がある。

- 図書館の探索ツールを学習管理システムやソーシャル・ネットワーク・インフラストラクチャのような外部環境に意図的に押し込み，逆に（グーグル・スカラーや MS Academic Live Search や LibX.org のような）人気のある外部探索ツール(c)を図書館の枠組に統合する。
- 図書館は，独自コレクションに加えて，より大規模なオープンアクセスのデータセットにリンクづけしたり，その所在を指し示したりする。
- 図書館の組織化構造の代わりに利用を反映したアクセスを再構築する。

4. 機会の断絶

　図書館は新しい学習者に柔軟性を持てるように今何をしているのか。図書館文化は柔軟性や技術上の強化をもたらす，新しいか，ほとんど理解されない創造的なチャンスを反射的に非難することが多く，それは，テクノロジーの進歩あるいは方針の進歩のいずれかにとって障害を作り出す。このような事例の一つとして，図書館は長年，ほとんど機能しない単一管理システム理論（a single management system theory）に囚われていた。業務統合パッケージ戦略が多くの場合，そうであるように，1つですべてを網羅できることはめったにない。一部の選ばれた機関が，図書館は収集管理システムをディスカバリー・ツールから切り離すべきであると長年発言してきた一方で，大規模大学機関が，これを実行可能な選択肢と考え始めたのは，ほんの数年のことに過ぎない。ここで議論した考えを検討するにあたって，あなたは自館について次のような質問を投げかけることを望むかもしれない。以下について自館で何をするのか？

- 自分のペースで，一人で，試行錯誤しながら行う学習方法に親和性をもつ利用者を支援する。
- オンライン・エンターテイメントの現場に存在する情報のように図書館情報を見せ，機能させる機会を創造する。
- オンライン環境や代替空間で，利用者に対する情報リテラシーのスキルを

提供する別の選択肢を探索する。
- すぐに得られる喜びのために，図書館が合理化されたサービスにテクノロジーを使用する方法に，典型的な利用者の欲求を当てはめる。
- 図書館訪問のライバルとなっているオンライン図書館経験をオンライン利用者に認めるため，管理面やセキュリティや方針の制限を見直す。
- ボーン・デジタルな情報を保存する。

5. むすび

　図書館の優先順位と新世紀世代の価値との間にある最も重要な断絶の多くは，図書館がパブリック・コンピューティング基盤を着想し，創造し，提供する方法と密接に関連している。ユビキタスなコンピューティング・アクセスや即座に利用できるネットワーク化された情報から生じたシームレス性についての約束は，残念なことに，現代の図書館では大変厳しくなっている。確かに，変わりつつある利用者の好みに対応することが，図書館の意思決定を動かす唯一の優先順位ではない。図書館に関する基本的な哲学的課題は，私たちが利用者の方向に沿ってどの程度動くべきか，そして利用者が私たちの思い描く方向に動くことをどの程度期待すべきかである。

　最近の論文[4]で，カー（Carr）は近年大学図書館を変化させた2つの指標について検討している。それらは競争と電子情報である。競争は，少なくとも場としての図書館では，図書館をその利用者のニーズに向かわせた。このように多数の図書館が典型的な第三の場所（例えば，喫茶店）と見せかけ，物理空間を作り変えている。残念ながら，仮想情報空間の点では，利用者のニーズへの支援は未だに古い価値に頑なに固執しており，そのためオンライン利用者が情報についての他のパスを発見するように仕向け，オンライン利用者は図書館が提供すべきものにさえ気がついていないことが多い。伝統的な図書館の価値と来るべき世代の期待や習慣とが調和に達する正しい方法は，図書館が情報社会における社会的，教育的，個人的状況の中で適切であり続けるかどうかを究明することだろう。

6. 謝　辞

本稿の最初の考えは以下の論文として公表された。"Millennial New Value (s): Disconnects Between Libraries and the Information Age Mindset" in the *Proceedings of the Free Culture & the Digital Library Symposium*, held at Emory University in October 2005. この論文はオンラインで〈http://dscholarship.lib.fsu.edu/general/4/〉で見つけることができる［訳者注：2011年11月7日時点で見つからない］。

注
1) N. Howe and W. Strauss, *Millennials Rising: The Next Generation* (New York: Vintage Books, 2000)
2) Ibid.
3) S. R. Ranganathan, *The Five Laws of Library Science* ［2 nd ed.］ (London: Blunt and Sons, 1957) 第2版の翻訳：森耕一監訳．図書館学の五法則．日本図書館協会, 1981．
4) R. Carr, "What Users Want: An Academic 'Hybrid' Library Perspective," *Ariadne*, No. 46, February 2006,〈http://www.ariadne.ac.uk/issue46/carr〉(accessed August 16, 2006).

訳注
A) OCLCへのRLGの統合に伴い，2006年でRedLightGreenサービスは終了した。
B) WorldCatのサイト〈http://www.worldcat.org/〉を参照。
C) MS Academic Live Searchは2008年5月末で廃止された。
cf. http://current.ndl.go.jp/node/7896
LibX. orgについては〈http://www.libx.org/〉を参照。

7 章
高等教育における学習スペースの設計に当たって最初に問うべき質問[1]

スコット・ベネット

Bennett, Scott.
First Questions for Designing Higher Education Learning Spaces.
The Journal of Academic Librarianship, Vol. 33, 2007, No. 1, p. 14-26.

　私たちは，学習スペースの設計をそのスペースで起こってほしい学習の特性に関する質問からではなく，サービスや運営面の考察から始めることが多い。このような慣習を訂正するために，本稿では大学が学習スペースの建築や改修を通じて最初に，そして繰り返し追求すべき6つの質問が提案されている。このような議論の多くは全国学生関与調査 (National Survey of Student Engagement) を利用している。NSSEを大いに活用したもう1つの論文については，Journal of Academic Librarianship 誌の2007年3月号に収録される著者の「不確実性に合わせて設計する——3つのアプローチ」を参照してほしい。

1. はじめに

　一般に，建築家が素晴らしい建築を設計するには，素晴らしい依頼人が必要であると言われる。学習スペースの素晴らしい依頼人になるためには，高等教育機関は「(任意の改修あるいは建築計画において求められる)『教育経験』の本

質」に関する質問が「最初に問われるべきであり，また（計画の）過程全体を通して繰り返し質問されるべきものである」[2]という見解に基づいて行動しなければならない。本稿は，学習スペースの建築や改修を計画する際，大学が最初にすべき質問を確認しようとするものである[3]。

　学習スペースは高等教育においては非常に多岐に渡るものである。ほぼ間違いなく，それらは大学機関のキャンパス全体を包含している。本稿は，学問分野によって特定されないそれらのスペースに焦点を当てる。そこでは，学生が自らの学習を管理し責任をとる。現在，図書館デザインの一般的な特徴となっているグループ研究スペースは，そのような学習スペースの例である。これらのスペースは図書館サービスの提供をサポートするようには設計されていない。つまり，学生はこのスペースではサービスを受けることも教えられることもない。学生はこれらのスペースを使って自らの学習を進める。本稿に関連する他の学習スペースの例は，（通常図書館内に組み込まれる）インフォメーション／ラーニング・コモンズと，（時々図書館内に組み込まれる）コンピュータ・ラボである。これら後者の 2 件の場合，スペース・デザインはふつうサービスの提供や指導（instruction）と大きな関わりをもつが，それが意図するところは，活発かつ自主的な学習を常に促進することである。

　たとえ活発かつ自主的な学習を促進するように意識的に設計されたものであっても，学問分野に固有のスペースは本稿の考察からほとんど除外されている。科学実験室，エンジニアリング・ショップ，スタジオ・スペース（芸術，建築，音楽，ダンスを教えるためのもの）などは，共同学習用の設計について学ぶところは多いが，ここでは検討しない。本稿の範囲外である他の学習スペースは，教室，講堂，博物館や他の展示スペース，屋内スポーツ施設，管理・事務や学生用サービス，保健室のある施設である。これらは，通常は学生以外の者が使用を規制するスペースであり，学生はそこでサービスを受けたり，規則に従って行動する。食物へのアクセスは優れた学習スペースの設計に当たって決定的に重大な要素ではあるが，食堂や学生寮は本稿の考察には含まない。

　本稿は，学習スペースを計画し建設する各段階で，最初のみならず「持続的」に行うべき学習スペースに関する質問を確認する。この最初にすべき質問の持続性こそが，本論文の関心と建物性能評価に関する建築学の分野，つまり，設

計者とその依頼人によって行われる継続的な品質向上活動を結びつけるのである。概念的には，建物性能評価は居住後評価，すなわち，完了した事業がどの程度使用者のニーズにあっているかを理解するための取組を起源とする。建物性能評価は，計画，プログラミング，設計，建築，居住，適応可能な再利用などの建造物を建設する際の全ての段階に関係する同一の評価視点をもたらす。そのような評価は，事業や機関による継続的な品質向上の各段階で学習する機会を正式なものにする[4]。

建築学分野としては，建物性能評価は概念的に他の多くの分野と関連している。これらの分野は，建築理論，環境デザイン，学習理論と認知心理学，そして教育成果の評価を含む。これらの関連分野は本稿でたまに出てくるが，体系的あるいは包括的には取り扱わない[5]。

学習スペースの設計を推進すべき最初の質問に取りかかる前に，設計と行動の連関について簡潔に省察することは有益である。高等教育では，設計によって促進されることを期待する学習行動についての設計上の質問を提起する経験をほとんど持たず[6]，私たちは建築デザインが特定の学習行動に直接影響を与えるという主張には懐疑的である。デザインと行動の連携についての決定論的観点に関しては，この懐疑主義は正統なものである。本稿で取り入れている別の観点は，建築上のあるいは環境の蓋然論であり，設計特性がある行動を引き起こすが，それは必ずしも起こるわけではないといったものである[7]。設計の優れたスペースは，ある特定の形で行動する機会を居住者に与えるが，それらの活動が起こるであろうことは保証されている。

学生に学習の機会を与えるデザインの要素やこれらの機会に学生が行動するスペースをよりよく理解すればするほど，私たちがより優れた設計を行い，学習スペースで投資から充分な価値を得る可能性が高くなる。このような蓋然的な考え方は特に「制御された」問題よりも「意地が悪い」問題を設計するのに適している。後者は，明確な定式化がなく，問題の定式化と問題の解決法が同一である問題である。「意地が悪い」問題の本質についての質問をいつ止めるかを判断するための規則はなく，それらを解決するための明確な一連操作というのも存在しない。「意地が悪い」問題の実験は，改めてその問題に関与しない限り不可能である。反対に「制御された」問題は徹底的に定式化されうるも

のであり，他にも「意地が悪い」問題とは反対の特性をもつ。
「マナーのよい」問題はあいまいな中間地点を占め，「決定論的ではなくても蓋然論的に対応することができる」[8]。本稿の希望は，学習行動に関する6つの質問が最初に，かつ繰り返して問われ，これらの問題に明示的に取り組む設計実践を求めることで，学習スペースの創造がほとんどが「意地の悪い」問題から，いくらか「マナーのよい」設計問題に移行することが可能になることだ。

2. 6つの最初の質問

以下の各質問は，大学が改修あるいは建築を希望する特定の学習スペースについて尋ねるために用いることができる。各質問に続く解説はその質問を敷衍し，質問の際に何が問題となるかを記述する。解説が各質問に関して明確に判断している一方で，実際には当該の質問に対する回答を出そうとする取組みはない。解説では予想される回答の本質を示唆することがあるかもしれないが，実際の回答——あるいは実際に各質問の特徴——は機関，計画，また教育的意図によって変化に富んでいる。

質問1：私たちがすすんで仮想学習スペースよりも，従来型の学習スペースを建築したいと思わせる，このスペースで起こるであろう学習とはなにか。
この約15年の間に，私たちは学習のための強力な仮想環境を創造する能力を明らかにした。質問1はこの達成を認め，「望ましい学習は仮想スペースにおいて達成されるか」という出発点となる問いを尋ねている。それができれば，一体何で物理的スペースを建てなければならないのか。それは，ほとんどの場合，仮想スペースよりも高価で将来の変化に適応しにくいだろうか[9]。この出発点となる問いは，仮想スペースに対する既定の選好を表明するために提示されるのではない。それはむしろ，私たちが物理的また仮想スペースで持っている代替案に対して注目を向けさせ，私たちが創造したいと望む学習経験の何が，それらのスペースの一つである物理的スペースの使用を私たちに受け入れさせるのかを理解するためにある。

この最初の質問は修辞的なものではない。明らかに仮想スペースのほうが好

まれることもあり，今後10年から20年は，依然として高等教育では仮想学習スペースを多く利用すると思われる。実際，教室スペース・デザインに関する2004年の教育学習イニシアティブの秋季フォーカス・セッション（ELI Fall Focus Session）で，発表者は次から次へと教室では学習が少ししか起こらないと述べた[10]。ある参加者は，非常にうまい皮肉を加えながら，将来的には学生は自宅で授業に参加し，勉強するためにキャンパスに来るだろうと意見を述べた。全国大学変革センター（National Center for Academic Transformation）は，トゥイッグ（Carol A. Twigg）の指導の下で，学生の学習成果を向上させ，高等教育のコストを削減するにあたっての情報テクノロジーの力を実証した[11]。この論文は物理的な学習スペースについて扱い，仮想学習の事例を議論していない[12]。しかし，高等教育は疑いなく，情報テクノロジーを通じた必要とされる生産力の取得を確実にする機会を無視する立場にはない。私たちもまた，私たちの事業が，最大限広範な学習に対するアクセスと学習での成功であるとすれば，「電子的な学習システムは，総合リテラシーの諸問題がもたらす，根本的に借入金が多いマス・インストラクションに対し唯一の希望となる」というラーナム（Richard Lanham）の所見を忘れるべきではない[13]。

　仮想学習スペースがますます重要になると信じても，物理的学習スペースが必要となることが多いのは明らかである。物理的スペースを支持する選択をさせるものは何であろうか。

- イマージョン学習（*immersion learning*）には，物理的なスペースでないと達成しにくい側面がある。この議論は一般的に物理学習スペースに当てはまり，学生に対するキャンパスを拠点とした居住経験に対する基本的論拠に確かになるかもしれない。ブラウン（John Seely Brown）の意見では，たとえば，「学習は目覚しい社会過程である。実際には，それは指導への応答としてではなく，学習を育成する社会的枠組の結果として起こるものである。……情報の単なる商人［の代わりに］知識の創造者になるために，学習コミュニティを配信サービスの領域から取り除き，あるいは情報の商人ではなくすもの，［それこそが］大学が設立し，助成する学習コミュニティである。キャンパス上の社会学習環境は，学者や実践の複数のコミュニ

ティと接することを提供し，集中的な勉強の機会と同様に，違う分野・背景・期待をもった人々への広いアクセスを学生に与え，それらの全てが組み合わさって，新たなアイディア，考え方や知識を生み出す創造的な緊張を形成するのである」[14]。
- *学習の社会的側面*の中には，仮想スペースでは完全には認識，あるいは代替されないものがある。これらは例えば，人種的，民族的，宗教的，経済的な多様性を伴う学習の機会を含む。そのような多様性は仮想学習スペースで消えることはないが，匿名性の測定と個人的に困難なことの回避を可能にする仮想コミュニケーションの環境を閉じ込めてしまうことで，その表出が弱まってしまうかもしれない。
- *共同学習*（collaborative learning）の特性は，物理的スペースと仮想スペースでは異なるようである。優れた共同は，もちろんどちらの環境でも可能であるが，物理的スペースでの方が（例えばボディ・ランゲージなどの）知覚環境が豊かで，個人的な交渉もより直接的であり，媒介テクノロジーによって複雑にならない。
- *物理的スペースは教授と学習のパフォーマンスの側面*のために必要である。例えば，多くの教員は，教室における一流のパフォーマーであり，彼らは教室を自分たちのパフォーマンス・スペースと受け取っている。学生たちが授業にどのように関わってくるかによって，教室は学生たちのパフォーマンス・スペースともなり，仲間のいるところではパフォーマンスによる圧力がある。パフォーマンス・スペース――例えば，科学実験室や美術のアトリエ――の中には物理的なものに代わる適切な仮想スペースがないこともある。

これらの物理的スペースを選択させる要因は，ここでは一般用語で説明される。それらは，特定の学習スペースの計画の中で呼び出されたときに，より多くの関心とより明確な定義を得る。これは特にインフォメーション／ラーニング・コモンズやコンピュータ・ラボなどのスペースの場合に当てはまり，それらのスペースでは重要なサービス機能が提供されるはずであり，学習機能に取って代わることもあるかもしれない。例えば，コンピュータ・ラボを作成する

主要な動機が，単にコンピュータへのアクセスを提供することであるなら，そのラボは主として学習スペースよりも作業スペースとしてデザインすることができ，そのサービス機能の多くはバーチャルに提供することができる。意識的に共同学習のために設計されたコンピュータ・ラボは，疑いなく同じサービスを提供するが，まったく異なった性質を持つと思われる[15]。

質問 2：学生が勉強に使う時間を増やし，勉強の生産性の向上を促進させるためには，このスペースをどのようにデザインするのか。

　全国学生関与調査（National Survey of Student Engagement: NSSE）によると，「学生が自らの教育に何を注ぐかによって，彼らが教育から得るものが決まる」。学習課題に費やされた時間量に関しては特にその傾向が強い。「授業の準備をするために費やした時間……は」，他の取組に関わる項目や自己報告による教育的・個人的な成長に確実に関連している。それにもかかわらず，「週に 25 時間以上の時間を授業の準備のために使っているのは，正規学生のわずか約 11% であり，これに近い数値は多くの教員が大学でよい成績を収めるために必要だと言っているものである。5 分の 2 以上（44%）は授業の準備のために週 10 時間以下しか使っていない」[16]。

　強力な学習環境を提供するために，大学が煉瓦やモルタルでできた建物に――そして実にキャンパス全体に――してきた投資を考えると，90% 近くの正規学生が，学業で成功するために必要だと教員が思っている課題に時間を費やしていないことが分かるのは非常に厄介である。これから判断すると，物理的学習スペースに対する私たちの巨大な投資は確かに効果を上げていない。また同様に確かに，私たちは，学生たちをもっと多くの時間を学習に注ぐ気にさせる方法を見つけなければならない。

　この責務は，学生の学習時間と競合しているものは何か，どのようにして学習に有利に働くスペースをデザインすればいいのかを私たちに尋ねさせる。

　NSSE は，「深い学習」――高次の，統合的な，そして内省的な学習行動によって特徴付けられる学習――の分析によってこの質問の最初の部分に対する答えを出している。図 7-1 は，学生が様々な活動に 1 週間に費やす時間について，それらの活動を深い学習との関わりに従って四分位で学生に順位付けさせ

図7-1 深く学習に関わる選択された活動について
1週間に費やしている時間（四分位）

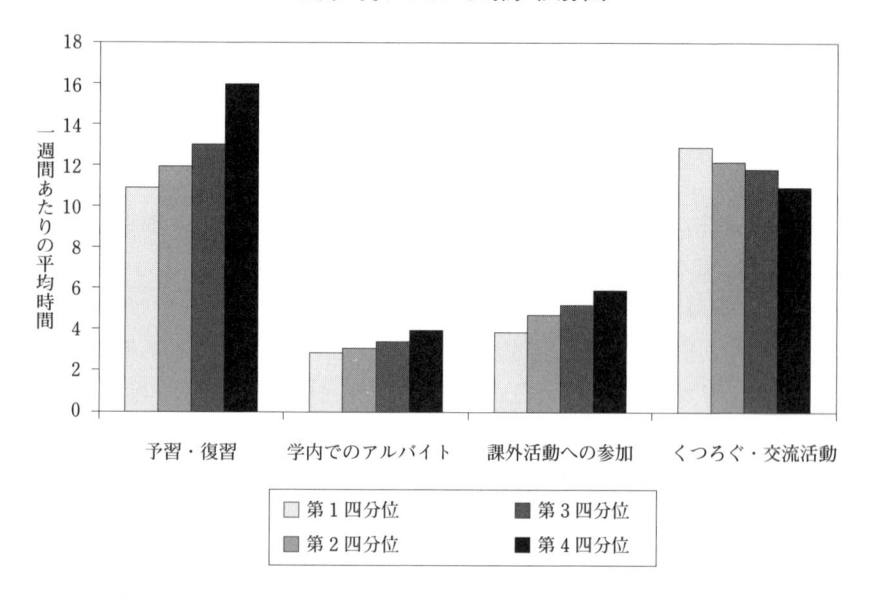

縦軸：一週間あたりの平均時間
横軸：予習・復習／学内でのアルバイト／課外活動への参加／くつろぐ・交流活動

凡例：□ 第1四分位　■ 第3四分位　■ 第2四分位　■ 第4四分位

たものである。学生が授業の準備やキャンパス上での作業，カリキュラムに関する活動に費やす時間が多いほど，自分が深い学習行動に関わったという報告が多くなる。この正の相関のパターンは，くつろぐ・交流活動では崩れるが，それは授業準備とほとんど同じ長さの時間を持っている。このグラフは，学生が時間を割り当てる場合，勉強と交流の間に強い競争があることを示す（*Student Engagement*, Table 9, p. 21）。

授業準備と交流活動は，このデータが示す対極的な行動なのだろうか。学生がしばしばこれらの活動の間にはっきりとした区別をつける一方で，彼らは通常，彼らの実際の学習行動の特徴について質問されたときにはその区別を緩和する。スワニー：サウス大学（Sewanee: The University of the South）の学生は，授業をとっていない人と授業の教材についていつどこで話すか——深い学習に寄与する行動のひとつである——と尋ねられたときに，そのような会話の43％は居住スペース，21％は食堂，12％はキャンパス内の道，コーヒーショップ，ジムなど，キャンパスの他の場所で起こると答えた。この学習行動が

(そして，これから私たちが見ていくように他のものも），「交流」と呼ばれるものを大目に見ることが多いのは明らかである[17]）。

これやその他の学習行動に関する社会的側面を受け入れ，学生たちが学習を肯定する交流をすることを可能にするスペース設計は，課題に費やす時間や生産的な勉強を増やし，その結果，物理的学習スペースへの投資において，よりよい利益を生む。この議論は，見かけ上の勉強と交流の競争から，本質的に学問的であり社会的であるという表裏一体の行動の規制へ移行することで論点を見直すものである。

論点をそのように見直す一方で，学習のために実行した自主規制や自制に関してスワニーの学生の話から学ぶものは非常に多くある。彼らは学習のために実行しているのだ。次の意見は，人類学教授であるオコナー（Richad A. O'Connor）が指導する自主研究科目（independent studies course）で，学生が実施したインタビューに基づいて述べられた見解である[18]）。スワニーの学生は自分たちが勉強する――その課題に時間を使う――義務があることを理解している。効果的な自主規制の結果とは，学生が，結果として次のようになることである。

正しい行動であるという理由で，勉強に快感を覚えるようになることである。楽しく簡単なものであるとは思われていない――勉強は広く自制として捉えられている――が，そのような規律は，特有の小さな喜びと独特のしきたりを伴った表現形式へと発展する。ついには，勉強が，それ特有の生活を伴った実践となる。それは単なる課題に対する応答ではなく，極めて個人的で学生としての有意義な在り方であることが多い。

スワニーの学生たちは，彼らが勉強するときに好むスペースの3つの特徴を特定している。これらのスペースの特徴は彼らが勉強に集中し，学習者であるための自制を実行するのに役立つ。3つのうち2つは比較的分かりやすい。「利便性」と「快適性」である。

- 「利便性」とは，「自分の図書を苦労して運ぶ」ことをしなくて済む，勉強に必要なもの全ての用意ができている，教材を広げることができる，駐車

場が利用しやすい，などを意味する。
- 「快適性」とは，食べ物や飲み物をすぐに利用できる，音楽が聴ける，特に家具やくつろぐ場所に関して身体的に快適である，休憩をとることができる，などを含む。例えば，学生の67％が，音楽が，それだけで（例「音楽……［できれば］音量が大きくて，歌の入っていないもの」），あるいは他の気晴らしを伴うことで（例「ラジオ，友達，通り過ぎる車」），勉強に集中するのに役立つと言及した。回答者の63％が，お菓子や飲み物が，それだけで，あるいは集中するための他の補助を伴うことで（例「常に飲み物……そしてもうひとつ余分に後押し——スキットルズ（Skittles, 訳者注：アメリカのキャンディー）——が必要だ」），勉強に集中するのに役立つと言及した。14％が，休憩をとることがそれだけで，あるいは集中するための他の補助を伴うことで（例「1時間勉強するごとに10〜15分休憩をとること。煙草を吸う休憩。飲み物。」「友達とチャットしたり，メールチェックをしたりするために休憩をとること……何か食べること」），集中力を保つために重要であると述べた。

勉強をするときの快適性は，明らかに重要な社会的側面をもっている。好まれる学習スペースの3つ目の特徴である「静寂」については，同じことがさらに際立って当てはまる。

学生たちは「静寂」が勉強に集中し自制を保つのに役立つと述べた。スワニーの学生たちにとって「静寂」が聴覚的な用語であった一方で，より多い頻度で，身体的に静止し落ち着いていること，あるいは気を散らすものがない環境を意味するのにも使われた。これらの気を散らすものの中には，性質上社会的なものもあった。そして静寂や気を散らすものがないことが重視される一方で，勉強しているときには度が過ぎてうんざりすることもあることが明らかである。求められる「静寂」とは学生ごとに異なり，1人の学生でも状況によって変わるものである。学生は「感覚遮断室にいるように感じないで済むように充分な雑音と活動があって……気を散らすものがない」環境を求めている。つまり，学生は「気は散らないが，何かが起こっていて退屈したり寝てしまったりしない」場所を欲しているのである。さらに具体的に言うと，

- 学生の回答者の33％が「静寂と孤独」をこれらの言葉の通常の意味で選んだ。例えば，1人の学生は，「勉強をしているときに挨拶をしたがる15人の友人」との交際を避けたいとした一方で，別の学生は「……通り過ぎたり，食べたり，ポテトチップの袋を開けたりしている人々」を避けたいとした。
- 52％が，「沈黙や孤独ではなく，静寂と落ち着き」を欲した。一部の学生にとっては，静寂であることは音楽を除外せず（例「私はいつも音楽を聴く。特にバッハ，なぜなら彼の音楽は非常に構造化されていて，集中するのに役立つから。私は気を散らすものを追い払うのが得意である。」），別の学生は「私はとても独りでは勉強できない——質問をしたり答えたりするために周りに人がいるのが好きだ。」と報告した。また別の学生は「静かすぎると私はぼんやりしてしまう——だから自分の周りに人がいたり音楽が流れていたりするほうがやりやすい。」と述べた。
- 15％が「いくらかの雑音や気を散らすもの」を好んだ。1人の学生が述べたように，「私は……音楽や背景で話している人のような，雑音や気を散らすものが好きである。どういうわけか私にとっては気分が安らぎ，よりくつろげるのだ。」オコナーは，この種の環境はしばしば勉強の助けとならないと思われるが，実際にこの環境を好む学生数は報告されているよりもやや多いと述べた。

図書館を学習スペースとして記述するときに，1人の学生は図書館が「社会的すぎる」ために避けると答え，一方で別の学生は「いつも出入りする人がいて，眠気覚ましになる！　それにとても静かである」と，そのような混在が適切であると感じていた。ここで私たちにわかることは，学生は彼らの学習習慣を社会的状況に置くことが多く，学習の社会的側面を排除するのではなく社会的側面を規制することを目標としているということだ。学生たちは，学習が通常，コミュニティ内で起こることを知っており，学習の社会的側面を操作することは，勉強に集中すること，学習のために自分自身を規制することに成功するために不可欠である。設計が成功するには，学生たちが学習をうまく自制するために使用する行動について話すことに対して注意深く，また思慮深く耳を

傾けることが必要だ。私たちは，勉強と交流がたいてい二者択一の選択肢ではない（たとえ時折そうであっても！）ことを理解しなければならない。往々にして，学生たちが学習者として成功するには，勉強と交流は学習コミュニティにおいて，お互いにやりとりしながら管理されるべき要素である。

質問3：学習スペースの設計は単独学習から協同学習までのどこの領域に焦点を当てるべきか。

学習は孤独な活動であると常に理解され，共同は不正行為の一形式であると理解されていた時代があった。図書館の研究個室（individual studies）やキャレルがそのような理解を実証している。今日では，勉強は共同作業，あるいは社会活動でもあると理解されている[19]。共同研究は，質問2で議論した，学習と交流の有益な混在の特殊な例であり，重要な形式である。学習向けに優れた設計が行われた学習環境は，このようなコミュニティを推進する。それは例えば，現在図書館のデザインとして一般的であるグループ研究スペースと深く関わっている。より一般的に，私たちは既に「情報の単なる商人［の代わりに］知識の創造者になるために，学習コミュニティを配信サービスの領域から取り除き，あるいは情報の商人ではなくすもの，それこそが大学が設立し，助成する学習コミュニティである。」というブラウンの議論を考察した。

つまり，どの学習スペースのデザインに対しても極めて重大な質問は，単独学習から共同学習までのどの領域で機能するのかということである。この質問に材料を与えうるものについて何か知っているだろうか。

活発で共同的な学習は，効果的な教育的実践に関するNSSEの基準の一つである。授業以外で，授業の課題の準備をするためにクラスメイトと協力することは，活発で共同的な学習に寄与する具体的なの行動の一つである。表7-1は，授業外で協同研究をする頻度について2004年のNSSEの調査に対する学生の回答を集約したものである。ここでは2つのことが印象深い。それらは共同研究が起こる頻度と課程が進むにつれての共同研究の頻度が飛躍的に増加することである。1年生の39%が「しばしば」あるいは「非常に頻繁」に共同研究すると報告しているのに対し，同じ頻度を報告している4年生のパーセンテージは57%に増加している。これらの割合は，この調査で上位5%に入っ

表7-1　授業のほかに共同研究をする頻度

	1年生		4年生	
	全機関	上位5%の機関	全機関	上位5%の機関
なし	15%	7%	8%	3%
ときどき	47%	31%	35%	27%
しばしば	29%	37%	34%	41%
非常に頻繁	10%	26%	23%	29%

ている学校で非常に高くなっており，それぞれ63%，70%となっている[20]。

私たちはまた教員の協同研究に対する見解についても多少知っている。学生が授業のほかにクラスメイトと一緒に課題の準備に取り組むことがどれほど重要かを尋ねたとき，全米の教員の22%がこの学習行動を重要でないとランクし，28%が多少重要である，27%が重要である，24%が非常に重要であるとした[21]。従って，全米の教員の51%がこの学習行動が重要である，あるいは非常に重要であると考え，これは，多くの場合，あるいは非常に多くの場合その活動に関わると報告した4年生の人数とおおよそ同程度であった。

単独学習行動と共同学習行動はどちらもほぼ同じ頻度で起こるが，4年から5年の学生の取り組みを経て，共同学習行動がより重要になるという理解に立てば，これらのデータによい反応を示す学習スペース設計は，単独学習行動と共同学習行動の両方に適応させなければならない。積極的に効果的な教育的実践を奨励するという要望があるところでは，スペース設計は意識的に共同研究を好むかもしれず，従って，全ての学校の上位5%に入った教育機関の行動特性にむけた動きを促進する可能性がある。

NSSEとFSSE（Faculty Survey of Student Engagement）のデータによるこれらの結論は比較的わかりやすいものに思える。しかし，繰り返すが，学生が彼らの学習行動に関して述べることに思慮深く耳を傾けるなら，3つ目の研究行動が非常に強く浮かび上がる。もう一度，スワニーの学生の証言を検討してみてみよう。

● ｢他の人が同じことをしていることが分かっている場所で勉強に取り組め

るのはいいことだ。」
- 「誰かが自分の周りで勉強をしているときに非常に助かる。なぜなら，彼らが作業をしていると，自分が集中し続けるのに役立つからだ。」
- 「私は［集中するためには］静かなのが好きだが，独りでそこにいたくはない。他の人が起きていると分かったほうが気分がよい。」
- 「学問的な環境——図書館，他の人が勉強している部屋［が集中するのによい］。」
- 「勉強している他の人のそばにいること［が集中するのによい］。」
- 「他の人も勉強をしているのを見ると励みになる。」
- 「独りで座っているのではなく他の人も勉強しているから（教室棟の中にある自習室が）好きだ。」

オコナーはこれらの学生によって記述された学習行動を「孤独な学習」と名づけた。彼が述べたところによると，

学生はためらうことなく個別学習とグループ学習を区別するが，彼らの実際の行動は，3番目の種類があることを明らかにした。それは，独りであるいは一緒にする勉強ではなく，並んだ学習である。実際には，学生は勉強している他の人と並んで勉強し，スペースの共有はするものの，合同プロジェクトに参加するのではなく別々に取り組むのである。……無言の観客でさえ，彼らの努力を認めるのだが，［上記で示された］例の最後で，その学生は「多分私はそこにいる人々と交流もしているのだと思うが，［それは］いい休憩になる……あるいは，私が読んでいるものが面白いと思ったときには，それを共有する機会になる。」と言葉を続けた。洞察を得ることがすぐにそれを共有する喜びをもたらすのであれば，彼女は並んで勉強していると言えるのだろうか。(O'Connor, "Seeing duPont Library," p. 68)

図書館の閲覧室における学習のように，並び学習を特徴的であるが，共通の学習行動として特定することは，いかに学習が広く社会化しているか，いかに学習の社会的側面が並外れて強いのかを思い出させてくれる。

質問3が全国的に充分に資料に裏づけされた学習行動と学生の直接的な証言に言及することで最もよく質問される一方で，単独学習から共同学習までの領域には，環境設計，私的なスペースから公的なスペースまでの領域，そして縄張り意識のコンセプトの中に似たものがあることに気づくのは有用である。前者では，人々は，公的（例：通り），半公的（例：集合住宅の前の敷地），半私的（例：一軒家の前庭や裏庭），そして私的であると考えられるスペース（例：住居の内部）の間に重要な違いがあると感じている。縄張りとは，これらの公的／私的な特性を明らかにし，加えてアイデンティティの感覚を提供するものであり（例：多くの都市にあるチャイナタウン），そして期待された行動の準拠枠（例：区画要求や不動産契約［Lang, *Architectural Theory*, pp. 145-156］）である。設計者にはこれらの論点に関する豊富な経験と，経験に基づいた発見があり，それらは学習スペースを設計する際には考慮されるべきである。もちろん，何が私的で何が公的であるか，縄張り意識についての考えは，文化や人によって大きく異なる。この変動性の理解は，通常，洞察と優れた調整の行き届いたデザインに結びつく。

質問4：スペース・デザインによって知識の権限についての要求をどのように管理するか。このスペースは知識の本質について何を確認するか。

　もっとも基本的には，学風（academic culture）はメリットに関する考え方と万人に開かれているという願望を中心に構築されるものだ。これらの価値観に対する私たちの深い忠誠と，全ての源泉としてそれらを維持しようとする私たちの努力は，学風が実際には非常に階層化されたものであることを見えなくすることがある。全ての教育機関が，これらの階層に対する明白な言葉をもっており，それらは概して「教員」「学生」また「サポート・スタッフ」のような用語を含む。これらの言葉は単なる便利な人事上の分類ではない。それらは「伝統的な大学の環境において，知識の生産と再生産を構築する確立された区分と階層を反映している。これらの区分と階層の間に，権力と名声の度合いの違いや異なった種類の教育的責任の指定がある」[22]。これらの用語は徒弟関係を明らかにし，教育に対して誰が中心的で誰が周辺的かを確立し[23]，服従と特権を正当化する――例えば，異なった方法で雇用者の労働時間を説明する。

学習スペースの設計を考えるにあたって，この学業の階層化についてのもっとも重要な側面は，知識に対する権限を要求する方法が強く主張され，支持されているということである。知識の権限を主張する典型的な行動は教員の講義である。そして，その権限を強化するために設計された典型的なスペースは，教師が前に立ち，一般的に黒板や他の指導技術を備え，一方で学生たちが指導者に注意深く顔を向けて座っているような教室である。本が並んだ教員の研究室や，クイック・レファレンス・コレクションと図書館員が自由に使えるコンピュータが置いてある大きなレファレンス・デスクの後ろに身を隠した図書館員も例に含まれる。

知識をめぐる権限の格差は，高等教育に付き物である。結局は，知識の不足を認め，そのような不足を逆転する希望を主張しない限り，学ぶことは不可能である。よって，スペース設計の課題は，そのような格差を否定するのではなく，どのようにしてそれらの格差が管理されるか，また，知識の理解の何が投影されるかを決めることである。

高等教育で最もおなじみの知識についての考え方や理解は基礎的なものである。そのような見解によると，「知識とは，個人の精神によって形式化され，現実と接触して証明された実体である」[24]。このような意味での知識は，個人の知性に関与したことによって，外的実態として築かれたものである。知識に関する基礎的な見解は個々の学者の業績を称賛し，それらは教員の知識をめぐる権限を承認する。知識に関する基礎的な見解は多くの教室における指導を促進し，学部の運営に情報を与え，学問的な報奨制度を支配し，教育の場におけるほぼ全ての名声の構造を形成する。

別の，基礎的でない知識に関する見解によると，知識はコミュニティ内で行動する人々によって構築される。「人々は，集団で協力し，互いに依存しあって，知識を構築する。従って，全ての知識は，個人ではなくどこかのコミュニティの『所有物』である。ここでいうコミュニティとは，そのコミュニティの構成員によって用いられる言葉で知識を構成しているものである（Bruffee, *Collaborative Learning*, pp. 294-295）」。知識に関する基礎的でない見解は，非常に多くの場合，高等教育，セミナー，そして科学者の研究室において接触する。ブラウンが述べるように，それは，

深い学習が起こるコミュニティへの参加を通したものである。人々は公式を暗記して物理学者になることを学ぶのではなく，それはむしろ，一番大切なのは暗黙の慣習である。確かに，明白なもののみを知り，公式を口に出すという行為は，まさしく部外者を見捨てるものである。内部関係者はより多くのことを知る。関連するコミュニティに住むようになることによって，彼らは「標準的な」回答ではなく，真の問い，感受性，美学，そしてなぜそれらが重要であるかについて知るようになるのである。

大学の任務はこれらのコミュニティを形成し，特にこれらのコミュニティの真の問いと感受性が学びたい者に対して開かれるようにすることである。重ねて，ブラウンが述べるように，

> 大学の真の試練は，大学が提供するコミュニティへのアクセスである。教育的システムを改革する試みはどれも……単に課程の内容ではなく，大学を構成する慣習のコミュニティへのアクセスの拡張を含まなければならない。……キャンパスでのこのような混在は，多様なコミュニティへの学生の接触の機会を豊かにする （Brown, "Learning in the Digital Age," pp. 68-69)。

基礎的知識が支配者から初心者へ移行する学習運営を目的として設計された学習スペースの豊富な事例を見つけるには，キャンパスを探すだけでよい。基礎的でない知識の獲得法を伴うコミュニティの試みとして学習の運営を行うように設計された学習スペースはそれほど多くない[25]。これは驚くにはあたらないことだが，それは，私たちが自分自身を高等教育コミュニティの一員として考えていることが邪魔になって，学習と支配者についてのこれらの選択肢を管理する方法に，根本的で多くの人にとっては難しい選択が含まれているからである。私たちが学習スペースを設計する方法によって，学業で私たちが果たす役割と保持する役割について多くが明らかになるだろう。

役割に対するこの論点の重要性は，あるワークショップで明白であった。そのワークショップは当初学習スペースとは関連がなかったが，情報テクノロジーを教室での指導に統合する方法を探求した。ブリンモア・カレッジ（Bryn

Mawr College) がそのワークショップを 2000 年 5 月に主催した。それぞれ社会科学分野の教員 1 人，学生 1 人，図書館員 1 人，情報技術者 1 人から構成される，9 つの教育機関のチームが参加した。人類学者チャーチ (Jonathan T. Church) が，協力する参加者の個人の力関係を観察した[26]。彼はワークショップで達成された強い協力に必要な個人の役割の劇的な移行について言及した。その報告によれば，

> ワークショップの参加者は，次々と参加者間にどれだけ「好意」が存在していたかを述べた。「好意」とは，ワークショップの参加者が*自動的に大学の仲間に対して*あらわすものではないようだ。教育機関における日常的な職業的アイデンティティの構造から離れ，ワークショップの閾の性質によって権限について相対的に平等となることによって，喜びを表現した参加者は，教員，図書館員，情報技術者，学生の職業的アイデンティティ「の下には」進んで協力しようとする人々が存在していることに驚いていた（イタリックは筆者）。

ワークショップの参加者は決まった役割とその役割に関する定着した理解とともにやって来たが，結局，ワークショップでの共同目的は，役割と知識に関する権限の根本的な見直しが必要であることに気がついた。

- 教員にとっては，キャンパスの広範囲な情報テクノロジーと，これらのテクノロジーに関して学生がより優れた専門的知識を持っていることは，「職業的アイデンティティに関連する権限や専門的知識の境界を越えていた。……この逸脱の結果は，参加者が……自分でその弁明に気づくことが必要な『職業的アイデンティティ』へ自身を投資していることを自覚したことである。学生が教師よりも多くの専門的知識をもっていたとすれば，教員は彼らが実際にどのような専門的知識を持っているのか，また重要な専門的知識を構成するのは何かを説明しなければならない。」さらに具体的に言えば，学生，図書館員，情報技術者との協同は，教員に「教員だけが授業の所有者だとすれば，教室はどのようになり，また指導が何を意味

するかという疑問を持たせたのである。……それゆえ，教員にとって，教壇を共有することは，彼らの教育上のアイデンティティの深い再検査を必要とするのだ。」
- 図書館員のジレンマは，「図書館から彼らを連れ出し教室への介入をより多くするようなアイデンティティを推測し，そのような動きが成功するのであれば［彼らの時間の需要に対して］何が起きるのかを推測することにある。」
- 情報技術者の課題は，「彼ら自身の役割を想像し，教育機関のニッチを作ることである。教育に関わる情報技術者の多くは，本心からの皮肉とともに『教員は私たちがすることがわかっているのか』と疑っていた。多くの点で，この質問に対する答えは『ノー』である。自分たちは教育機関の階層のより下層の敷物にいると気づいているため，教育に携わる情報技術者は，教育上の問題に関して教員に接近するのに個人的なためらいを感じている。」
- 「学生にとっての課題は，彼ら自身の教育的手段を構築する責任を一部負った協同のアイデンティティをもう一度推測することだ。」教員，図書館員，情報技術者にとっては，「学生の声に実際の権限を認め，これらの声を制度面で促進することが課題である。」

質問4に対するこの解説の中で共同学習，知識をめぐる権限の要求，学習コミュニティ，基礎的でない知識に対する見解が顕著に示されている。これは，そのような価値だけが学習スペースの設計に適しているからではなく，それらは多くの場合適切でそれらを促進するようなスペース設計の経験が比較的少ないからである。これらの価値は特に，教育機関が活発な学習のための環境を形成することを希望し，図書館や情報テクノロジーへの投資に対して可能な限り最大の利益の保証を望むときに適切である。そのような野望は高等教育機関での指導を提供することから離れ，学習を生み出す方向へ向かうパラダイム・シフトを受け入れることを必要とする[27]。この環境では，伝統的な学問的アイデンティティとそれらを伴う知識をめぐる権限の要求とが譲歩しているようだ。それらの場所で私たちは「権限と専門的知識が共有され，認められた職業的ア

イデンティティの構築」を発見するだろうが,それは「自身の投資が他者の特権を剥奪せずに［行われる］」場所なのだ（Church, "Reimagining Professional Identities"）。教員,図書館員,情報技術者は,彼らの利用のために私たちが創る学習スペースがそのパラダイム・シフトを支援することができず,実際は知識の基礎的な理解を強化し,彼らの知識をめぐる権限への要求を称賛する――従来の設計はしばしばそうするようだ――場合,このようなパラダイム・シフトをあまり行いそうにないことを付け加えてもいいだろう。

質問 5：このスペースは教室外での学生と教員の交流を推進するように設計すべきか。

学生が読書や授業から得た考えについて授業外で教員と論じるのが,そのような交流のひとつである。それはまた,NSSE の深い学習の指標の一つでもある。このような行動や他の学生―教員間の相互作用は,NSSE の効果的な教育的実践の基準（benchmarks）の構成要素となっている。

表 7-2 は,2004 年の NSSE のデータであるが,授業外に学生が教員と議論することはめったにないことを示している。全米で,75% 以上の 1 年生と 4 年生が,教員とそのような会話をしたことは一切ないか,たまにしかないと報告した。トップ・スコアの教育機関でさえも 50% 以上の 1 年生と 4 年生が,そのような会話をしたことは一切ないか,たまにしかないと報告した。教員がどのように自分の時間を使っているかという報告からも,学生のこうした行動を確認できる。全米で,75% 以上の教員が,通常の週は授業外で学生と交流する（16%）のに時間を使わないか,使っても 1 時間から 4 時間の間である

表7-2 授業外での学生の教員との授業教材についての議論の頻度

	1 年生		4 年生	
	全機関	上位 5% の機関	全機関	上位 5% の機関
なし	44%	19%	29%	10%
ときどき	41%	41%	47%	41%
しばしば	11%	27%	17%	17%
非常に頻繁	4%	13%	7%	7%

（62%）ことを示した。NSSE の学生－教員交流の基準は，学習スペースの設計者の関心を呼ぶ他の 2 つの行動を含む。

- *学生が教員と一緒に取り組む授業以外の活動（委員会，オリエンテーション，学生生活活動など）*。2004 年には，全米の 4 年生の 80% が一度もしたことがない（51%），あるいはたまにしかない（29%）と報告した。2004 年の FSSE の報告では，全米の教員の 41% がこのような方法で時間を使ったことはないと回答し，一方で 47% がこれらに週 1 時間から 4 時間を使っていると回答した。加えて，全米の教員の 16% が「授業外での学生とのその他の交流」に使っている時間はないと答え，62% が週に 1 時間から 4 時間使っていると答えた。
- *学生が授業やプログラムの要求以外で教員と取り組む研究プロジェクト*。2004 年には，全米の 4 年生の 16% がこのような活動をすることは決まっていないと回答し，一方で 55% がそのような活動を予定していないと回答した。2004 年の FSSE の報告では，全米の教員の 23% がこのような活動をすることは学生にとって重要でないと考え，一方で 32% がいくらか重要であると考えていた（*Student Engagement*, p. 41; "Faculty Survey of Student Engagement," pp. 1, 9）。

教室外での教員－学生の相互行為は，私たちの教育的実践の中では明らかに弱い要素である。それはなぜなのか，また，どのように取り組めばそれを変えられるのだろうか。

通常，知識の基礎的な見方によって生産される教室をベースにした学生の思考と，知識をめぐる教員の権限を考えると，教室の外でどのように学生の学業関与が発生するのかというのは推測しにくいことが多い。NSSE が測定するようなこの種の関与は，従来の役割に反しており，したがって，学生と教員の両者はどのようにしてそのような従事を追求するのかが不確かで，それを実践するのは不安であると感じていることが多い。

しかし，そのような行動について尋ねるような破壊的な行動こそが，それらへのドアを開ける一つの方法である。例えば，質問 4 で説明したテクノ教育プ

ロジェクトのまとめ役の 1 人は，指導においての技術の破壊的出現を，高等教育コミュニティのメンバー役割と職業アイデンティティについて再考する意欲を与えるための事象であると見ている。クック・セイザー（Alison Cook-Sather）の意見によると，「情報テクノロジーの到来は，……アイデンティティと関係性を見直し，高等教育機関における教育階級を拡張する前代未聞の機会を提供するが，それは各人の自分また他者の役割に対する説明について疑問に思うからである」。彼女はこの再検討の過程を，教員，図書館員，情報技術者がテクノ教育ワークショップで経験したものとして説明する。「1 人の学生が言ったように，『等しい立場に立つこと』は，*異なる種類の会話に参加*しようと［ワークショップの参加者の］意欲をかきたて，各自が持ち，共有する異なった種類の専門知識と問いを強調し，彼らが何者であり何をするべきかをどのようにして明示するべきかを再びイメージすることを促進した」。数人の学生の結果は，「初めて，*教授以外の全員に聞いてもらっていると感じた*」（イタリック体は筆者）。このようなことが起こるには，クック・セイザーが述べたように「学生のアイデンティティと役割の有意義な再概念化」が必要である。

　クック・セイザーと研究仲間たちは，このアイデンティティと役割の再検討のために，「人々が現在経験しているものや信じているもの，自身や他者の役割で可能なこと」を探すのに適した，「時／場所の外側にある時／場所，閾の場所」である特別な環境を造らなければならなかった（"Unrolling Roles," pp. 124-125, 131-132, 134）。教室外における教員―学生の交流のための学習スペースを設計したいという希望は，両方のグループが，教室にいるときとは異なった役割や他者との関係を築くための方法を想像するところから始められる環境を作るという大変な困難に直面する。これは本当に厳しい設計課題である。課題に合うように現在のところで最も高い頻度で使用されている設計要素は，食物の供給―卓越した社会的平衡装置である。私たちはおそらく，成功につながる他の設計要素を見つけるであろう。さらに重要なのは，私たちが教員と学生の役割についての従来の理解を緩和し，他の可能性へのドアを開けるためには，設計要素を利用する際に，自己を意識し意図的にならなければならないことである。

表 7-3 教育経験を豊かにする行動

	1年生		4年生	
	全機関	上位5%の機関	全機関	上位5%の機関
宗教思想や政治的意見や個人的価値が極めて多様な学生と真剣に会話している				
なし	12%	7%	10%	3%
ときどき	32%	23%	34%	25%
しばしば	29%	29%	29%	32%
非常に頻繁	27%	41%	26%	40%
人種や民族性の異なる学生と真剣に会話している				
なし	12%	7%	10%	3%
ときどき	32%	23%	34%	25%
しばしば	29%	29%	29%	32%
非常に頻繁	27%	41%	26%	40%
自主学習や自主計画的な専攻				
決めていない	34%	28%	10%	2%
計画していない	48%	49%	63%	47%
計画している	16%	19%	9%	3%
実施した	3%	4%	18%	48%
最高の学業経験(総合試験,Capstone course,卒業論文作成)				
決めていない	43%	34%	11%	1%
計画していない	15%	15%	34%	7%
計画している	41%	48%	28%	21%
実施した	1%	2%	27%	72%
学生が2つ以上の授業を一緒に取る学習コミュニティや他のいくつかの正式プログラムへの参加				
決めていない	37%	25%	15%	9%
計画していない	30%	28%	58%	61%
計画している	20%	19%	6%	3%
実施した	13%	29%	21%	27%

質問 6：このスペースで教育経験の質を高めるにはどうするか。

この質問は，NSSE の効果的な教育実践のベンチマークに由来し，また特定の意味を持ち，NSSE がベンチマークの構成要素として指定した複数の行動に関して質問した場合，目標とされた設計の応答を引き出す。表 7-3 はそれらの行動と 2004 年の関連するデータを並べたものである（*Student Engagement*, p. 43）。これらの 5 つの行動のうち最初の 2 つは多様性に関係している。

1年生と 4 年生についてはこれらの行動の頻度にはほとんど差はない。両グ

ループの半分ほどが，自分たちが異文化間・異人種間会話にしばしば，あるいは非常に高い頻度で参加していると回答した。教員は，FSSE の調査に回答する際に彼らが考慮に入れた具体的な授業について，このような会話が起こる頻度は授業中よりも授業外の方が高いと答えた。1年生と4年生の回答結果，それぞれ 56% と 55% に比べ，全米の教員の 45% だけが，異文化間会話が授業中にしばしば，あるいは非常に高い頻度で起こると答えた。この差異は，異人種間会話においてはさらに広がった。すなわち，全米の教員の 32% が，異文化間会話は授業中にしばしば，あるいは非常に高い頻度で起こると回答したのに対し，1年生と4年生ではそれぞれ 49% と 52% であった ("Faculty Survey of Student Engagement," p. 14)。多様性を確立し保護するための高等教育の多大な取り組みが充分に活かされるのであれば，これらのデータはそのような会話を促進する多様な学習スペース，特に教室外におけるスペースを設計する重要性を示唆している。

　これらの行動のうち，後者の3つはどのように学生が自らの学習過程を形成するかに関係している。それらは，学生が選択を実行する場所である学習スペースに注意を喚起する。4年生の 27% は自主学習や自主計画的な専攻を予定し，実際にしていると回答し，27% が学習コミュニティへの参加を決めていると回答する一方で，より多くの 55% が最高の学業経験を受けていると回答した。教員は学生よりも，これらの行動を重要視している。例えば，全米の教員の 71% が Capstone Experience（訳者注：学士課程学生に専門分野の研究を体験させるプログラム）を取ることは重要あるいは非常に重要であると位置づけ，一方で4年生の 55% が Capstone Experience を取る予定がある，あるいは実際に取っていると答えた。同様に，全米の 51% の教員が Independent Study（訳者注：学士課程の学生が与えられた課題を教員の指導をあおぎながら個人で研究をすすめるプログラム）は重要あるいは非常に重要であると考えているのに対して，1年生の 19%，4年生の 27% のみがこのような研究を予定している，あるいは実際にしていると答えた。学習コミュニティの重要性については，教員と学生はいくらか近い判断をしていた。1年生の 33%，4年生の 27% が学習コミュニティへの参加を予定している，あるいは参加したことがあると答え，全米の 45% の教員が学習コミュニティを重要，あるいは非常に重要と順位付

けた("Faculty Survey of Student Engagement," pp. 1-2)。これらのデータは，これらの3つの行動を学生にとってより魅力のあるものとすることが，教育的に価値があることを示した。そのためには，Independent Study, Capstone Experience, そして学習コミュニティに適応するために，心地よく，生産性があり，利益を与える学習スペースが疑いなく必要となるだろう。

NSSE のベンチマークは，学習経験を豊富にするために重要であると充分に立証された具体的な学習行動を特定する。質問6についてのこの議論に結論を出すためには，認知心理学が重要であると示唆している一般的な行動について簡潔に調べてみる価値がある。

『認知と環境：不確かな世界における機能(Cognition and Environment: Functioning in an Uncertain World)』において，スティーブン・カプランとレイチェル・カプラン(Stephen Kaplan and Rachel Kaplan)は，学習を生存と進化の成功のための重要な行動として理解しようとしていた。どのようにして人々が多様な環境の情報内容を理解するのか，あるいはどのようにして環境間の嗜好を表現するのかについての彼らの考察は，設計者にとって重要である。カプラン夫妻は，人々に関与し，強力にスペースへ引き付ける4つの情報要因あるいは特性を特定した。彼らは，学習経験を豊かにするのに特に密接な関係がある2つの特性をあげた。「複雑性(complexity)」すなわち興味を占有し活動を活性化するためのスペースの認識されている許容量，そして「神秘(mystery)」つまりその環境に入ることが一層の学習，相互行為，興味につながるという認識である[28]。

学習スペースの設計において「複雑性」と「神秘」は何を意味するであろうか。本稿が設計の回答よりも最初の質問について考える一方で，それはその質問2つの回答を提示することを明らかにする可能性がある。学習の達成を——成果物(科学的なポスター，エンジニアリング・モデル，研究プロジェクトや自主研究の結果など)を展示し，パフォーマンスをする場所(講演，美術展覧会，授与活動などのため)を提供することによって——称賛するように設計された学習スペースは，そのスペースそのものが興味を占有し，知的な活動を活性化するように作られていることを示唆するだろう。そのような考えが，例えばエモリー大学(Emory University)のコックス・ホール(Cox Hall)にある計算セ

ンターの一部であるカフェや展示室の設計を特徴付けたのだ[29]。そして「複雑性」と「神秘」についてのカプランの議論を理解することで，図書館学習スペースなどで特に見られる歴史的価値のある設計の持続性を，単なる伝統への盲目的な固執ではないものとして理解するであろう。そのような持続性は，興味を占有し，さらなる相互行為と学習を確約することに強く役立つ。持続性そのものが占有と探索を奨励するのだ。例えばスワニー〔大学〕の調査特別委員会のメンバー，特に設計課題を担当した者は，「デュポン図書館（duPont Library）の玄関とロビーのエリアは，入学希望者がこの教育機関で学ぶことを*熱望*するために，持続性があり刺激を与えるものでなければならない」と提言した（イタリックは筆者）。また，調査特別委員会全体の主要な提言の一つは，デュポン図書館は刺激を与えるスペースである必要があり，そうすれば「学究的生活を支え，刺激を与えるような学問の伝統を呼び起こすことができる可能性がある」。その伝統が明白で魅力的であるほど，私たちの卒業生が生涯学習者であり続ける可能性が高まるのだ（Sewanee "Task Force Final Report," pp. 39, 9）。

3. 第2の質問

本論文の通りに，極めて重要な一連の最初の質問の集合があると主張することは，他の第2の質問の存在を示唆する。このような区別を行うのは，第2の質問を軽視するためではない。むしろ，最初の質問に関する決定がまず重要であり，他の質問の検討を抑制すべきことを主張するためである。

また，それは，第2の質問が第1の質問を支配することを可能にするような計画過程は，まず標準以下の学習スペースの生産につながることを主張するためである。これは意味のない警告ではない。例えば，図書館の設計は，学生の学習様式や教員の指導様式に関する体系的な評価よりも，図書館の運営に関する体系的な評価（冊子体資料の貸出など）が，2倍多く用いられているのを私たちは知っている。前者の設計方法は1992年から2001年の間に完成した図書館事業の85%で発生し，2つ目と3つ目の設計方法はそれぞれ41%と31%であった。指導と学習の知識に対する運営上の知識の優位性は，これらの数字が

提示するよりもさらに大きいが，それは数字が学習と指導の体系的な評価の頻度をほとんど間違いなく誇張しているからである[30]。

　この証拠が示しているのは，私たちがいかに広く，最初の質問よりも2つ目の質問を有力にしてしまっているかということである。学習に関する私たちの関心を明らかに第一の優先事項とした場合の，図書館のスタッフと情報技術者の配置に関する私たちの設計の差異を想像しよう。これは，スタッフのサービスの運営を第一の設計上の関心とし，よい学習はよいサービスに付随すると私たちが信じている——さらに悪いことに推測している——ような通常の実践とはまったく異なるものとなるであろう。学習スペースの設計においては，そのような行動は，よい学習はよい講義を提供することに付随するという，現在は信憑性のない推測をすることに似ている。両方の場合において，私たちは手段——よいサービスとよい講義——を，私たちの最終目標と混同しており，その最終目標とは効果的な学習である。最初の質問と2つ目の質問の差異に関するそのような混同は，設計の意図の長所を取り除き，学習スペースへの投資に対する見返りを乏しいものにしてしまう可能性がある[31]。

　本論文は主として第1の質問の検討をしているが，第2の質問の中で取り組まれるべき非常に重要なものについて言及することも有用である。どんなに学習を促進するように計算されていても，第2の質問にうまく取り組んでいなければ，どの設計も成功はしない。

　特に学習行動というわけではないが，どんなスペースにせよ実際に設計するに当たって検討されなければならない行動に関して，建築士は通常数多く質問し，回答する[32]。これらの質問は，以下のことを含む。

- 人間工学——主に，温度，湿度，光源，物的障壁などの状態に関わるもの——と家具の人間工学
- 手段の発見や利用者が建物やスペースの認知地図の作成を容易にする方法——例えば，行動するための障害物がない通路，独特の活動のための区域，自分の位置を確認するための目印の設置など[33]。

これらの事柄は極めて重大であり，それらに思慮深く取り組むことができな

いとスペースの運命は決まってしまう。あいにく，多くの学習スペースの「つまらない」雰囲気や身体的に居心地が悪く，直観的でないスペースについての不満は，大学の建物に対してよく訴えられるもののいくつかであり，それらが長い間放置され改修を必要とされているものであろうと，新しく建築・改修されたものであろうと関係はない。人間工学で成功するのは本当に難しく，心理学的あるいは生理学的に居心地の悪いスペースで勉強することを学生に求めることで生じる悪い結果は，余りにも見慣れたものである。

4. 第1の質問への回答

本稿は，第1の質問に回答することではなく，それらを特定することに関心をもっている。終わりに臨んで，これらの質問が提案する落とし穴や好機のいくつかに言及することは意味がある。

最初の最も一般的な落とし穴は，学習スペースの成功を評価する課題が，それを作成する過程の最後でのみ起こると信じることである。これは数十年に渡って使用後評価に情報を与えてきた見解であり，そのような評価の支持者は，それができなかった理由について説明をしなければいけないと気づいた[34]。高等教育コミュニティは物理的スペースへの投資をその義務から免除してきたが，もしそうでなかったら，評価結果と価値の証明に受け入れられていただろう。この善意と怠惰の罠から逃れるためには，最初から最後まで，全ての段階で評価を使用することが必要である。建築や改修の見積の各ステップにこの評価の枠組みを適用することは，使用後評価から建物性能評価への移行についての考え方の中心となる。この評価の枠組みは第1の質問を「体系的に」また「繰り返し」尋ね，回答することを必要とする。これを行わないと第2の質問，特に運営やサービスの有効性が中心となり，事業の支配権を得ることを可能にしてしまう。デュポン図書館の将来像を計画していた調査特別委員会は「サービスと学習を置き換えることを可能にし」ないようにはっきりと警告した。「サービスの方向性は匿名の顧客へのアクセスを最大化する。それは後援者を個人的でない建物へと入らせることを狙いとしている。学習の方向性は，反対に学習者を学習コミュニティの社会の中にとどめる。区別を解消するのではな

く結合するのである」(Sewanee "Task Force Final Report," p. 12)。

　2つ目の一般的な落とし穴は，第1の質問を尋ねられて回答が周知のものであると推測することである。この行動の典型は，リベラル・アーツ・カレッジの図書館長による意見であり，それは次のようなものである。

　私たちは［スペース設計の一部としての］正式な調査はしていない。［大学の］規模を考えて……数え切れないほどの心地よい相互行為がある——図書館と学生，図書館と教員，複数の図書館員が教授会に参加している。キャンパスには，図書館に対する教員と学生からの充分な敬意［がある］。最初からずっと，カリキュラムが現在どのようなものかということだけではなく，それがどこへ向かっているかということについて活発な関与と理解が存在している。教員がどこへ行きたいか，また，学生がどのように自分たちの勉強を行っているかについては分別があるように思う。従って，私たちにとっては，正式なものではなく，私たちが持っているコミュニケーションを活用することのほうが理にかなっている　(Bennett, *Libraries Designed for Learning*, p. 35)。

　この意見を文字どおりの意味でとらえ，図書館員はうまく大学の学習活動に埋め込まれており，優れた設計をするために必要な内部者の知識を既に持っていると考えたい人もいるだろう。そのような場合でも，正式な調査や他の体系的な調査方法[35]は，有用な実態把握や内部者の目隠しを防ぐ手段となる。あるいは，体系的な調査の必要性の否定は自己欺瞞ではないかと不安に思うかもしれない。私たちは本稿の他の場所で，通常，大学コミュニティの多様なメンバーによって演じられている役割がいかに学習問題での相互関連や深い協調の支障となるかを見てきた[36]。私たちはまた，教員，図書館員，情報技術者，学生にとって彼らの高等教育における通常の役割の力を無効にすることがいかに困難で，だが同時にいかに得るところが多いかについても見てきた。

　避けるべき一般的な落とし穴があるのと同時につかむべきチャンスもある。それらの最も重要なものは，自分の教育機関の学習文化やそれがどのようにして他大学の文化に反響し，異なるのかを理解する機会である。そのような共通

点と差異は非常に重大な事実である。例えば，それらは NSSE と FSSE が報告する全米の結果，トップ校の結果，そして教育機関別のカーネギー分類による結果といった方法で認知される。本稿はスワニー大学における「作業部会最終報告書（Task Force Final Report）」を非常に参考にして作成されたが，それは調査特別委員会のメンバーが，彼らの大学における特定の学習文化について理解し，それを理解することによってデュポン図書館への新たな投資が充分に生産的なものであり，その可能性を増やすことが必須であると考えていたからである。

　正しい質問を最初に，また繰り返し問う意志は，回答について幾分不確実性を示唆する。そのような不確実性は，実験のための重要な機会を生み出す。学習スペースを建築や改修するに当たって，実験が滅多におこなわれない理由はすぐに見つかる。MIT の都市計画学部（School of Architecture and Planning）の前学部長であったミッチェル（William J. Mitchell）は次のように述べている。

　建築物は高額である。人々は建築事業におけるリスクを最小限にすることを望み，従って非常に官僚的な方法で組織化されることがある。実験よりもリスクの最小化なのである。実際には非常に短絡的なことであり，より冒険的，実験的になることは非常に重要である。……私たちは極めて急速に変化する時代に生きている。うまくいくであろうことを推測することはとてもやさしいことであるが，推測と証拠とは違う。私は，大学にとって，予想や先入観に頼るのではなく，どこでも可能な場所で，たくさんの小規模で大胆な実験を行い，結果を実際に観測し，信頼性のある経験の基盤を築こうとすることが極めて重要だと思う[37]。

　幸いにも，試みに関していえば，学習スペースは備品によって強力に特徴づけられることが多い。備品は，比較的低コストで，大いに有益な，修正が容易である実験に適している。事業の早い段階で正しい質問をすることが重要であるのと同時に，「信頼性のある基盤」ではなく「予想と先入観」に大金を投資する前に，早い時期に有望な答えを試みることも重要である。実験は継続的な学習や学習スペースの設計の質の改善を確立するための非常に重要な方法であ

る。改修や新しいキャンパス・スペースを建築するための承認と資金を確実にするには，通常多くの年数がかかる。これらの事業に関した最初の質問に対する他の回答を探求するため，その時間の一部を小規模に設計された実験に意識的に費やすことによって，建築と改修のための貴重な機会を大学が無駄にする可能性が低くなる。

　グレメルズ（Jill Gremmels）は，本論文が取り組んだ挑戦について強力な表明をしている。彼女はワートバーグ大学（Wartburg College）図書館の館長であり，ボーゲル図書館（Vogel Library）を改修するための企画の努力に関して，「図書館は学習を支援しようとしてきたが，私は図書館が伝統的に『私たちはこの場所で学習が生み出されるようにしたい』と言ってきたとは思わない」と述べている。この差異に従って，グレメルズと彼女の仲間は，彼女らが始める問いを変更した。

> 私たちは伝統的な質問であると思っている「どれぐらいのものがこの建物に必要なのか，それはどのようなものなのか」という質問から始めなかった。……私たちはそうはしなかった。私たちはこの企画を「この建物の中で私たちは何が起こってほしいのか」ということから始めた。そしてそれに対する回答は，私たちは学習の促進に関してより積極的でありたいということであった。……私たちは，[図書館を]シンクタンクのような雰囲気にしてほしいと建築士に要望したが，それは素晴らしい頭脳をもった人々がそのスペース内で自分の好きなことができるように，たくさんの刺激的なアイディアが跳ね回り，人々がお互いに会話し，彼らが必要とするどのような文書や技術的なものにも触れられる場所なのである（Bennett, *Libraries Designed for Learning*, pp.3, 27. 28）。

　ボーゲル図書館は素晴らしい知性のための学習スペースとして適しているが，それはその計画が，早期から繰り返し正しい最初の質問――「もの」に関して主に問うような質問ではなく，図書館のサービスに関するものでさえもなく，ワートバーグ大学が作成したいと望んでいる教育的経験の本質に関する質問である――によって形成されているからである。ボーゲル図書館の成功は，私た

ち全員を同様の方法で開始させ,あくまでもやり通す気にさせるはずだ。

注
1) Scott Bennett, 2006. 本論文の読者と図書館員は,著作者と出版社が認め,複製が教育的,非営利的な目的で使われるのであれば,著作者所有者の許可を得ずに複製することができる。
2) Jeanne Narum, "Building Communities: Asking the Right Questions," Project Kaleidoscope (N. D.); emphasis added. Available: http://www.pkal.org/documents/BuildingCommunitiesAskingTheRightQuestions.cfm (18 July 2006). ネイラムは Project Kaleidoscope の監督者であり,学習スペースの設計の源に関する素晴らしい一般評論を "Transforming the Physical Environment for Learning," *Change* 36 (September/October 2004): 62-6. で提供している。この版での変更点は,現在の指導,また学習の実践のいくつかの他の側面と,それらとテクノロジーとの交差点を考察した他の論説を含む。
3) この話題に関する別のより簡潔な取扱いについては,Stephen R. Acker and Michael D. Miller, *Campus Learning Spaces: Investing in How Students Learn*, Research Bulletin Volume 2005, No. 8 (Boulder, CO: EDUCAUSE Center for Applied Research, 2005)。参照. Acker and Miller は,一連の "Questions to Ask" (p. 9) で論文を終えている。Available: http://www.educause.edu/LibraryDetailPage/666?ID=ERB0508 (18 July 2006).
4) 建築物性能評価の正式な説明については,Wolfgang F. E. Preiser and Jacqueline C. Visher, eds., *Assessing Building Performance* (Oxford: Elsevier Butterworth Heineman, 2005) 参照。Preiser, Visher, and Ulrich Schramm, on "The Evolution of Building Performance Evaluation: An Introduction" と "A Conceptual Framework for Building Performance Evaluation" 最初の2章が特に適切である。Preiser, Harvey Z. Rabinowitz, and Edward T. White, *Post-Occupancy Evaluation* (New York: Van Nostrand Reinhold, 1988) と *Learning from Our Buildings: A State-of-the-Practice Summary of Post-Occupancy Evaluation*, Federal Facilities Council Technical Report No. 145 (Washington, DC: National Academy Press, 2001). についても参照。
5) これらの関連する専門領域における有用な研究のいくつかは以下を参照。Jon Lang, *Creating Architectural Theory: The Role of the Behavioral Sciences in Environmental Design* (New York: Van Nostrand Reinhold,

1987); John Zeisel, *Inquiry by Design: Tools for Environment-Behavior Research* (Monterey, CA: Brooks/Cole Publishing, 1981); *How People Learn: Brain, Mind, Experience, and School*, ed. John D. Bransford, Ann L. Brown, and Rodney R. Cocking (Washington, DC: National Academy Press, 1999); Stephen Kaplan and Rachel Kaplan, *Cognition and Environment: Functioning in an Uncertain World* (New York: Praeger, 1982); *Student Engagement: Pathways to Collegiate Success. 2004 Annual [NSSE] Survey Results* (Bloomington, IN: National Survey of Student Engagement, 2004). Available: http://nsse.iub.edu/html/report-2004.cfm (18 July 2006).

6) バニングとカナード (James H. Banning and M. R. Canard) は「学生の発展を促進するために使われる多くの方法で物理的な環境の利用がおそらく最も理解されておらず，最も軽視されている。」と論じた。"The Physical Environment Supports Student Development," *Campus Ecologist* 4 (Nos. 1.3, 1986): 1. 参照。重要な報告書である*How People Learn*, 1999, は，スペース設計については触れておらず，学習行動を理解するに当たっての物理的スペースの軽視を例証している。チズム (Nancy Van Note Chism) は学習理論を学習スペースの設計に応用するものはこれまでほとんど書かれていないと述べた。参照："A Tale of Two Classrooms" in *The Importance of Physical Space in Creating Supportive Learning Environments*, ed. Chism and Deborah J. Bickford, New Directions for Teaching and Learning. No. 29 (San Francisco, CA: Jossey-Bass, 2002), p 8. この点に関するより詳しい説明は，Betsy Barefoot, et al., *Achieving and Sustaining Institutional Excellence for the First Year of College* (San Francisco, CA: Jossey-Bass, 2005)。この本は，優れた1年次のプログラムをもつ大学の事例研究を提示している。事例研究の教育機関を選択する基準には，このプログラムを実施するスペースに関することは1つも含まれていない。

7) C. Carney Strange and James H. Banning, Educating by *Design: Creating Campus Learning Environments that Work* (San Francisco, CA: Jossey-Bass, 2001), pp. 13-15 参照。これらの考えに関するより充実した説明については，Lang, *Architectural Theory*, pp. 100-108, と彼のChapter 10, "The Built Environment and Human Behavior" についても参照。

8) Lang, *Architectural Theory*, p. 43, はこの専門用語をまとめている。Werner Kunz and Horst W. J. Rittel, "Information Science: On the Structure of its Problems," *Information Storage and Retrieval* 8 (1972): 95-98. についても参照。

9) この質問は伝統的な慣行に対してもっとも基礎的な方法で挑んでいる。教育に対する破壊的な挑戦についてのより詳細な情報については，Clayton M. Christensen, Sally Aaron, and William Clark, "Disruption in Education," in *The Internet and the University: 2001 Forum*, ed. Maureen Devlin, Richard Larson, and Joel Meyerson (Boulder, CO: Educause, 2002), pp. 19‒44. Available: http://www.educause.edu/LibraryDetailPage/666?ID=PUB5007 (18 July 2006). を参照。
10) EDUCAUSE 企業の 1 つである Education Learning Initiative の Learning Space Design プログラムに関する情報については，http://www.educause.edu/LearningSpace/5521 (18 July 2006) を参照．同様に，ストラウス (Howard Strauss) は，私たちは学習に影響を与えるために情報テクノロジーを持ち込む際に教室スペースに対する注意を減らさなければならないと論じている．"New Learning Spaces: Smart Learners, Not Smart Classrooms," *Syllabus* 6 (Sept. 2002): 12-17. を参照。
11) http://www.theNCAT.org (18 July 2006). を参照。
12) ニール (James Neal) は仮想図書館について強力で挑発的な議論を "Physical Places/Virtual Spaces," in *The Library as Place/Symposium on Building and Revitalizing Health Sciences Libraries in the Digital Age* (Bethesda, MD: National Library of Medicine and Association of Academic Health Sciences Libraries, 2004); a CD-DVD. で行っている。ジョンズ・ホプキンス大学 (Johns Hopkins University) のウェルチ医学図書館 (Welch Medical Library) は，仮想スペースと図書館でない他のスペースによってますます占められていく図書館の企画に関して注目すべき例を提示している。"Welch Medical Library [at Johns Hopkins University] Architectural Study," 2002, available at http://www.welch.jhu.edu/architecturalstudy/index.html (18 July 2006); また，Kathleen Burr Oliver, "The Johns Hopkins Welch Medical Library as Base: Information Professionals Working in Library User Environments," in *Library as Place: Rethinking Roles, Rethinking Spaces* (Washington, DC: Council on Library and Information Resources, 2005): 66‒75. Available: http://www.clir.org/pubs/abstract/pub129abst.html (18 July 2006). を見よ。
13) Richard A. Lanham, *The Electronic Word: Democracy, Technology, and the Arts*, (Chicago, IL: University of Chicago Press (1993), pp. 22‒23. Scott Bennett, "The Golden Age of Libraries," *Journal of Academic Librarianship*, 27 (July, 2001): 256-258. についても参照。
14) John Seely Brown, "Learning in the Digital Age," in *The Internet and the University*, pp. 65-69. イマージョン学習については次も参照。

Richard A. O'Connor and Scott Bennett, "The Power of Place in Learning," *Planning for Higher Education* 33 (June. August 2005): 28-30.
15) 物理的学習スペースにテクノロジーを備える課題についての紹介については，Malcolm B. Brown and Joan K. Lippincott, "Learning Spaces: More than Meets the Eye," *EDUCAUSE Quarterly* 26 (No. 1, 2003): 14-16. Available: http://www.educause.edu/ir/library/pdf/eqm0312.pdf (18 July 2006). を参照。
16) *Student Engagement*, p. 13. NSSE のデータは Questions 2-6 についての考察中で重要な位置を占めている。NSSE のデータと学習スペースの設計を関係付けるさらにもう 1 つの方法については，*Journal of Academic Librarianship.* の 2007 年 3 月号に掲載された Scott Bennett, "Designing for Uncertainty: Three Approaches," を参照。
17) Scott Bennett, "Righting the Balance," in *Library as Place*, pp. 18-21.
18) O'Connor, "Seeing duPont [Library] within Sewanee and Student Life," a substantial appendix to the "Task Force Final Report for the Jessee Ball duPont Library," 2005. Available: http://library.sewanee.edu/libplan/plan 1.html (18 July 2006). を参照。
19) 例として，*How People Learn*, 1999, p. xvii. を参照。
20) *Student Engagement*, p. 39. これら NSSE のデータは，すべての種類のカレッジと大学の学生を代表している。1 年生と 4 年生の間の，共同学習の有意な増加のパターンは，NSSE のデータで個別に分析された教育機関の 5 つのカーネギー分類の全てに当てはまる。
21) "2004 Faculty Survey of Student Engagement" conducted by NSSE; available: http://fsse.iub.edu/index.cfm (18 July 2006). 参照。
22) Alison Cook-Sather, "Unrolling Roles in Techno-Pedagogy: Toward New Forms of Collaboration in Traditional College Settings," *Innovative Higher Education* 26 (Winter, 2001): 121-122.
23) 習慣的に教育的計画に中心的に貢献していると考えられていないサポート・スタッフの教育的な機能の説明については，Patricia M. King and Nathan L. Lindsay, "Teachable Moments, Teachable Places: Education Beyond the Classroom," *Change* 36 (May/June 2004): 51-55. を参照。
24) Kenneth A. Bruffee, *Collaborative Learning: Higher Education, Interdependence, and the Authority of Knowledge*, 2nd ed., (Baltimore, MD: Johns Hopkins University Press, 1999), p. 180.
25) 知識の基礎的でない見解の確認としての図書館のレファレンス・デスクについての思考実験については，Scott Bennett, "The Choice for Learning,"

pp. 8-11. を参照。
26) ワークショップに関するこの説明については，Church, "Reimagining Professional Identities: A Reflection on Collaboration and Techno-Pedagogy," a report under the publications tab at the Web site "Talking Toward Techno-Pedagogy," 2000. Available: http://serendip.brynmawr.edu/talking/ (18 July 2006). に主に基づいている。
27) Robert B. Barr and John Tagg, "From Teaching to Learning. A New Paradigm for Undergraduate Education," *Change* 27 (November/December, 1995): 12-25. を参照。
28) "Evaluation, Preference, and Human Needs," in Kaplan, *Cognition and Environment*, pp. 73-98. の Chapter 4 を参照。ここで参照されている要因は，"Human Needs and Environmental Preference" と "Informational Factors in Environmental Preference" (pp. 79ff) という題の小節において非常に詳しく説明が展開されている。これらの要因に関する簡潔な説明については，Ken A. Graetz and Michael J. Goliber, "Designing Collaborative Learning Places: Psychological Foundations and New Frontiers," in *The Importance of Physical Space*, p. 15. を見よ。
29) http://www.it.emory.edu/cox/ (18 July 2006). を参照。
30) Scott Bennett, *Libraries Designed for Learning*, (Washington, DC: Council on Library and Information Resources, 2003), pp. 20-22. Available: http://www.clir.org/pubs/abstract/pub122abst.html (18 July 2006).
31) ニュージーランドの図書館員の証言によると，彼は自館の図書館設計についての考えを刺激する図書館設計の新しい手法を発見しようとしてアメリカ合衆国を訪問したが，以下のような成果を示している。「私たちは，非常に先進的な考えを持ち，その考えの結果，高度で刺激的な建造物を建築するに至った図書館を探した。全般的に私たちはそのような図書館は見つけられなかった。企画段階での新たな考えが，新たなサービス方法の明確な証拠をもたらすことは滅多にない。私たちが見た大部分の図書館は，新しいかのように装飾された伝統的なものであった。」Michael Wooliscroft, "Challenge, Stimulation and Ultimate Fulfillment: The Development of the Information Services Building at the University of Otago, 1993. 2002," *Australian Academic and Research Libraries*, 34 (June, 2003): 127. を見よ。
32) この説明は Lang, *Architectural Theory*, "Activity Patterns and the Built Environment," pp. 109-77. に主に基づいている。
33) Kaplan, Cognition and Environment, pp. 81ff. はこれらの課題とさらに論証によって人々をスペースへ強く引き付ける 2 つの認知的特性について

考察している．それは，首尾一貫性，つまりスペースを認知的に運営する際の容易さや認識のしやすさ，つまり認識されている利用しやすさである．

34) 例として，*Learning from Our Buildings*, pp. 3-5. を参照。
35) Zeisel, *Inquiry by Design*, はスペース設計に有用である多数の系統的な探求方法について素晴らしい指針を提供する。
36) この問題は，独立カレッジ委員会（Council of Independent Colleges）によって開催された 2004 年と 2005-6 年の情報倫理に関するワークショップの参加者が，彼らのキャンパスでの学習／指導環境について説明した中で明らかであった。ワークショップに参加した図書館長の 93% が「私のキャンパスは協力的な雰囲気である」とした一方で，「カリキュラム・デザイナー，教員，図書館員，研究指導者，コンピュータ・スタッフの間に協力がある」と認めることができたのは大幅に低い 59% であった（未発表の CIC data）。Scott Bennett, "Campus Cultures for Information Literacy," *portal: Libraries and the Academy*, April 2007. を参照。
37) Mitchell, "Designing the Space: A Conversation with William J. Mitchell," *Syllabus* 17（September, 2003）: 13.

8 章
インフォメーション・コモンズを
学習に結び付ける

ジョアン・K・リッピンコット

Lippincott, Joan K.
Linking the information commons to learning. In Learning spaces.
EDUCAUSE, 2006. Chapter 7, http://educause.edu/books/635

　インフォメーション・コモンズとは正確には何か。改修した図書館スペースに大学が付けた単なる新しい名前なのか。新しい家具によって小奇麗になり，相当数のコンピュータ・ワークステーションが設置された図書館のレファレンス・エリアなのか。あるいは，それ以上の何なのか。一部の図書館はその全体がインフォメーション・コモンズなのか。「インフォメーション・コモンズ」を「ラーニング・コモンズ」という用語に変えることは本当に意味があるのか。本稿では，インフォメーション・コモンズの概念を調査し，その特徴を説明し，インフォメーション・コモンズと学習の結び付きについて焦点を当てる。この情報は，大学の学術目的を支援するスペースの確保を選択する，インフォメーション・コモンズの計画に携わっている関係者にとって役立つはずである。

1．インフォメーション・コモンズの特性を明らかにする

　多くの大学は図書館がインフォメーション・コモンズやラーニング・コモンズとなるように改修している。インフォメーション・コモンズは図書館施設の

1つのフロア,通常はメイン・サービス・フロアを占有することが多く,それは図書館のレファレンス・エリアを含むか,それに取って代わることが多い。現在,インフォメーション・コモンズの大半は,改修された図書館内にあり,少数が完全に新しい建物にある。少数のインフォメーション・コモンズが図書館以外の建物にある[1]。

入館者数を目安とするならば,これらの改修された施設は非常に成功を収めつつある。例えば,インディアナ大学(Indiana University)では,インフォメーション・コモンズの開設1年前に比べて,インフォメーション・コモンズ設置2年目の入館者数が約2倍となった[2]。入館者数のような統計がインフォメーション・コモンズのインパクトを説明しているが,図書館施設に学生を引き込む以上に成功することがある。聖トマス大学(St. Thomas University)の図書館員は次のように説明している。

コモンズの根本的理由の一つは,図書館に学生を連れてくることである。私たちの例では,コモンズが学生を非常に効果的に惹きつけている。……入館者数は110%増え,……それは学生を惹きつけるだろう。しかし,それは次のような質問を求めるのである。学生が建物にいるようになると,学生と一緒に何をするのか。学生とどのように関わるのか。私見によれば,ラーニング・コモンズの理由付けは,適切に設計され,実施され,運用され,それが学生の学習と学識を高めることである。それがラーニング・コモンズの本当の課題であり,本当の目的である[3]。

1.1 広く行き渡ったテクノロジー

インフォメーション・コモンズは,学生のニーズに対応した環境[4],典型的な図書館と異なった環境をもたらすテクノロジーとコンテンツとサービスが一体となった物理的スペースの提供によって学生を引き寄せる。従来の図書館は,テクノロジーやコンテンツやサービスを提供するが,だからといってインフォメーション・コモンズについて何が新しくどう違うのか。インフォメーション・コモンズにおけるテクノロジーは,ほとんどの従来の大学図書館に比べて意図的により広範囲である。無線アクセスがまだ図書館の機能でないなら,インフ

ォメーション・コモンズが展開すれば無線アクセスが追加される。さらに，増えつつあるインターネットへの有線接続によって，学生はマルチメディアのような大規模ファイルにアクセスし，ネットワークが利用ピーク時間で飽和した場合，無線アクセスの代替手段を提供する。

　インフォメーション・コモンズの一部には，ラップトップ・コンピュータのスペースと並んで，豊富なアプリケーションの組合せが実装された何百台ものコンピュータがある。パブリック・コンピュータは典型的な図書館で利用できるものよりも相当高額であり，最低限，ワープロ，プレゼンテーション，表計算ソフトを含んでいる。その上，ワークステーションの一部は，統計パッケージや地理情報システム（GPS），あるいはマルチメディア製作・編集機能を備えている。その一方，従来の多くの図書館のレファレンス・エリアにあるワークステーションは，ユーザが利用できる範囲を図書館目録の検索か，あるいはライセンスした情報資源やウェブ資源に制限しており，論文の作成やデータ操作やプレゼンテーションの作成を認めていない。従来の図書館のレファレンス・エリアにあるワークステーションは，専門家による情報資源の発見と検索の手助けが行える価値あるスペースを浪費するものであり，それゆえ情報のアクセスと検索という機能に制限してしまっていると見なす人もいる。インフォメーション・コモンズにおいて，根本的な考え方は，同じワークステーションでユーザが情報にアクセスし，情報の管理と操作ができるように切れ目のない作業環境を提供することである。

1.2　グループ・スペース

　インフォメーション・コモンズと従来の図書館の間にある別の主な違いは，グループへの対応の仕方である。従来の図書館は，個人の学習のための静かな空間の提供に焦点を絞っていた。たまにわずかのグループ学習室が利用できるが，それらは図書館の周辺的機能とみなされている。インフォメーション・コモンズでは，共同学習と作業への社会的交流の組合せに対する学生の要求を反映した，学生の小規模なグループの利用のためにスペースの大半が設計されている。インフォメーション・コモンズには何人もの学生が1台のコンピュータを共有するのに適した家具が作り付けられ，共同作業で，何人もの学生がラッ

図 8-1　インフォメーション・コモンズのグループ・スペース

a)　オレゴン州立大学　　　　b)　ジョージア工科大学

Photo by Joan K. Lippincott（左右とも）

プトップ・コンピュータを利用できる大きな机や非公式な打合せを促す布張りの家具のある快適な座席エリアや飲食ができるカフェ，大抵はコンピュータとスクリーンがあるグループ学習室が提供され，それによって学生は授業の課題について共同で効率よく作業できる（図8-1）。

1.3　情報サービスではなく，利用者サービス

　インフォメーション・コモンズにおけるサービスの範囲は，従来のレファレンス・エリアにおけるものよりも広い。利用者の情報要求ではなく，利用者のテクノロジーへの要求を個々に支援する。マルチメディア制作機能を有するインフォメーション・コモンズはまた，それらについての専門的なサポートを提供する。インフォメーション・コモンズのサービス・デスクには，通常，図書館担当者と情報テクノロジー担当者が一緒に配置される。学生は，助けを求めるために図書館やコンピュータ・センターの管理組織構成について知る必要がない。学生は中心地で質問し，広範囲にわたる問題について助けてもらうことができる。

　インフォメーション・コモンズの一部には，他のキャンパス・サービスをそのスペースに勧誘する，ワンストップ・ショッピングという考え方をさらに進めているものもある。例えば，ライティング・センターや教員教育・学習センターは，インフォメーション・コモンズのパートナーであることが多い。論文

を執筆し，他の授業の課題の回答を準備している学生は，情報のアクセスや組織化（図書館機能），ソフトウェアや機器の利用（IT機能），論文の作成や企画をまとめること（ライティング・センター機能）が必要である。図書館，コンピュータ・センター，ライティング・センターはすべて学生の作業を支援しているが，キャンパスの離れた場所に分散していることがある。インフォメーション・コモンズで3つのすべての組織のスタッフを持ち，あるいは全分野の基本的質問に回答できる多能力のスタッフを持つと，学生の支援がうまくいく。ミネソタ大学では，「図書館，ライティング・チューター，コンピュータ・アシスタントのすべてが揃って，学生が研究し，論文を執筆できる一つの場所」を望む一連の学生のフォーカス・グループに従って，インフォメーション・コモンズを開設した[5]。

インフォメーション・コモンズの他のパートナーとなることが多い教育・学習センターは，新しい教材や新しい授業科目の開発に関心のある教員に支援を提供する。教員は，図書館コンテンツ（既にデジタル形式であるか，あるいはデジタル化が可能なもの）や教育専門家（教育テクノロジー担当者や他の専門家）と同じ施設で，高機能なコンピュータやソフトウェアを利用できる。

インフォメーション・コモンズの全体的な目標は，人々が作業する仕方を支援する切れ目のない環境を提供することによって，キャンパス・コミュニティへのサービスを改善することである。

2. インフォメーション・コモンズを学習と結び付ける

インフォメーション・コモンズの一部では，コモンズと大学の学習目的との関連を直接扱ったビジョンや目標を持っている。例えば，

> アルバータ大学図書館の知識コモンズ（Knowledge Commons）は，大学コミュニティの中で起こっている教育，研究，学習の機会を最大限に強化するため，技術，情報，専門知識を統合するユニークな学習ハブとなるであろう。知識コモンズは，打合せ，連携，発見が一体となるキャンパスの中心となるであろう。(http://www.ls.ualberta.ca/unit.knowledge.common.html)

この結びつきを動かすことが課題となりうる。

2.1 学生の作業を可能にする

平日の夕方に込み合っているインフォメーション・コモンズに足を踏み入れると、コンピュータの周りに群がっている学生グループをおそらく目にするだろう。チャットをする学生、携帯電話をかけている学生、コンピュータで作業をしながらヘッドフォンで音楽を聞いている学生、自分のコンピュータ、たぶんラップトップ・コンピュータで作業をしている学生もいる。机にはコーヒーやスナック、図書やノートが散らばっている。肩越しに覗き込まないと学生がどんな作業を行っているか、特に気晴らしをしているのか勉強をしているのかを伝えるのは難しいだろう。学生はコンピュータ・ゲームをしているか。インターネットで買い物をしているか。インスタント・メッセージのやりとりをしているか。それとも、彼らはたとえば図書館がライセンスした電子ジャーナルへのアクセスか、美術イメージ・コレクションの利用か、論文の執筆か、グループ学習のビデオ編集か、授業管理システム（course management system）経由の宿題へのアクセスのような学術研究に関わっているのか。おそらく学生はそれらの一部をしている。

現代の学生は勉強や社会活動をごっちゃにしている。学生のマルチタスクを集中力の厄介な欠如と見る人々もいるが、1日24時間、多数の種類のメディアが手に入る世界と共に成長した学生にとっては理に適った方法である。多数のコンピュータや多様なソフトウェアやグループに合わせて構成されたスペースは、他人と協同し、マルチタスクを行う学生にとって理想的な環境を提供する。学生が授業以外で連携できるスペースを整備することは、高等教育の内外で増えているチームワークの重要性を支援する[6]。

インフォメーション・コモンズの第一フェーズが2005年秋に開設された、テネシー大学のコモンズに満足した学生の一人は次のように述べている。

> 私は、授業時間以外はいつも図書館にいます。コモンズは大勢の学生で一杯です。宿題を片付けている学生もいれば、グループ学習をしている学生もいれば、友人と寛いでいる学生もいます。グループ学習エリアは部屋数も大き

図8-2 ジョージア工科大学 インフォメーション・コモンズ
プレゼンテーション実習室

Photo by Joan K. Lippincott

さも完璧で，必要なプログラムを装備したコンピュータがあります[7]。

　学生は教室以外で読書，調査，創作，コミュニケーションによる学習に時間を費やす。インフォメーション・コモンズは，多様なフォーマットのコンテンツや学生が個人では買えないテクノロジー，協調と相互作用を促進するスペースを提供することによって，これらの活動を育成する環境を創造する。教室以外で学生は，基本的な授業の考え方についての理解を拡張し，あるテーマについて調査し，授業のコンテンツと統合する成果をうみだすことによって自分で学習する[8]。このような種類の作業を行うことで，学生は学習し，学問を修めるのである[9]。

　インフォメーション・コモンズの重要な目的は，学生の学習を支援するために物理的な場において，コンテンツやテクノロジーやサービスの交差を推進することである。例えば，20世紀の映画コースの学生は，論文や一次テキスト——それは映画のカットや他のソースから抜粋した関連イメージ（たぶん映画と同時代の出来事や衣装を描いたもの）を組み込み，図書や雑誌から映画批評を写したもの——を作成し，マーケティング・コースの学生は，プレゼンテーシ

ョンを作成するために，米国国勢調査から抽出したデータや統計ソフトウェアや要点を説明したイメージ，ビジネス雑誌から抜き出した資料を利用してパワーポイントを作成するかもしれない。そして学生は，演壇やコンピュータ・プロジェクタやスクリーンやプレゼンテーションの批評ができる友人の聴衆用の椅子を設置し，特別に設計された「プレゼンテーション実習」室でプレゼンテーションのリハーサルを行うことができる。これらのようなプロジェクトでは，学生がハードウェアやソフトウェア，印刷物，デジタル・コンテンツ，広範な専門知識を持つ個人の援助，これらのものがすべて利用できる場所にアクセスする必要がある（図 8-2 参照）。

2.2　利用できるサービスを宣伝する

　インフォメーション・コモンズに最初に足を踏み入れた学生にとっての第一印象は，沢山のテクノロジーが利用できるが，それらの用途がはっきりしないことである。コモンズで可能な活動の範囲を宣伝するために，図書館は豊富な情報源やソフトウェアの範囲や提供するサービスについて知らせる視覚的な手がかりを提供できる。インフォメーション・コモンズの一部は，サービスを普及するための色とりどりのバナーを使っている。インフォメーション・コモンズのコンピュータのデフォルト画面やマウスパッドは，学生がアクセスできるコンテンツやソフトウェアやサービスを宣伝することができる。図書館は授業のプロジェクトで利用できる豊富なコンテンツを説明するために，大画面にデジタル情報資源を表示できる。インフォメーション・コモンズは，コモンズでの作業の成果として開発された学生の成果物を展示できる。担当者は，利用できるサービスを示すサインの記号を改良するために，学生のフォーカス・グループと連携できる。例えば，レファレンス・サービスを指定するサインに，単に「調査」という言葉を追加するだけで，インフォメーション・コモンズのサービス・ポイントで聞ける質問の種類についての学生の理解を著しく改善するかもしれない[10]。

　新入生と同様にカレッジを選択するために調査している学生は，ウェブ・サイトを通じてまず図書館を調べるかもしれない。不可能ではないかもしれないが，図書館のウェブ・ページにある図書館のインフォメーション・コモンズの

情報を見つけることは難しいことが多い。インフォメーション・コモンズのウェブ・ページは，提供するコンテンツやハードウェアやスペースがいかに授業のプロジェクトに役に立つかを強調することによって，学習に対する資源の密接な結びつきを呼び起こすことができよう。

2.3　授業（Courses）と結び付ける

　図書館員はインフォメーション・コモンズで利用できる資源と授業の課題との密接な関係を構築するために類似の授業を探し出し，教員と一緒に作業を行うことができる。例えば，学生がオーラル・ヒストリー・プロジェクトを行う授業では，図書館員は，教員と一緒に学生がそれらのプロジェクトの形成の助けとなる背景資料〔新聞，図書，イメージ・コレクション，日記〕への案内を作成し，図書館員は学生が捕らえたオーラル・ヒストリーを記録し，編集する機器とソフトウェアの利用に役立つ授業またはオンライン・チュートリアルを提供できる。

　授業のプロジェクトに役立つインフォメーション・コモンズが提供するハードウェアやソフトウェアやサービスについての情報は，同様に授業管理システムに組み込まれよう。

　学習は統合サービスによって強化されることが多い。物理的に同じ場所に配置することで，担当者はサービスを再構成できる。例えば，ダートマス・カレッジでは，図書館のレファレンス担当者や情報テクノロジー・サービス担当者やライティング・センターが図書館の１つのフロアに設置されている。彼らは共同で，情報〔図書館〕資源を検索し，テクノロジーを利用し，授業の課題のライティングを改善するための学生チューターとして働く学生グループに集中的な訓練を提供するプログラムを開発した。通常，これらの３つの機能は分離しているが，学生の要求は管理的な境界を越えることが多い。学生は，ライティングに特化した授業で簡単なプレゼンテーションを行うことや図書館個別指導センターのスケジュール予約によって，それらのサービスを宣伝する[11]。

2.4　テクノロジーの活用

　新しい種類のテクノロジーの提供は，インフォメーション・コモンズによる

学習の強化に役立つ。チーム・スポット（TeamSpot）と呼ばれる新しい選択肢は，スタンフォード大学図書館で現在利用でき，それはグループ・スペース（GroupSpace）〔http://academiccomputing. stanford.edu/groupspace/teamspot. html, 第35章〕の組み込みを要求し，ワシントン大学〔http://catalyst.washington.edu/learning_spaces/collaboration_studio.html〕その他でも利用できる。参加者が個別にデスクトップ〔またはデジタル・ペンまたは遠隔制御〕からそれらの設定を制御可能で，共同作業を容易にする大きなディスプレイ画面へ学生の少人数のグループが自分のラップトップ・コンピュータで接続できる。

3. 教　室

インフォメーション・コモンズの多くは，コンピュータやプロジェクタ，スマートボード，ビデオ編集装置，ビデオ会議機能を含む多様なテクノロジーを装備した教室を組み込んでいる。1つか2つの教室が図書館の情報リテラシー教育プログラム用に確保されている。一般利用のための教室は，大学の教務課が割り当てるか図書館が予定を入れる。多くのキャンパスで，学習プロセスにテクノロジーを組み込む必要性というよりも，場所や新しさのため，教員の一部はテクノロジーが使える教室（technology-enabled classrooms）を要求している。教室の数にあらかじめ限りがあることを考えると，これらのスペースを

図8-3　図書館内の教室
a）　ユタ大学マリオット図書館　　　　b）　ペンシルバニア州立大学

Photo by Joan K. Lippincott

使う授業では，テクノロジーを本当に利用することを立証することが大学の強みとなりうるだろう。インフォメーション・コモンズの担当者は，施設で開催される授業用にツールやサービスを開発するため，特別に努力することもできる〔図8-3参照〕。

4. インフォメーション・コモンズの開発

　本来テクノロジーと結びついていることを考えると，ハードウェアやソフトウェア，ネットワーキングの設定は進化するのでインフォメーション・コモンズは継続して変化する必要があるだろう。また，カリキュラムにテクノロジーを組み込む教員が増え，特に彼らは学生に学業でテクノロジーを使用することを勧めるので，インフォメーション・コモンズの利用は増加し，変化するだろう。本セクションは，インフォメーション・コモンズの進化に影響を及ぼすと思われる重要な課題と動向について確認する。

4.1　目標（Mission）
　大学はインフォメーション・コモンズについての明確な目標を持つべきであり，それにも関わらず，それが進化するには柔軟性が必要であることも理解すべきである。一部の大学では，ラーニング・コモンズに進化した図書館やコンピュータ・ラボのように，施設を改修した際に名称を変更して目標を知らせている。ラーニング・コモンズでは，学生は広範なテクノロジーを駆使し，グループ作業に適したスペースでの情報関連活動を行うことができる[12]。本稿で記載する施設の種類は，インフォメーション・コモンズやラーニング・コモンズ，知識コモンズ，あるいは単にコモンズと様々に呼ばれる。ある場合には，図書館という伝統的な用語が使用され，これらの新しい配置やサービスが見つかるエリアに特別な名称はない。一部の大学では従来のレファレンス・エリアと識別できる違いがないにもかかわらず，図書館をインフォメーション・コモンズやラーニング・コモンズといっている。施設の名称が潜在的な利用者に機能を伝えるのに重要でありうる一方で，スペースに対する明確な目標を作成し，学習を支援するために設計する方がもっと重要である。

4.2 評価（Assessment）

　図書館員ヘニング（Joanne Henning）は，研究休暇の期間に 25 のインフォメーション・コモンズを訪問した。彼女は，それぞれの訪問先で職員にそこで実施された評価について尋ねた。彼女は「IC〔インフォメーション・コモンズ〕の公式評価を実施した図書館はわずかである。IC を設置する前に潜在利用者から情報を正式に収集した図書館はさらに少ない」ことを発見した〔http://jhenning.law.uvic.ca/final_report.html〕。インフォメーション・コモンズの設計者は，利用者の要求と優先順位の理解を進めるため，利用者と会話すべきである。インフォメーション・コモンズの設計の決定を導くビジョンや目標声明，あるいはそのいずれか一方を作成することは，相互作用の過程となろう。目標とそれに関連する目的は，インフォメーション・コモンズのための調整された評価プログラムの開発を導くべきである。そのようなプログラムは統計データ〔入館者数，機器やソフトウェアの使用，情報要求〕と質的データ〔学生と教員利用者のインタビュー〕を一体化できるだろう。理想的には，結果をインフォメーション・コモンズの建設の前に収集したデータと比較できることである。このデータは必要な変化〔サービスへの満足度，追加の機器やソフトウェアの必要性〕を明らかにし，追加の資金助成を正当化し，コモンズの授業と学習への貢献を実証することができる。

4.3 サービスと担当者

　インフォメーション・コモンズの計画がフロア・プランの作成と機器や家具の検討から開始されることが多いにもかかわらず，そこで利用者がどのような種類の活動に携わるのか，それらの活動を支援するにはどのようなサービスが必要なのかを理解することが，第一段階としてもっともふさわしい。これは施設に関与するキャンパス・パートナーや必要な資源やサービス・エリアの場所や支援担当者の種類に影響を及ぼすだろう。例えば，マルチメディア制作物への要求は，ハードウェアやソフトウェア，ネットワーク基盤，家具，担当者の専門知識に影響を及ぼす。あるいは，インフォメーション・コモンズがテクノロジーを組み込んだ正規の学習を提供するのであれば，教室スペースが必要となろう。教員をそのような設備に引き込もうとする大学は，キャンパスの授業・

学習センターをインフォメーション・コモンズに移動することがある。

　仮想構成要素および物理的構成要素を持つサービスを展開することは，インフォメーション・コモンズの機会および挑戦の一つである。テネシー大学の生命科学担当図書館員ブラケット（Donna Braquet）は，bioLIBlog: 調査，共有，成長〔http://www.lib.utk.edu/refs/biology/nights.htm〕というウェブ・サイトを開発した。

　生物学専攻の学生が生物学に関する情報について連絡をとりあったり，情報交換する場として……〔サイトを開発した〕。本サイトは，質問を出し，回答を読み，生物夜間映画シリーズ（Biology Night Film series）についてのコメントをポストし，科学関連のブログ，ウェブ・サイト，図書，雑誌を仲間と共有する。

　生物学関連の映画シリーズや議論は，実際に図書館のホールで開催される。ミネソタ大学図書館は，U Think: 大学図書館のブログ〔http://blog.lib.umn.edu/〕というブログ・サービスをキャンパスに対して開設している。それらのウェブ・ページは教員に対して授業でどのようなブログを利用するかについて助言を与え，学生や教員にブログの開発についての案内を提供している。図書館はまた，ブログに関連した生のイベントを随時主催している。

　典型的なインフォメーション・コモンズの担当者は，サービス・デスクに配置される。あるインフォメーション・コモンズでは，図書館担当者とIT担当者が合同で座っているサービス・デスクがある。他のコモンズでは，図書館サービスやITサービス，その他インフォメーション・コモンズに置かれている〔キャリア・センターやライティング・センターのような〕サービスごとに別々のデスクがある。多様なユニットの担当者は，インフォメーション・コモンズ以前に提供していた同じ種類のサービスを提供することが多い。彼らはサービスや担当者の配置を再考するための新しい配置を上手に活かすことができない。2つの革新的な施設，ダートマス・カレッジとジョージア工科大学は学生を雇用し，連携ユニットによる集中的な訓練を施すことによって担当者の配置を変更した。ダートマスは，図書館やITサービス，ライティング・センターを1

つの施設に統合した。ジョージア工科大学では，図書館とITユニットが，マルチメディア作成サービスを頻繁に利用する他の学生を支援するために，大学院生に集中的なマルチメディア作成の訓練を行った。インフォメーション・コモンズでサービスを提供する学生の能力に注目する大学の数が増えつつある。ダートマス・カレッジおよびジョージア工科大学で発展したサービスの種類は，多くのことを成し遂げた。

- 各専門グループの能力と専門知識の組合せを活用した新しいサービスを提供することにより，多様なユニットの協同配置を活かしている。
- 質問にアプローチしやすい学生を同僚として使っている。
- 担当者よりも遅い時間に働きたいと希望している学生のおかげで，サービス時間を長くできる。

情報技術者と図書館員の付加的な協調領域の一つは，インフォメーション・コモンズに配置されている授業・学習センター担当者と密接な作業を行うことである。これらのグループの知識を組み合わせることによってカリキュラムを強化する機会は非常に多い。

4.4 家　具

柔軟性は，インフォメーション・コモンズで家具を選択する際の重要な検討材料である。テクノロジー指向の施設として，学生の利用パターンの変化に合わせて変更する必要がある。例えば，多くのキャンパスで，学生がラップトップ・コンピュータのコンセントをつなげるテーブルよりも，固定したワークステーションを求める要求が変わりつつある。学生は，家具の配置に影響を及ぼすノート型PCや携帯電話のような小さな装置を即座に受け入れるかもしれない。ほとんどのインフォメーション・コモンズの家具は動かしやすいように車が付いている。一般にデスク形式の家具と柔らかく快適な椅子の組合せが望ましい。一部のインフォメーション・コモンズは，小グループ用の食堂形式のブースやさりげなく座るビーンバック椅子のあるエリアを含んでいる。小グループのプライバシーを確保する一方で，上記の境界を求める人々にその手段を提

図8-4 ネバダ大学ラスベガス図書館の食堂形式の座席

Photo by Joan K. Lippincott

供できる家具は，望ましい。ごく少数のインフォメーション・コモンズでしか使われていない携帯可能なホワイトボードは，情報の共有やオープン・エリアのグループ・スペースの仕切りに広く受け入れられるかもしれない〔図8-4参照〕。

4.5 テクノロジー

　インフォメーション・コモンズの利用者は，便利なので無線ネットワーク接続を要求し続けるだろう。彼らには，特定のアプリケーションを利用するとき，あるいは無線接続が飽和した場合，有線インターネット接続が必要だろう。さらに，学生が多種類の機器を差し込めるように電源コンセントをあちこちに置くべきだろう。

　ハードウェアやソフトウェアの選択は，最新のバージョンを購入できるよう，インフォメーション・コモンズの開設のできる限り直前まで放置しておくべきだろう。ハードウェアは標準化されているだろうか。同じソフトウェアが各マシンに搭載され，一部の機器にはGISのような固有のソフトウェアがあるだろうか。多くのインフォメーション・コモンズでは，ラップトップ・コンピュータやデジタルカメラ，ビデオカメラ，他の機器の貸出サービスを行っている。

将来，インフォメーション・コモンズは三次元可視化ラボを提供するだろう。そこでは，送られてくるデータを組みあわせることで，研究概念を図解するかもしれない。あらゆる部門でこのような種類の高機能設備を持ち，それを操作する訓練された担当者を提供できるわけではないので，図書館で大学の共有資源を持つことは，当該大学の価値を増す[13]。可視化はビジネスや人文科学と同様に科学の多くでもますます重要となっている。

4.6 図書館を超えるモデル

歴史的にコンピュータ・ラボは，制約されたスペースに考えられるほとんどのハードウェアを持ち，広範なソフトウェアが搭載されるように設計されていた。個人利用のための設定や利用者のデスク・スペースは制限されていた。ラボは，学生アシスタントが主に機器のセキュリティの提供と学生のIDを確認するために配置されることが多かった。それに比べて，インフォメーション・コモンズは，少なくとも部分的にはグループ利用のために設定され，多様な利用の様態を支援する家具をさまざまに設置している。キャンパスではコンピュータ・ラボの目的と実用性を見直しているので，テネシー大学で行われたように[14]，インフォメーション・コモンズをコンピュータ・ラボに対する複製可能なモデルとして見ているかもしれない。その再構成は学生のニーズを支援できる，より高度に訓練された担当者とともに，新しい家具や担当者配置の新しいモデルを要求するだろう。エモリー大学コックス・ホールのコンピューティング・センター〔The Computing Center at Cox Hall Homepage, 第8章を参照〕は，多数のグループエリアや快適で可動性のある家具の配置，小規模教室を備えた，新しいスタイルのコンピュータ・ラボの見本を提供している。

教育学部附属のヴァンダービルト大学ピーボディ図書館〔http://www.library.vanderbilt.edu/peabody/commons/index.html〕やアイオワ大学ハーディ健康科学図書館〔http://www.lib.uiowa.edu/commons/〕で起こっているように，カレッジ図書館であれ学部図書館であれ，その施設の全部又は一部をインフォメーション・コモンズに変容させるかもしれない。将来，これらの施設はカレッジや学部のコンピュータ・ラボと統合されるかもしれない。複数の図書館を持つ大規模大学では，テキサス大学オースティン校[15]で起こったように，学習図書

館〔あるいはその一部〕がインフォメーション・コモンズに転換するかもしれない。インフォメーション・コモンズはジョージア大学学生学習センター〔http://www.slc.uga.edu/, 第41章を参照〕のように, 多数のテクノロジーが使える教室を持ち, 図書館とテクノロジー資源を合体した新しい建物の一部となるかもしれない。

インフォメーション・コモンズの一部は, 専門化されたエリアや特徴を開発するだろう。ダートマス・カレッジ図書館では, ニュース・センター〔http://www.dartmouth.edu/~library/newscenter/News Center〕が快適な座席や最新の紙媒体と電子版の新聞, 多くの電子ニュース資源へのウェブ・アクセス, そして世界中のニュースを呼び物にしている大きな表示画面を提供している。他の大学は, 電子学位論文〔ETD〕ソフトウェアやガイドライン, 他の資源を組み込んだ大学院生のためのグループ学習室を発展させるかもしれない。インディアナ大学ブルーミントン校は, にぎやかな基幹インフォメーション・コモンズ〔http://ic.indiana.edu/〕の上のフロアに, 静粛なインフォメーション・コモンズを設置した。インフォメーション・コモンズは, 多様な名称を持ち, 新

図8-5 ダートマス・カレッジ ベイカー／ベリー図書館ニュース・センター

Photo by Joan K. Lippincott

図書館全体をインフォメーション・コモンズ・モデルに転換することは, 特に学部学生を主なサービス対象とする大学に合致するかもしれない。さらに, 一部の学部が, 先駆的な図書館のインフォメーション・コモンズのプレゼンテーション実習室を真似ているジョージア工科大学のように, インフォメーション・コモンズ・モデルの個々の構成要素をカレッジや学部の教室建物に導入するかもしれない16)。

しいモデルと変化を包み込むが，その全部が，物理的なスペースでテクノロジーとコンテンツとサービスを統合することによって学習を支援するだろう。

4.7 美的感覚

　成功したインフォメーション・コモンズは，学生が協調し，互いに交流し合うので明らかにうるさく，スペース自体はむしろ禁欲的で味気ない外見であることが多い。インフォメーション・コモンズはふつうキラキラしていないのである。中間色や実利的な家具で飾り付けられことが多く，コンピュータが中心である。カラフルな場所はカフェかもしれない。将来，設計者は美的感覚に今までよりも注意を向けるかもしれない。一部の大学は，新しいスペースを計画する際に，設計プロセスに学生を巻き込んだり，会社や小売からのアイデアを求めたりしている[17]。明るい色，面白い柄，繊維，自然光の活用は，インフォメーション・コモンズの美的な魅力を強化する。可能な限り，インフォメーション・コモンズのスペース改修予算には，建築家とデザイナー用の資金を含むべきである。

　大変美的な魅力を持つ施設の一つは，エモリー大学コックス・ホールのコンピューティング・センター〔http://www.cet.emory.edu/cox/index.cfm〕であり，それはコンピュータ施設ではなく，厳密に言えば，インフォメーション・コモンズである。その施設は，魅力的な色彩の組合せ，小さいが明るい色の照明器具，快適でくだけた雰囲気をもたらす風変わりな家具を使用している。いくつかのエリアにはコンピュータを置く卓上の机があり，それらをクッション座席が取り囲んでいる。多くの学生がその人目を引く組合せを気に入っている。このようなくだけた施設はまた，豊かな木肌の2つの小さな教室と，より格式張った会議室を持っている。

　インフォメーション・コモンズは，キャンパスのコミュニティも形成できる。カフェや美術展示スペース，映画・コンサート用のスペースは，キャンパス・コミュニティを育成する。図書館は，個人のイベントと館内やウェブ上で利用できる資源とを結びつけるウェブ・リンクや仮想ディスプレイを開発することができる。このような種類のプログラミングは，キャンパスの学生やそれ以外の者に非公式の学習機会を提供できる。

5. 結　論

　注意深い計画〔補足記事を参照〕によって，インフォメーション・コモンズは，単なる見せかけのコンピュータ・ラボではなく，共同学習スペースにもなりうる。それは，ただコンピュータの並んだレファレンス・エリアではなく，情報にアクセスし，情報を利用し，創造することができる場ともなりうる。それは，サービス・ポイントの支配地ではなく，わかりやすい利用者サービスを提供できる。インフォメーション・コモンズは学習を強化し，学生に学問と交流の両方の環境を提供し，キャンパスのコミュニティの意識を育成することができる。インフォメーション・コモンズは，その開発や維持のため，キャンパス資源の大きな関与を必要とする。インフォメーション・コモンズの学習への結びつきを明確にし，必須のサービスと環境を整備することは，そのような投資の正当化に役立ち，キャンパスに評判が良く，目標が明確なスペースを創造する。

インフォメーション・コモンズの計画
- 学習に関連したビジョンを設定する
- 要求アセスメントを実施する
- 目標を設定する
- アセスメント計画を設計する
- 適切なパートナーを決定する
- 資源を定義し，獲得する
- 場所を決定する
- 利用者が行えることが何であればよいかを定義する
- 提供するサービスを定義する
- 担当者のニーズを決定する〔そしてそれから……〕
- フロア・プランを作成する
- テクノロジー〔ネットワーク，ハードウェア，ソフトウェア〕を計画する
- 家具を選ぶ

計画者への重要な質問

- インフォメーション・コモンズの目的は何か
- 教員や学生のどんなニーズに取り組むか
- 学習への結びつきを協調する場所にどんなプログラムを整えるのか
- どのキャンパスの組織を巻き込み，どのように一緒に作業をするか
- どのようなハードウェアやソフトウェアや座席配置が必要か
- どのような種類の担当者が必要か
- インフォメーション・コモンズと学習との結びつきをどのように促進するか
- いかにして成功を測定するか

注

1) とりわけ，例外として James and Anne Duderstadt Center at the University of Michigan（http://www.dc.umich.edu/）と Johnson Center at George Mason University（http://ulcweb.gmu.edu/concept/mission_statement.htm）が含まれる．
2) Suzanne Thorin, "Models of Successful Information Commons," presentation at Academic Libraries 2005: The Information Commons, Saratoga Springs, New York, November 10-11, 2005, 〈http://www.ny3rs.org/al2005.html〉.
3) ジェルテン（Dan Gjelten）の EDUCAUSE LIBIT listserv, October 31, 2005 への投稿．
4) 本稿では，ラーニング・コモンズとインフォメーション・コモンズを交換可能な用語として使っている．原則として，それらをさまざまな目標を持つ施設として説明できるが，実際には施設が提供するものと名称に直接の関連を見出せなかった．他の変化はそのエリアを単にコモンズと称することである．インフォメーション・コモンズの背景についてよい説明を提供する．資料は，次のとおりである．
    - D. Russell Bailey, "Information Commons Services for Learners and Researchers: Evolution in Patron Needs, Digital Resources and Scholarly Publishing," INFORUM 2005: 11th Conference on Professional Information Resources (in Czech), Prague, May 24-26, 2005, 〈http://www.inforum.cz/inforum2005/prispevek.php-prispevek

=32.htm⟩
 ● Donald Beagle, "Conceptualizing an Information Commons," *Journal of Academic Librarianship*, vol. 25, no. 2 (1999), pp. 82-89
 ● Leslie Haas and Jan Robertson, *The Information Commons*, SPEC Kit 281 (Washington, D.C.: Association of Research Libraries, July 2004).
5) Caroline Crouse and Kristianne Buechler, "Starting with Assessment: The Development of an Information Commons from User's Needs," poster presented at the ACRL National Conference, Minneapolis, April 9, 2005, ⟨http://www.tc.umn.edu/~crous018/acrl-poster/⟩.
6) Alma Clayton-Pedersen with Nancy O'Neill, "Curricula Designed to Meet 21st-Century Expectations," in *Educating the Net Generation*, Diana G. Oblinger and James L. Oblinger, eds. (Boulder, Colo.: EDUCAUSE, 2005), ⟨http://www.educause.edu/educatingthenetgen/⟩.
7) Quoted by Barbara Dewey and Brice Bible, "Relationships and Campus Politics in Building the Information Commons," presentation at Academic Libraries 2005: The Information Commons, Saratoga Springs, New York, November 10-11, 2005, ⟨http://www.ny3rs.org/al2005.html⟩.
8) Colleen Carmean and Jeremy Haefner, "Mind Over Matter," *EDUCAUSE Review*, vol. 37, no. 6 (November/December 2002), pp. 26-34, ⟨http://www.educause.edu/ir/library/pdf/erm0261.pdf⟩.
9) George D. Kuh and Robert M. Gonyea, "The Role of the Academic Library in Promoting Engagement in Student Learning," *College & Research Libraries*, vol. 64, no. 4 (July 2003), ⟨http://www.ala.org/ala/acrl/acrlpubs/crljournal/backissues2003b/julymonth/candrljuly2003abstracts.htm⟩.
10) これはマサチューセッツ大学アマースト校ラーニング・コモンズ (University of Massachusetts Amherst Learning Commons) での知見である。
11) Dartmouth College, RWIT: The Student Center for Research, Writing, and Information Technology, ⟨http://www.dartmouth.edu/~rwit/⟩; Dartmouth does not use the term "information commons" to describe its facility.
12) Malcolm Brown, "Learning Spaces," in *Educating the Net Generation*, Diana G. Oblinger and James L. Oblinger, eds. (Boulder, Colo.: EDUCAUSE, 2005), ⟨http://www.educause.edu/educatingthenetgen/⟩.
13) Bernard Frischer, "The Ultimate Internet Cafe: Reflections of a

Practicing Digital Humanist About Designing a Future for the Research Library in the Digital Age," *Library as Place: Rethinking Roles, Rethinking Space* (Washington, D. C.: Council on Library and Information Resources, 2005).

14) Dewey and Bible, op. cit.
15) Katherine S. Mangan, "Packing Up the Books," *Chronicle of Higher Education*, July 1, 2005, 〈http://chronicle.com/free/v51/i43/43a02701.htm〉.
16) Linda Cabot and Crit Stewart, "The Evolution of Collaborative Learning Spaces: What We've Learned," presented as part of a general session at the 2005 EDUCAUSE Southeast Regional Conference. The PowerPoint slides from their presentation are available on the Web at 〈http://www.educause.edu/upload/presentations/SERC05/GS02/EDUCAUSE%20SE%202005%20cabot%20stuart2.ppt〉.
17) Chad Kainz, "Thinking Space," presentation at the ACRL Preconference, American Library Association, 2005, 〈http://hwaet.typepad.com/thinking_space/〉.

9 章

コモンズ環境におけるレファレンス・サービス

ダイアン・ダリス，キャロリン・ウォルターズ

Diane Dallis, Diane; Walters, Carolyn.
Reference services in the commons environment.
Reference Services Review, vol. 34, no. 2, 2006, p. 248-260.

抄　録

目的　本稿は，大規模研究大学のインフォメーション・コモンズで提供される，主として学士課程学生を対象としたサービスを記述する。本稿は，ラーニング・コモンズまたはインフォメーション・コモンズの実現についての背景情報を提供し，コモンズ環境がレファレンス・サービスや環境に与える効果を記述し，インフォメーション・コモンズにおける成功した利用者サービス（public services）を開発するにあたって，図書館と情報技術提供者間の強い結び付きが重要であることを強調する。

設計／方法論／アプローチ　本稿は学習図書館（Undergraduate Library）からインフォメーション・コモンズへの変化を描写し，利用者サービスのパートナーシップにおける図書館サービスとのかかわりについて記述する。

知見　インフォメーション・コモンズ環境は，利用者のニーズへの対応と予想のなかで発展する図書館システムの一部である。

実用的意義　本稿は，大規模研究大学の，主として学士課程学生をサービス対象とするインフォメーション・コモンズを創造する際の成功したパートナーシップを記録したものである。

独創性／価値　インフォメーション・コモンズを開発する際の協力的アプローチは，学生をサポートする一連の密着したサービスをもたらす可能性がある。レファレンス・サービスへの影響は，インフォメーション・コモンズやラーニング・

コモンズを計画している他の図書館に洞察を与える。
キーワード　大学図書館，レファレンス・サービス，情報サービス
論文タイプ　総説

1. はじめに

毎年4月になると，学生たちは際限のない期末課題を終わらせようと焦り，睡眠不足でカフェインを取り過ぎた状態になる。以前は，学生たちは，思いつく限りあらゆる場所で24時間勉強していた。今年は何かが違う。私たちには今，インフォメーション・コモンズ——考えうる種類の課題なら何でも，学生たちが共同で解決できる単独施設——がある。この1カ所で用が済み，くたくたになるまで働ける技術のメガプレックスは，長い間見てきた中で間違いなく150万ドルの最善の使い道である。今日のようなデジタル時代では，学生にとって市場で流通するあらゆるハードウェアやソフトウェアが使えることが不可欠である（*Indiana Daily Student*, 2004）。

本論説の中で示されている熱狂は，インディアナ大学ブルーミントン校（IUB: Indiana University Bloomington）のユニークなサービス・ポイントである，インフォメーション・コモンズ（IC: information commons）を訪れる何千人もの学生によって絶えず繰り返されている。彼らは，アメリカ中西部の主要な図書館の在り方に革命をもたらした，活気にあふれ変化に富んだ学習空間を経験しに来る。彼らは調査し，図書を借り受け，宿題を終わらせ，ITの助けを借り，雑誌を読み，交流することを目的として来るのだ。これらの活動は「1カ所で用が済み，くたくたになるまで働ける技術のメガプレックス」ですべて行われる。

インディアナ大学ブルーミントン校はインフォメーション・コモンズを2003年8月に開設し，それ以来，毎日何千人もの学生が訪れ，授業の課題に取り組み，調査を行い，読書し，ITの助けを借り，図書を借り受け，いうまでもなく交流を行っている。学習環境の多様性やサービスとリソースの結合は，活気のある学習環境を学生に提供する。この成功した冒険的事業は，IUB図

書館と大学 IT サービス (UITS: University Information Technology Services) の強い結び付きや共有されたサービス倫理の結果である。IC はキャンパスの中央に位置する 60 万平方フィート（訳者注：約 5 万 6 千平方メートル）の建物，以前は中央図書館であったハーマン・B・ウェルズ図書館 (Herman B Wells Library) の中にある。IC は西棟（west tower）の 1 階と 2 階の 3 万 6,000 平方フィート（訳者注：約 3,350 平方メートル）以上の面積を占め，学生の多様なニーズに対応した 2 つの異なった環境を提供する。この建物の 11 階建ての東棟は，主に社会科学，人文科学に関する研究レベルのコレクションを所蔵している。ウェルズ図書館に加え，専門職大学院や学部に付属する 15 の大学図書館と貴重書や写本を所蔵するリリー図書館 (Lilly Library) がある。

2. 背　景

　ブルーミントン・キャンパスには，約 37,000 名の学生と 1,800 名の教員が在籍している。130 以上の専攻があり，4 年前に *Time* 誌によって，研究機関の中から「College of the Year」に指名された (Barovick, 2001)。最近になって，IUB は *Newsweek* 誌のアメリカで最も人気のある 12 校のリストの中から，「最もホットな大規模州立大学 (Hottest Big State School)」に指名された。「しかし，IU の新入生の 3 分の 1 を占める州外出身者のインディアナ大学に対する興味をかき立てたものは，IU の情報化時代の尊重 (embrace) である」と，寄稿編集者であるマシューズ (Jay Mathews) は書いている。無線接続環境に関しては，アメリカの大学の中で 1 番であると Intel は順位付けている (Mathews, 2005)。

　1999 年には，ウェルズ図書館の建物は，1969 年の開館当時からほとんど変化のない，老朽化した施設であった。建物に当初から備えられている基盤設備も，備品やカーペットも劣化していた。前図書館長ソーリン (Suzanne Thorin) は，図書館全体の改装のためのマスター・プランを作成するため，大学の支援を得て，シェプリー・ブルフィンチ・リチャードソン・アンド・アボット建築事務所 (architectual firm of Shepley Bulfinch Richardson and Abbott) と契約した。

1998年12月，マスター・プランの作成過程の一部として，学生が改装後の図書館に求めると思われる，サービスやリソースや施設に関する変更を決めるために，学生に対して調査が行われた。3,502名の学生（学士課程学生・大学院生全体の10%）を無作為標本として抽出し，Eメールの調査を送付した。400件の回答のうち，学士課程学生が66%，大学院生が30%で，4%は課程レベルについて記載されていなかった。

　この調査で，学生が，主に自分の授業の教材やコンピュータを使って勉強するためにウェルズ図書館を訪れていることが明らかとなった。彼らは図書館資料も活用していた。建物の最も重要性の低い利用法は，他の学生と会うための場所として図書館を利用することであった。回答した学生の半分近くが「コンピュータへのアクセス」に最高の評点である10点を付け，80%が上位3つのカテゴリーの中に含めた。回答した学生の4分の1近くが，「より多くのグループ作業のできる空間」に10点の評点を付けた。ウェルズ図書館を改善するための学生の提言は，主に次の3つの分野に分けられる。すなわち，サービス（課題を仕上げ，調査するという意味で），素材（コンピュータや他の装置を含む），そして物理的環境である。「中央図書館（ウェルズ図書館）の見直し・改装の企画の中に1つだけ含んでもらいたいのは何か」という自由回答式の質問に対して，最も一般的な提案のうちの2つは，コンピュータの数を増やすことと，より快適な勉強の雰囲気を提供することであった。調査と学生の意見提供の結果を受け，現在のインフォメーション・コモンズのような「情報ゲートウェイ」が基本計画に含まれることとなった。

　基本計画は1999年の終わりに完成した。残念ながら，その当時は提案を実行するための資金がなかった。2001年の終わりまで，老朽化する基盤設備や，さらに重要なことには，変わりゆく教員や学生の指導や学習に対するニーズへの取り組みはほとんど何も行われなかった。爆発的に利用が増加したインターネット，オンライン・データベースとその他の電子情報資源の広範囲に及ぶ有効性は，学生と教員両方の労働形態を劇的に変えたのだ。

3. インフォメーション・コモンズの設計の開始

　インフォメーション・コモンズの設計が進行中であった 1999 年から 2000 年当時は，「インフォメーション・コモンズ」や学習空間の利用の見直しについて書かれたものがほとんどなかった。このコンセプトに関する最初の論文は，*Journal of Academic Librarianship* の 1999 年 3 月号に登場した。情報がほとんどなかったため，図書館の設計は，観察，学生に関する調査，そして，UITS とのパートナーシップにおける次の論理的なステップに関する考えに基づいて行われた。〔基本〕計画の作成と建築の開始が 2 年以上空いていたため，IC が公開されるまでに，実施設計者が違ったことを行ったものもあった。例えば，IC の公開が近づき備品が注文された後で，ノート型 PC の利用が大きく増加したが，IC1 にはノート型 PC 利用のための配線付きテーブルがなかった。その上，グループ作業の場所で選択された配置は大き過ぎて能率的ではなく，グループ内の学生全員が同じテーブルで勉強することができなかった。

　何年にもわたって，IUB 図書館は，ウェルズ図書館内の空間を助成金用ライティング・センター，複写サービス，ライティング指導員などを含む図書館以外の部署に提供してきた。開設当初から，大きなカフェテリアとフードコートが建物の中にある。90 年代初めに，IUB 図書館は西棟（以前の学習図書館）に 24 時間使用可能な UITS の計算機室のために空間を与えた。その後何年かで，2 つのコンピュータ実験室と技術コンサルタントが西棟の中に追加された。しかしながら，これらの場所は図書館サービスとは独立して運営されていた。

　2001 年当時，伝統的な学習図書館が西棟の 5 つの階を占めていた。ここは学習図書館サービス課（UGLS: Undergraduate Library Services Department）の本拠地であった。UGLS は小規模なレファレンス・コレクション，92 台のコンピュータ・ワークステーション，ライティング指導サービスの分室，そしてグループ・ワークステーションのある混雑したレファレンス・ルームで，レファレンス・サービスを提供していた。改装前の数年間で，UGLS はレファレンス・質問回答と入館者数の順調な増加を確認した。伝統的で直接的な図書館の講習会は一定のままで，ウェブベースの図書館教育サービスに新たなリソ

ースが次々と追加されていった。

　基本計画を実行するために，図書館長は情報技術担当副学長とともに資金援助計画を立てた。インフォメーション・コモンズは事業全体の規範として役立ち，改装に使用された資金がどのように建物を変形し，どのように使われるかを示したであろう。大学からの資金がない状態で，図書館と UITS は，この事業は資金援助する価値があると決定した。IC のための空間を提供することに加え，図書館は 146 万ドルの事業の半分近くを支払った。どちらの組織も，事業の経費をまかなうための新たな資金は受け取らなかった。

　財政の詳細を計画する過程で，2 つの組織は，それぞれの経済上，また運営上両方の責任と期待を説明した協定書（MOA: Memorandum of Agreement）を文書化し，署名することによって彼らの関係性を正式なものにすることに同意した。この文書は，何のサービスが提供されるのか，どのように設備が運営され資金援助を得るのか，誰がどのようにレファレンスやテクニカル・サポートを利用者に提供するのか，公表の手順，そしてどのようにして IC を宣伝するのかを明記した。また，サービス供給者によってつくられた IC の管理グループの設置を要求した。資金援助を別とすれば，MOA は，設備の潤滑な運営と継続的なサポートを確実にするためにとられた最も重要な行動である。

　IUB 図書館と UITS は，インフォメーション・コモンズにおいて彼らのサービスを統合することが，学生への提供を強化するものになると考えた。IC 開設にあたって，UGLS については名称変更以上の変更がされた。表 9-1 にサービスとリソースの比較を示す。

　いわゆる学習図書館にあったコレクションは，インフォメーション・コモンズのための空間を作るため，また変化する利用パターンに適応するために，点検され，削減された。120 の定期刊行物のうち，多くのものが重複しているか，電子的に利用可能であった。定期刊行物は中止されるか，より適した場所へと移動された。単行書は点検され，利用に基づいて除籍されるか，補助的図書館施設（Auxiliary Library Facility）や他のコレクションに移動された。最初のコレクションの点検によって，コレクションは 3 万冊に削減された。2005 年秋には，2 回目の点検が行われ，2 万冊以下に削減された。

　IC の公開後は，前掲の入館者数の増加とレファレンス統計の減少が 2004 年

表9-1 サービスとリソースの比較

	学習図書館サービス 2002年秋	インフォメーション・コモンズ 学士課程学生サービス 2003年秋
入館者数	593,561	656,083
レファレンス質問回答件数	18,327	16,990
講習会	251	240
授 業	2	3
コレクション	学習図書館：120,000	学士課程学生コアコレクション： 30,000
	レファレンス・コレクション： 2,500	レファレンス・コレクション： 2,500
面 積	7,000	46,000
コンピュータ・ワークステーション	92	360
ソフトウェア	マイクロソフト・オフィス	80＋ソフトウェア及びアプリ
プリンタ	3	12

　の秋学期まで続いた。入館者数は30％（828,336人）増加し，レファレンス質問回答は40％（10,146件）減少した。この新しい，挑戦的な環境の中で，インフォメーション・コモンズ学士課程学生サービス課（information commons Undergraduate Services Department）（前UGLS）はその役割を再検討しなければならなかった。

　学生に対してインフォメーション・コモンズが大きな成功を収めたので，西棟の2階に作られたIC2が，2005年の春に設置された。最初のICとは対照的に，2階は個別学習のための静かな空間として指定された。IC2は68台の個別のワークステーション，100台のノート型PC用のスペース，2万冊のコア・コレクション，両方のスタッフが配置されたサービス・ポイント，そして追加の学習空間を備えている。

4. リソース

4.1 コレクション

　IC1は総合的レファレンス資料，ソフトウェアに関するレファレンス資料，

そして就職レファレンス資料を含むレファレンス・コレクションを提供している。コレクションはレファレンス・デスクの近くの低書架に収納されており，ワークステーションと勉強机の中に混在している。進路の資料やソフトウェア・マニュアルは，最も多く使用されている。貸出用の，利用頻度の高いコア・コレクションの貸出期間は2週間と短く，IC2の一部である。この2万冊のコレクションは，低書架と高書架を組み合わせた書架に収納されており，学習スペースと作業スペースを明確にするのに役立っている。

4.2 テクノロジー

350台の利用者用ワークステーションに加え，ICは全部でモノクロ・レーザープリンタ12台，カラープリンタ2台，高性能グラフィック・カラープリンタ2台，大型カラー・プロッタ2台，メディア編集機器，貸出用デジタルカメラ，デジタルビデオカメラ，貸出用ノート型PCを提供している。ICの玄関近くには，大型のプラズマ・ディスプレイが置かれており，スクリーンの一部でニュース放送，他の部分でICのサービスやリソース，ワークショップを宣伝するスライドを24時間放送している。適応技術センター（Adaptive Technology Center）はICの玄関近くにあり，高スピードかつスキャニング・点字印刷可能な変換サービス，障害をもった学生へのソフトウェア・ハードウェア貸出プログラムなどの幅広い種類のテクノロジーとサービスを学生に提供している。

5. パートナーシップ

ICを設計している間，図書館とUITSのパートナーは，パートナーシップと，設備の運営条件を記述した協定書（MOA）を作成した。MOAは日々の運営を指導し，変更について助言し，ICの将来的な成長を計画する管理グループのメンバーを明示している。文書には特に記載されていないものの，ICのパートナーは，学生サービスに対する強い責任を負っている。どちらの組織もお互いの専門的知識を尊重し，サービスの融合が学生の利益になってきたと考えている。UITSと図書館は柔軟性があり，相互のスタッフやサービスを受け

入れる手順やワーク・フローを変更することに前向きである。例として，全ての共同ワークステーションが固有のユーザ名とパスワードでログオンすることを必要としている。UITS は，通常のセキュリティ・システムを調整し，図書館目録や電子的リソースにアクセスできるよう，包括的なユーザ名とパスワードを IC のワークステーションに提供した。学生サービスへの責任感と，パートナーが共有する信頼と組み合わさって，無事統合サービスを提供する新たな方法を探求し，開発することができたのである。

6. 統合サービスポイント

　IUB 図書館と UITS はそれぞれ，さまざまな専門的知識を事業にもたらしている。つまり，各々が，インフォメーション・コモンズの開発と運営に対し，確立した専門的知識と責任を提供するのだ。組織間の協調の雰囲気が求められており，それによってインフォメーション・コモンズが利用者のニーズに機動的に対応し，良質で均一な情報・技術サービスを提供することを可能にする。インフォメーション・コモンズの形状，サービス，そしてサポートに関する計画や決定は合同で取り組まれる（Information Commons (IC) Memorandum of Agreement 25 September 2001）。

　以下に記述されるサービスの多くがウェルズ図書館で提供されていた一方で，それらは西棟全体に散在していた。次節では，人員配置と 3 つの IC サービス・ポイントそれぞれが扱う質問の種類について説明する。

6.1 IC1 のレファレンス・技術コンサルタント

　図書館のレファレンス・サービスと技術サポートは，IC の 1 階中央の大きな中央サービス・デスクを共用している（図 9-1 参照）。学生は「イスラム教女性の教育と社会状況に関する論文を見つけるのを手伝ってくれませんか」「どこで文書を印刷できますか」といった質問をする。デスクの上の表示には「ここで質問してください」と書いてある。この表示は，このサービス・ポイントや IC 内の他のサービス・ポイントでどのような種類の質問を行えばよいかを

図 9-1　インディアナ大学ブルーミントン校（IUB）インフォメーション・コモンズ 1 見取図

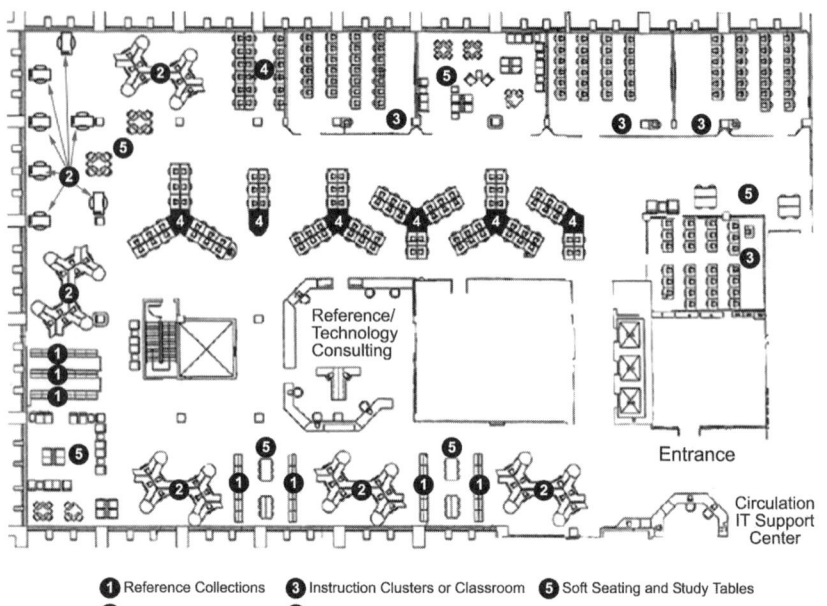

```
① Reference Collections      ③ Instruction Clusters or Classroom   ⑤ Soft Seating and Study Tables
② Group Workstations         ④ Individual Workstations
```

利用者が判断することを助けたり，要求したりはしない。デスクの当番のスタッフは，利用者のニーズに対応し，あるいはその利用者の最も役に立つスタッフのメンバーのところに利用者を連れていく。

　図書館員，サポート・スタッフ，図書館のインフォメーション・コモンズ・学習図書館サービス課（ICULS: Libraries' Information Commons Undergraduate Library Services Department）に勤務する図書館情報学大学院（SLIS: School of Library and Information Science）の大学院生スタッフは，毎週 IC 1 が開いている 168 時間のうちの 101 時間，レファレンス・サービスを提供する。図書館員，スタッフ・メンバー，あるいは大学院生スタッフ 1 人が毎年 2 万 2,000 件のレファレンス・質問回答に対応している。2005 年秋に図書館スタッフによって記録された他の質問例には，「授業のために *American Beauty* を見なければいけないのですが，見つけるのを手伝ってくれますか」「引用に 2 つの日付があるのはどういう意味ですか」「指定図書（Reserve）に関する本はどう

やって見つけたらいいですか」「テレビ番組の 1 回の放映分を引用するにはどうしたらいいですか」などを含む。

UITS 学生技術センター（STC: Student Technology Centers）に雇用されている 3, 4 年生の学士課程学生スタッフは，IC のワークステーション上の 180 種類以上のソフトウェア・アプリケーションについてのサポートを毎日 24 時間提供している。通常は，学生の交代管理者と，年に 3 万 7,000 件以上の質問回答を扱う 1 人から 4 人の技術コンサルタントがいる。彼らは「大きなカラーポスターはどうやって印刷すればいいですか」「Word で余白を調整するにはどうすればいいですか」などの簡単な質問から，ソフトウェア・プログラム Final Cut Pro を使用して VHS カメラで撮影した映像を編集し，DVD に焼くときの複雑で詳細なコンサルティングまでを処理するのだ。

6.2　図書館の貸出と IT サポート・センター

図書館の貸出サービスと IT のアカウントやハードウェアのサポートは，IC 1 の玄関にあるサービス・カウンターを共用している（図 9-2 参照）。利用者およびアクセス・サービス課（Customer and Access Services Department）の学士課程学生の図書館スタッフと UITS 支援センター（Support Center）の正規のスタッフやアルバイトの学生スタッフは，「この本を続けて借りるにはどうすればいいですか」「ノート型 PC に問題があるのです——助けてくれますか」「ノート型 PC を貸してもらえますか」「私のノート型 PC で無線 LAN に接続するのを手伝ってくれませんか」などの質問を扱う。図書館スタッフは毎週 121 時間サービスを提供し，コア・コレクションから年間 2 万 2,000 冊の本を貸出し，35 台のノート型 PC や 20 個のヘッドフォンの貸出も行う。合計で毎週 92 時間，UITS 支援センターの正規のスタッフとアルバイトの学生スタッフは IT アカウント（ウェブ・サーバ・アカウント，E メール・アカウント，ユーザ名やパスワードの問題など），IU ネットワークに関する質問について，予約なしで援助を提供し，学生や教員，スタッフのパソコンやノート型 PC を有料で修理している。

6.3 IC2のインフォメーション・技術サポート

　IC2は2005年3月に開設された。IC2の開いている週117時間の間，IC1と同じSTCの学士課程学生スタッフが，68台のワークステーションに関するソフトウェア・サポートを提供している（図9-2参照）。ソフトウェア・サポートに加え，彼らはプリンタや一般的な操作に関する質問にも対応する。(ICULS課の）学士課程学生スタッフは，デスクで毎週58時間勤務している間に，コア・コレクションを排架し，整理している。これらの「図書館アシスタント」が「この請求番号の図書を見つけるのを手伝ってくれますか」のような質問に答え，一般的な運用の手伝いをする。IC2が公開されてから1年も経っていないため，このデスクにおける質問回答の件数は得られない。しかしながら，月例報告によれば，毎月平均で40件の手順に関するやりとりと60件の技術に関する相談がこのサービス・デスクで行われている。

　それでは，ICのレファレンス・デスクでユーザがノート型PCに関する助けを求めてきたときは何が起こるだろうか。IC2のデスクの学生スタッフは，論文を探すのに助けを求めてきた利用者に何と言うのだろうか。ホチキスがある場所やトイレの場所を聞くのにはどのデスクに行かなければならないのだろ

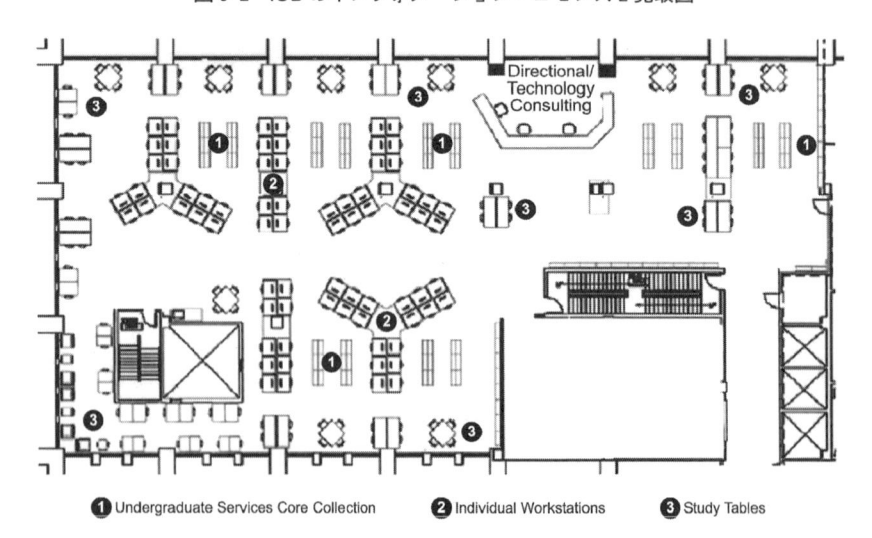

図9-2　IUBのインフォメーション・コモンズ2見取図

❶ Undergraduate Services Core Collection　❷ Individual Workstations　❸ Study Tables

うか。また，ICは，複数のコレクション，リソース，またサービス・ポイントを含む60万平方フィートの建物の中で，3万6,000平方フィートしか占めていないことも考慮してみよう。ICのサービスは，伝統的な図書館やキャンパス上のコンピュータ実験室よりも広い。不慣れな学生や図書館のユーザが，広範なICのサービスを把握するのを困難に感じ，専門家でない人に特定の種類の助けを求めることがあるかもしれない。ICは要求に応じて専門分野別の援助を提供し，交差訓練は，最も基礎的なレベルの質問にしか対処することができない。学生がICの一連のサービスをナビゲートするのを援助する場合の重要な要因は，ICの協定書で引用されていた協調の雰囲気である。ICのパートナーは，頻繁にコミュニケーションし，互いを信頼し，全てのサービス・デスクにおける新しいスタッフに対して忍耐強さをもつことが義務づけられている。この雰囲気が最終的に有意義な利用者の経験を作り，良質の顧客サービスを促進するのである。

7. 教育とワークショップ

レファレンス・質問回答が減少する一方で，従来の図書館講習会の毎年の要請は，何年にも渡って安定してきている。毎年，図書館のICULS課で働くSLISの大学院生スタッフは，ICの3つの教育クラスタで，400件の直接的な，授業と結びついた図書館利用教育講習会を指導してきた。全セッションは，特定の授業のニーズや授業の課題に合うように調整されたものである。ICが開設されて以来，ICULSは学期中に，必修の学士課程学生用コア・コースの課題のための調査に関連した，タイミングのよい短期のワークショップ・シリーズを提供してきた。これらのワークショップへの出席者数は少なく，散発的である。ワークショップ・シリーズは今なお，より多くの学生をひきつけるために，適切なトピックとタイミングを見つけようと見直され，調整されている。

　ICは，図書館の教育サービスに大きく影響したり，需要を増やしたりはしていないものの，ICの図書館スタッフは，レファレンス・デスクにおける一対一の指導の増加を観察した。技術コンサルタントに要求されたヘルプに関しても似たような傾向が見られる。コンサルタントは，マルチメディア・ワーク

における，より高度なソフトウェア・アプリケーションの手伝いをすることを要求されている。

　UITS の IT 教育訓練係（IT Training and Education unit）は，IUB の学生，スタッフ，そして教員向けに IC で一連のワークショップを行う。IT 教育訓練係は翌年提供するワークショップを調整し，高度なワークショップの数を増やすために基礎ワークショップの数を削減しつつある。この変革は，前年に比べ新入生の IT 能力が高いという彼らの観察による対応である。UITS の意見は，ECAR 学生および情報技術に関する研究（ECAR Study of Students and Information Technology）の知見と一致する。この研究によれば，学生たちは文書処理やプレゼンテーション・ソフトウェアなどの中核技術に慣れており，熟練した，あるいは非常に熟練した利用者である，と学生が自己申告しているという（Caruso and Kvavik 2005）。

8. コモンズ環境におけるレファレンス・サービス

　インフォメーション・コモンズの開設前に，図書館員は 90 台余りのワークステーション，レファレンス・コレクション，プリンタ 3 台，50 台以上のワークステーションのあるグループワーク用のコンピュータ・ラボ 2 室から構成される，混雑した部屋でレファレンス・サービスを提供していた。レファレンスは小さなサービス・デスクで，図書館員と 1 名ないし 2 名の SLIS の大学院生スタッフによって提供された。学期中には，毎月 6,000 件から 7,000 件の質問回答があり，レファレンス・デスクのスタッフは技術サポートへの最初の窓口として機能を果たしていた。

　IC が公開されて以来，図書館スタッフは毎月 2,000 件から 2,700 件の質問を取り扱ってきた。レファレンス・デスクにいる学生技術コンサルタントと彼らの 1 時間単位の交代監督者の統合により，図書館スタッフはプリンタを修理し，ケーブルを再接続するためにテーブルの下に潜り込む必要がなくなった。技術サポートを断念することは歓迎されたが，他の変化は満足のいくものではなかった。

　仕事上の関係性が変わった。IC の開設前は，図書館員は SLIS の大学院生

スタッフとのみ働いた。UITS が，学士課程学生や，若く経験の少ない学生スタッフと働く図書館員を主に雇っていたからであるが，彼らの多くは図書館のサービスや図書館員の専門知識に慣れていない。サービス・デスクがさらに大きいため，図書館員が SLIS の大学院生と緊密に働くことはない。効果的で総合的なコミュニケーションが重要になる。図書館スタッフは，コミュニケーションを行い，利用者が取り組んでいる最新の課題や最新の政策強化の問題について最新の情報を共有するために，自家製のウェブ・ポータル内のオンライン・デスク記録に大きく頼っている。サービス・デスクを共有する2つの組織間のコミュニケーションが確立し，改良され続けている。図書館員は，チーム育成と両方の組織の教育を目的に，技術コンサルタントのシフト管理者とセメスターごとに会議をおこなっている。レファレンス・サービス担当の図書館員は，学生技術コンサルタントの正規の管理者である専門職員と毎週打合せを行い，毎日 5,000 人の訪問者がいる利用者サービス・スペースで起こる全ての問題に取り組んでいる。レファレンス・サービス担当の図書館員はまた，各セメスターの最初に技術コンサルタント・トレーニングにも参加する。IC の3つの全てのサービス・ポイントのスタッフは，スタッフが利用者の質問に答えるために参照する共通のオンラインの知識ベースを共有している。

　レファレンスの本質も変容した。図書館員は，学生が図書館のリソースを使用するのにより巧みになってきている傾向を見てきた。ICULS の図書館員も，オンラインの図書館リソースで自主的に成功を収め，次のレベルの研究での援助を求める学生と出会っていることに同意した。例えば，学生は，適切な引用形式を確認するための援助や，学術的な論文をさらに見つけるための援助を必要としている。その上，学生は「どうやって本を見つけるのか」と質問するのではなく，目録の記録を解釈するための援助を求めることが多い。質問回答が減少する一方で，関わった時間の合計は減少していない。図書館員や図書館のスタッフは，質問がより高度になり，さらに議論が必要なため，質問に対して3年前よりも多くの時間を費やしていることに気づいた。IU の図書館はレファレンス・サービスに関する質的データを以前は集めていなかった。従って，レファレンス・質問回答がより複雑で長い時間を要していることについては逸話的な証拠しかない。

ICが開設されたと同時に実施された変更がこのような傾向の要因かもしれない。IUの図書館は2003年秋にリンク・リゾルバを開始し，図書館のウェブ・インタフェースが2002年秋に再設計された。これらの要因が，図書館のリソースをナビゲートする学生の能力の向上に貢献したかもしれない。他の指標は，図書館のリソースの実際の利用が増加したことを示した。昨年は，IUの図書館のもっとも人気のあるオンライン・データベースの検索回数が23%増加した。さらに，コア・コレクションの貸出統計は上昇し続けている。学生は情報のニーズの相当量をGoogleに頼っている一方で，図書館についても，学生生活の重要な部分と考えているようである。

8.1 学生のフィードバック

各年度に2回，学生は，ワークステーションにログインした際に，オンラインで調査を受ける。この任意の調査は，ICのワークステーション上で，約1週間，あるいは少なくとも500件の回答を得るのに必要な期間，表示されている。この調査に加え，IC管理グループは，ICを使う学生との集中的ディスカッションを行う。2004年春の調査では，23%（130名）が図書館で調査を行っていると回答し，9%（52名）の利用者がICでは本を利用しないと回答した。多様なヘルプ（コンピュータ・アシスタント，研究援助など）が利用可能であることを理由としてICを利用していると回答したのは，たった6%（33名）であった。専門的な調査や技術援助のレベルがICやウェルズ図書館のツアーでの見所であることを考慮すると，利用可能なヘルプを活用している学生の割合が低いことを知るとがっかりするかもしれない。しかしながら，これは，今時の学生が個人的な，セルフ・サービス式の消費を好むという，文献で確認された傾向を反映している。*Adweek*における昨今の論説は，現代を消費者がコンテンツに対する主導権を持つメディア時代として描写した。「我々はそれを消費し，再送信し，作り出している」と，Publicis Groupe Mediaの技術革新役員であるトバコワラ（Rishad Tobaccowala）は述べたが，彼は「このようなハードウェア価格の急落，簡便で洗練されたソフトウェア，そしてとてつもない情報量へアクセス」への変化を認めている（O'Leary, 2005）。利用者がより自主的になったという事実は，図書館スタッフのサービス・デスクの将来の在り

図 9-3 図書館スタッフによるサポート

方に影響するかもしれないが，専門的な援助は依然として利用者から必要とされ評価されるものであるようだ（図 9-3 参照）。

9.「コモンズ」というもの：単なる大きなコンピュータ・ラボなのか

　学生たちは，教科学習を仕上げ，コミュニケーションをとり，交流し，サービスを使用・購入し，また楽しむために，ますますテクノロジーを使用している。学生と情報技術に関する最近の ECAR 研究の重要な知見によると，高等教育経験では，情報技術は学生に「利便性，つながり，そして統制」を追加する（Caruso and Kvavick, 2005）。24 時間アクセスできるキャンパスの中心地として，これらの 3 つの利益を提供するあらゆるタイプの学習活動のために，テクノロジーやサポートへのアクセスを可能にする環境が図書館内にあることは理にかなったことである。この報告はまた，調査を受けた学生の間で，ノート型 PC や携帯電話所有の水準が 2004 年から増加したことと，スキルの水準は不変であるにも関わらず，メディア集約的なアプリケーションの利用が増加したことを発見した（Caruso and Kvavik, 2005）。

　共同スペースあるいはグループ・スペースは，かつては静かで個々が集中していた図書館においては不可能な考えであったが，ほとんどの場合，インフォメーション・コモンズの概念の一部である。最近は，「場としての図書館」について多数の著述がある。ルージー（Lougee）（2002）は『拡散する図書館

(*Diffuse Libraries*)』で，図書館は，だんだんと学習と共同のための場として役立つ方法を探している一方で，今もなお，コレクションのための場所として機能していると指摘した (Lougee, 2005)。最近になって，リッピンコット (Lippincott) は *Library Journal* で，学習の社会的な本質を活用する新しいサービスを作り出すことによって，図書館はオンライン・サービスと物理的空間を組み合わせ，「学習者が行く場所」となることができると述べた (Lippincott, 2005)。

　誰に聞いても，IU ブルーミントン校のインフォメーション・コモンズは学生たちがつながることを容易にし，便利にしている。入館者数は上昇し，学生に対する調査は施設に関する満足感を反映し，*Indiana Daily Student* は IC を「1 ヵ所で用が済み，くたくたになるまで働ける技術のメガプレックス」と呼んでいる。5,000 人以上の人々が，そのほとんどは学生であるが，学期中は毎日 IC にやってくる。IUB キャンパス上の学生テクノロジー・センター (Student Technology Centers)（共同ワークステーション，周辺機器，プリンタを提供する IC のパートナー）によって管理されている 45 室のコンピュータ・ラボは，2005 年の秋学期の間に 140 万 3,568 回のログインを記録した。そのうち，36 万 8,860 回，すなわち 26％ が IC 内部からのものである。これに加え，98％ 以上の学生が自分のコンピュータを所有しており，学生が IC の環境，リソース，そしてサービスを評価していることがわかっている。

　調査に書かれた回答と，依頼なしに送られてきた E メールによるコメントは，学生がテクノロジーを必要とするのと同じ程度，図書館内に静かで内省的な空間を求めていることを示している。IC の評判と IUB 図書館と UITS との優れたパートナーシップは，他の共同活動に通じるかもしれない。IC は図書館が他の新しい空間やリソース，大学院生や教員へのサービスを想定することにも役立っている。IUB 図書館は，IC が全ての学生や教員のための適用性の広い環境，リソース，そしてサービスを作り出すためのまさにはじめの一歩であることを期待している。

10. ICを超えて

ウェルズ図書館はIUブルーミントン校のキャンパスで常に人気のある場所であり，ICは明らかにその学生活動の拠点としての地位を強化してきた。しかしながら，IUの図書館はまた，利用者に仮想的にも働きかけ続けてきた。IUBの図書館員は，IUB図書館のコンテンツ・マネジメント（CM: Content Management）システムを利用して，授業の課題のために（図書館での調査を必要とする授業課題の要求に応じ，また予想して）「授業ページ Class Pages」を作成した。CMと，横断検索ツールの実装は，図書館員によって図書館のリソー

図9-4　IUBの図書館のサイト

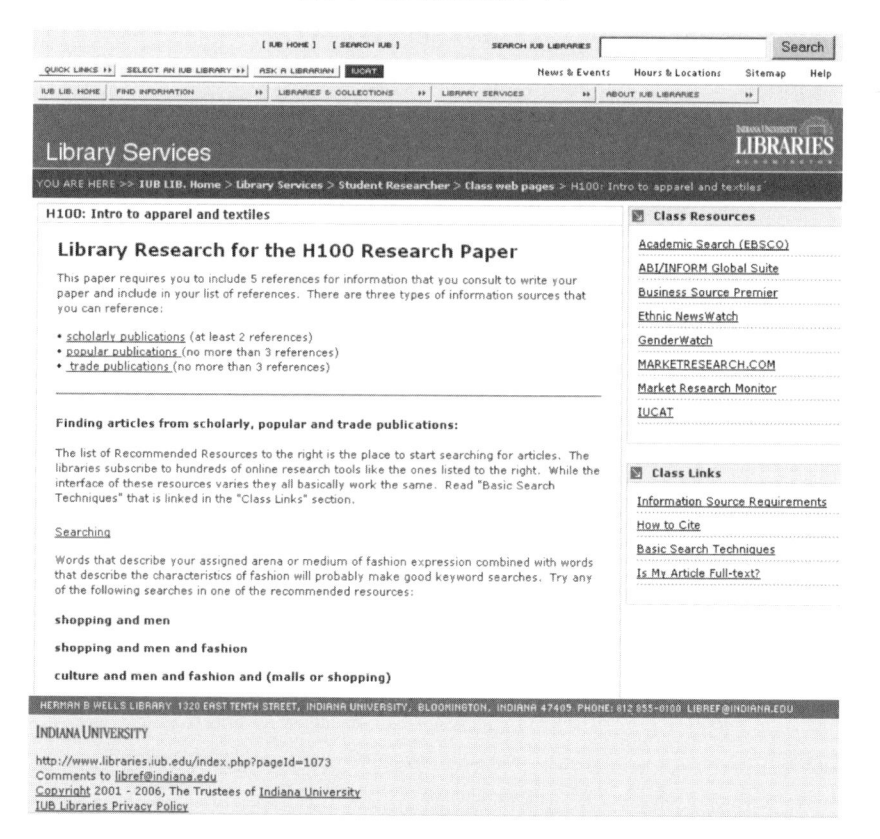

スをまとめ直す機会を増やし，学生と教員にオンライン指導と選り抜きの図書館リソースを勧めている（図9-4参照）。

　授業ページの利用の増加がレファレンスに関する質問数を減らすと論じることもできる。コンテンツ・マネジメント・システムを使用することによって，図書館員は授業ページが何回アクセスされたかを見ることができる。例えば，Z302は2005年春の企業経営の授業であり，4つのクラスに700名の受講生がいたが，この授業ページは，グループ課題が出されていた2005年4月1日から5月1日の間に1,064回アクセスされた。同様に，基礎作文の授業であるW131の授業ページは，2005年3月1日から5月1日の期間のアクセス数が1,620回であった。IUB図書館は，授業ページの利用とレファレンス・デスクで尋ねられた質問の相関を調べる必要がある。

　2005年秋には，「図書館員に聞く」というアイコンが学生テクノロジー・センターのコンピュータ・ラボ内の全てのパソコンのデスクトップに置かれていた。このアイコンを使用すると，80室以上の研究室内のワークステーション上で，Eメール，またはチャットによりレファレンスを行うことができた。このアイコンがデスクトップに置かれていたため，ウェブページへの1日の平均アクセス数が40％（1日平均100回）増加した。

11. 次のステップ

　学生と教員のニーズを満たし続けるために，ICのスタッフはサービスを提供する新たな方法を探求しなければならない。IUB図書館は，IUのコース・マネジメント・システムであるOncourseと，大学ポータルのOneStartを通じて図書館のリソースを利用者に勧める方法を検討するだろう。2005年の秋学期の間に「図書館員に聞く」のウェブページを改装し，インスタント・メッセンジャー（AIM）や調査相談を依頼するフォームを追加する予定である。

　2005年から2008年の図書館のアクション・プランは評価の必要性を強調し，評価計画を実行するための目的を設定している。計画の一部として，学生たちに調査を行い，フォーカス・グループが設置される。毎年春にUITSによって学生と教員に送付される総合的な調査の中に，インフォメーション・コモン

ズとそのサービスに関する質問を含める必要性がある。レファレンスでの活動を正確に反映するために，IUB 図書館は図書館員の時間の使い方について新しい測定法を開発する必要がある。IUB 図書館は，質問の数を数えることから，ウェブサイトの使用と開発を測定する新たな方法に移行しなければならない。

継続的な成功は，IUB 図書館の利用者のニーズに対応する能力にかかっており，それはすなわち，それらのニーズが何であるかを予想することである。ロックフェラー（John D. Rockefeller）の言葉を引用すると，成功の秘訣は，「平凡なこと（commons）」を非凡に行うことである（*The Washington Post*, 1901）。

注

- Caruso, J.B. and Kvavik, R.B. (2005), *ECAR Study of Students and Information Technology, 2005: Convenience, Connection, Control, and Learning*, EDUCAUSE Center for Applied Research, available at: (EDUCAUSE) www.educause.edu/ir/library/pdf/ers0506/rs/ERS0506w.pdf
- *Indiana Daily Student* (2004), "More coke and computers: information commons brings us much technological joy", *Indiana Daily Student*, 21 April.
- Lippincott, J.K. (2005), "Where learners go: how to strengthen the library role in online learning", *Library Journal*, Vol. 130 No. 1, pp. 35-7.
- Lougee, W.P. (2002), *Diffuse Libraries: Emergent Roles for the Research Library in the Digital Age*, Council on Library and Information Resources.
- Mathews, J. (2005), "America's hot colleges", *Newsweek*, pp. 56-8.
- O'Leary, N. (2005), "They want the world and want it now", *Adweek*, p. 46.
- (The) Washington Post (1901), "Good men, not cheap men", *The Washington Post*, p. 18.

文献案内

Barovick, H. and Baron, M. (2005), "Indiana University: a web of friendly interest groups makes this big research institution feel less intimidating", *Time*, p. 66.

Dallis, D. (2006), *Indiana University Bloomington Information Commons*, Indiana University Libraries, available at: www.ic.indiana.edu

Haas, L. and Robertson, J. (2004), *The Information Commons [SPEC Kit 281]*, The Association of Research Libraries, Washington, DC.

McKinstry, J. and McCracken, P. (2002), "Combining computing and reference desks in an undergraduate library: a brilliant innovation or a serious mistake?", *Libraries and the Academy*, Vol. 2 No. 3, pp. 391-400.

Oblinger, D. G. and Oblinger, J. L. (2005), *Educating the Net Generation*, EDUCAUSE, available at: www.educause.edu/books/educatingthenetgen/5989.

10 章
ラーニング・コモンズに共通するものは何か？
この変化する環境でレファレンス・デスクを見ると

ティム・ダニエルズ，キャロライン・C・バラット

Daniels, Tim; Barratt, Caroline Cason.
What is common about learning commons? A look at the reference desk in this changing environment. Steiner, Sarah K; Madden M. Leslie. ed. The desk and beyond: next generation reference services. Chicago, ACRL, 2008. p. 1-13.

　「インフォメーション・コモンズ」という語句を初めて聞いたのはいつだったか？　この表現の起源を調べるために，オンラインで Oxford English Dictionary を最近検索したところヒットするものはなかった。しかしながら，データベースはその代わり2つの語「情報疲労（information fatigue）」をもたらしたのだ。たぶんこの予期しない瞬間は，図書館の変わりつつある景観や従来のレファレンス・サービスに対する新しいアプローチを正確に記述しようとする取り組みから生まれた，新しい語句の流入について何かを伝えている。この現象をバーチャル・レファレンスや図書館2.0やサイブラリーと呼ぶかどうかにかかわらず，増え続けるテクノロジーの活躍の舞台との，時には愛憎半ばする関連は，今やミレニアム後の存在の一部として確固たる地位を確立している。印刷機からポッドキャストまで，図書館と図書館サービスはテクノロジーの発展に対応した。テクノロジーに恵まれているラーニング・コモンズの環境で，テクノロジーの変化や顧客のニーズに向けた態度が古い図書館の大黒柱――レフ

ァレンス・デスク——にどのようなインパクトを与えるのか，不思議に思うかもしれない。

ラーニング・コモンズとインフォメーション・コモンズという用語が交換可能なものとして使われる場合があることに注意すべきである。しかしながら，本稿では，ビーグル（Don Beagle）が『インフォメーション・コモンズ・ハンドブック（The Information Commons Handbook）』で行った区別に従うことにしよう。「……インフォメーション・コモンズは，学習の支援の中で組織化された，一群のネットワークのアクセスポイントと関連する IT ツールで，物理的資源やデジタル資源や人的資源や社会資源との関連で配置されたものと定義できる」（Beagle 2007, xviii）。彼は続けてインフォメーション・コモンズの資源が「他の大学の他の部署が出資する学習イニシアティブと共同で組織化されるか，共同過程（collaborative process）を通じて定義された学習成果と連携する場合，IC〔インフォメーション・コモンズ〕は，より正確にはラーニング・コモンズあるいは共同センター（Collaboration Center）と呼ばれるものへの相転移（phase transition）を経過した」（xviii）と述べる。

著者は，インフォメーション・コモンズやラーニング・コモンズ環境におけるレファレンス・サービスの現在と将来の動向についての意見を知るために，ウェブ 2.0 の集合性という精神で，全国〔米国〕の大学図書館の同僚に対して調査を行った。

1. 背　景

インフォメーション・コモンズは大学図書館の内部と外部の両方における多くの変化から生じた。スペンサー（Mary Ellen Spencer）は，これらの大学空間で提供されるサービスや環境を見直す潮流の一部として，1990 年代初頭に「場所としての図書館」運動が誕生したことに注目している（Spencer 2006, 2004）。ボーダーズやバーンズ・アンド・ノーブルのような小売書店の人気の上昇は，大学図書館に典型的に見られる資料の利用について新しいパラダイムをもたらした。人々は，快適な肘掛け椅子にゆったりと腰掛けながら図書や雑誌を読んだり，カプチーノを飲みながら友人とおしゃべりしたり，社会的な行

事に参加するためにこれらの書店に群がった。顧客は，従来の図書館の建物よりも，これらの居心地がよく，形式ばらない空間を好んでいるように見え，それで図書館は入館者の減少を受けてすぐに改造を始めた（Spencer 2006; Gardner and Eng 2005; その他）。図書館内での飲食の承認は，意義が申し立てられていた古い方針やアイデンティティへの単なる一つの追加に過ぎなかった。また，書店が雛形を作った共同・会話空間は，図書館に類似の空間を規定することを挑発し，すぐに会話座席やグループ座席のある追加の部屋が開設された。静かで禁欲的な自習室（study hall）は大学図書館にまだ存在し，需要もあったが，多くの顧客は図書館空間をやや違った方法で利用できる選択肢──友人と会い，共同し，もう少しいる場所として──を高く評価していた。

　これらの環境の変化に加えて，大学図書館は，顧客との相互作用の中で，台頭しつつあるテクノロジーを利用する新しい方法を探していた。言い換えると，図書館のラーニング・コモンズへの物理的変容は，単に顧客のニーズの変化やテクノロジーの発展を受けて生まれた改変ではない。レファレンス・ライブラリアンもまた，テクノロジーをもっと洗練し，多様な方法で利用している。*Facebook* や *MySpace* のようなソーシャル・ネットワーキング・ソフトウェアやインスタント・メッセージやブログや RSS フィードは，従来のレファレンス業務を行うために図書館員が採用しているちょっとしたウェブ 2.0 テクノロジーの手段に過ぎない。

　フィッシャー（Bernard Fischer）は，エッセイ「究極のインターネット・カフェ」でこの現象を識別している。フィッシャーは，デジタル・テクノロジーが研究図書館にもたらした 3 つの帰結を識別し，「……研究図書館は，提供できる情報の量ではなく，情報が提示される場での経験の質のため特別なものになるであろう。」と述べた（Fischer 2005, 40）。確かに，多くの大学図書館が，新しく家具を備え付け，改修された空間で，アップグレードされたコンピュータ上に表示された一連の生産性ソフトウェアを含む学習環境の設計に多大の経費と時間を投入することで，課題にうまく対処している。図書館は，新しいテクノロジーを利用した従来のレファレンス・サービスの提供や書誌的援助に加え，テクノロジー支援を提供することで，これらの利用者中心のツールを補完している。これらの空間は，古いレファレンス室の改造（reinvention）である

ことが多いが,それらにデジタル・テクノロジーや共同作業エリア,コンピュータ・サービスを注入することによって,設計者は新しい方法で学生のニーズに近づく学習環境を創造した。これらの拡張されたサービスや資源の提示は,ツールそれ自体の提供と並んで重要になっている。それは,共同学習を生み出し,環境を育成する2つの組み合わせで,単に情報を提供するものではなく,おそらくラーニング・コモンズとしてうまく説明される。図書館に単にコンピュータを追加しただけでは,ラーニング・コモンズにならない。顧客が図書館に期待する顧客サービスを維持する一方で,顧客に協調的かつ,より柔軟な環境下にある空間を提供する必要がある。ラーニング・コモンズで包括的なサービスを提供するためには,レファレンスのような従来の機能と,顧客を完全に支援するためのテクノロジー支援とが組み合わせられる。

ウェブ2.0がまだインターネットにある一方で,ラーニング・コモンズはまだ――一風変わった――図書館にある。ウェブ2.0の最も著しい特徴の一部は,社会相互作用の強調や,協力し既存の知識に付加する能力,情報を個人の特定のニーズに合わせて調整する柔軟性である。ラーニング・コモンズをウェブ2.0の多くの特徴が具体化された実体であると見るならば,それは社会空間や共同空間,プロセス志向空間(a process-oriented space),変化する空間と見ることができる。コモンズ内のレファレンス・デスクもまた過渡期にある。物理的なデスクとその後ろと彼方にある業務に関し,今我々はどこにいるのかを観察することで,現在の潮流の状況と将来の可能性についてのイメージがもたらされる。

2. 方法論

著者は,さまざまな図書館と図書館員がラーニング・コモンズ・モデルの中にあるレファレンスをどのように見ているかを判断するため,現在の環境の現状分析(environmental scan)を創出するための調査を実施した。17の質問から構成される調査は,オンライン調査ツール(Zoomerang.com)を使用して作成され,いくつかの図書館関連メーリングリスト経由で配布された。147件の回答があり,ほとんどは2年制および4年制機関の大学図書館員からであった。

表 10-1 回答者の区分

図書館の種別	回答数
2年制コミュニティ・カレッジ	10
単科大学	22
総合大学	107

　回答者のほぼ4分の3が総合大学図書館に所属していると回答した。15%が単科大学，7%が2年制コミュニティ・カレッジからであった。所属する図書館を公共図書館と指定したのはたった1%であった。大学図書館（総合大学，単科大学，2年制コミュニティ・カレッジ）からの137件の完全な回答を分析の対象とした[1]。

3. 結　果

3.1　ラーニング・コモンズで提供されるサービス

　ほとんどのラーニング・コモンズに固有な要素は，一般にサービス・デスクとコモンズの両方で提供されるサービスの拡張である。

　従来の多くの図書館サービスは，いまだにデスクで提供されているが，ラーニング・コモンズ・デスクに追加された，レファレンス支援を越える最も評判

表 10-2　ラーニング・コモンズで提供されるサービス＊

提供されるサービス	回答数	%
貸　出	102	75.4%
総合情報〔案内〕	47	34.6%
定期刊行物	16	13.2%
研究支援	92	83.4%
リザーブ	17	12.5%
特殊フォーマット	14	10.2%
テクノロジー支援	66	48.2%
学生指導	18	13.1%

＊複数回答可

のよいものは，テクノロジー支援である。すべてに（ワープロや表計算ソフトを含む）最も基本的なソフトウェアから（メディア製作や複雑な統計ソフトウェアを含む）非常に洗練されたテクノロジーに及ぶ，コンピュータやコンピュータ技術が含まれている。多くのコモンズはまた，多様な種類のメディア制作ハードウェアを含む。ハードウェアには（印刷物，写真，写真のネガ用の）スキャナや高速コンピュータ（PCとMacの両方），ある場合には音声とビデオを記録する技術を含むことがありうる。

　図書館はまた，大学の教育の動向に対応しており，グループ研究課題の増加への対応が最も多い。多くのコモンズでは，グループ学習室やプレゼンテーションの予行演習を行うグループ用の空間を提供する。これらの実習室にはプロジェクタやホワイトボード，ある場合には，後で批評を行うために実演を記録できる機能がある。18の図書館はまた，最も人気のあるライティング支援を伴う個別指導サービスを含む，キャンパスの他部署と共同で作業していることを示した。一部の図書館はそれらのサービスの多くをできるだけ少ないデスクに統合しようと作業し，一方，他の例では各サービスが固有の支援デスクを持っている。これらのサービスは雑誌支援，特殊フォーマット，テクノロジー支援，総合情報を含む。回答館のデスクの数は1から10までの幅がある。デスクを統合している図書館ではテクノロジー支援が共通しているが，一部の大学図書館は1つのサービス・ポイントに貸出サービスとレファレンス・サービスをまとめている。

　これらのハイブリッド・デスクは，提供するサービスを適切に説明するために名称を変更することが多い。「レファレンス・デスク」は依然としてこの従

表10-3　デスクの名称

デスクの名称	回答数	%
レファレンス・デスク（Reference Desk）	49	39%
情報デスク（Information Desk）	44	35%
研究デスク（Research Desk）	15	12%
その他	70	55%

来の称号で呼ばれることが多いが，他の名称には図書館サービス・デスク，LC技術デスク，テクノロジー支援デスク，情報ステーションなどが含まれる。

4. 担当者のデスクへの配置

4.1 ラーニング・コモンズにおけるレファレンス・デスクへの担当者配置

　進化するラーニング・コモンズ環境に対応し，レファレンス・デスクへの担当者の配置も変化している。多くの図書館では，図書館利用者に固定したデスクを超えた，図書館利用者へのバーチャル・レファレンス・サービスと対人レファレンス・サービスの両方のサービスを上手に提供するために，コミュニケーション・スキルと情報テクノロジーを組み合わせている。

　図書館は，サービスのジャスト・イン・ケース・モデル（すなわち，常時レファレンス・デスクに最も熟練した図書館員を配置し，「どのような場合」でも誰かが要求される専門知識を提示する）からもっと実用的なモデルに変わろうとしている。顧客がこのステーションで高度なサービスを受けられると期待して来るので，図書館員はデスクを放棄していない。その代わり，図書館員はデスク・サービスを提供するため，さまざまな人を使ってこのような需要に応えている。このモデルでは，図書館員の特別のスキルと職業的責任が上手に生かされ，顧客が多様なニーズに対する援助を受けられる，単一のサービス・ポイントを提供できる。MLIS以外の高度な訓練を受けた担当者から支援が提供されることが増えている。ある場合には，図書館管理者は，インフォメーション・コモンズやラーニング・コモンズ図書館員のためのポストを設置する。それは，レファレンスの万能選手のみならず，満足のゆくテクノロジー支援を提供する図書

表10-4

担当者の配置	回答数	％
図書館員	100	78％
IT支援担当者	55	43％
図書館準専門職	72	56％
学　生	85	66％

＊複数回答可

館員の新しい業務分野である。学生アルバイトかキャンパスITの担当者といった形がほとんどであったテクノロジー支援は，デスクに追加された，数多くの新しい支援要員から成り立っていると，多くの図書館が報告している。

4.2 新しいレファレンス・デスクのための新しいスキル

次の質問は「ラーニング・コモンズ環境で成功するには図書館員にどのようなスキルが必要か」である。回答者は技術的スキルが不可欠であると回答した。担当者は，図書館顧客が課題を仕上げるために利用している最新の製品についての作業知識を持つばかりではなく，時間が経てば，これらの技術が次世代の生産性ソフトウェアにどのように移行していくのかについても理解しなければならない。そのような場合は，常に図書館製品についての深い理解も重要である。図書館員が頼りにしているレファレンス資源の多くが，デジタル領域（digital arena）に移行しつつあり（あるいは既に移行し），この流れは続くだけであろう。情報技術の発展についてのこのような理解を超えて，図書館員は，利用者が求める場面に，デジタル資源をどのように組み込めるかを調査し始めなければならない。ウェブページからこれらの資源に単にリンクを提供するだけではもはや不十分である。利用者がこれらのツールを必要とする可能性が最も高い場面で，そのアクセスを提供しなければならない。利用者が必要とするポイントに合わせて図書館資源を提示することは，何通りかの方法で成し遂げることができる。多くの大学では，教員が定期的に課題や必読図書を掲載する（*Blackboard WebCT*や*Sakai*のような）コース管理ソフトウェアを利用している。図書館員は教員と連携し，最も有益であることがわかっている資源に学生を案内する授業ガイドを作成できる。専門文献で議論されているように，今日の学生は，大学に多様な経験とスキルをもって入学してくる（Thomas and McDonald 2005, Oblinger and James 2005その他）。成功に必要なスキルを現在と未来の世代に提供するために，図書館員は，高等教育の学習理論や，学生が学術資料についての理解を示すよう，使用するツールと資源について最新の動向を把握していなければならない。MLISプログラムで教授されるべき重要なスキルや主題について質問したところ，多くの回答者は，テクノロジー，特に教育技術が新人図書館員の成功にとって重要であると識別した。

表10-5 MLISプログラムと新しい図書館員のスキル

要求されるスキル*	回答数	%
テクノロジー・スキル	119	85%
教育理論	90	64%
指導理論	111	79%
教育工学	119	85%

*複数回答可

　また，多くの回答者は，特に新人図書館員の大半が極めて連携の強い環境で作業することになるため，新人図書館員の成功にとってコミュニケーション・スキルが不可欠であると感じていた。

4.3 ラーニング・コモンズがレファレンス・デスクに与えるインパクト

　著者の主な関心は，ラーニング・コモンズ環境がレファレンス・サービスに与える影響について，図書館員がどのように認識しているかを発見することであった。

　電子メールやインスタント・メッセージ・ソフトウェアを介した電子レファ

表10-6 レファレンス・デスクへのラーニング・コモンズのインパクト

記述されたインパクト*	回答数	%
指導の増加[2]	24	17.5%
質問の深さの増加	9	6.6%
質問の深さの減少	15	10.9%
質問数の増加	15	10.9%
質問数の減少	16	11.7%
視認性の増加	15	10.9%
人の出入りの増加	12	8.8%
図書館の性格の変化	20	14.6%
提供されるサービスの増加	13	9.5%
協力の増加	17	12.4%
インパクトなし	16	11.7%
未回答（回答者はICがまだない）	2	1.5%

*複数回答可

レンスの遂行がしばらくの間日常的となる一方で，著者はレファレンス・デスクにおける新しい担当者配置モデルと並んで，図書館空間の再形成が，担当者の配置と提供されるサービスの両方の点で，レファレンス・サービスの遂行にどのようなインパクトを与えるかについて推察した。しかしながら，回答者はレファレンス・デスクでの局所変化を記述するよりは，インフォメーション・コモンズが図書館の性格の一般的変化に大きなインパクトを持っていることを示した。

　回答者は，レファレンス・ルームの開放的な配置が空間全体の新しい視線をあらわにし，レファレンス・デスクと学生のコモンズ利用についての視認性を強化したとコメントした。この物理的な開放性やアクセス可能性は，レファレンス・ルーム全体の雰囲気に影響を及ぼし，学生同士や学生と図書館職員の協力（collaboration）をしやすくした。また，協力の増加の中には，これらの新しい他のキャンパスの部署との作業が含まれている。回答者は，レファレンス・デスクにIT担当者と図書館員が配置された場合，サービスに対する複数の考え方や知識ベースが増加することを発見した。図書館への認識を変えようとする方針の変化（特に飲食と雑音の許容）もまた，成功しつつあるように思われる。回答者はラーニング・コモンズの背後にあるビジョンが実現しつつあることを示し，これらの新しい空間が学生生活と共鳴しつつあり，良くも悪くもにぎやかで活動的な場所となっていると説明している。多くの回答者はまた，コモンズがインストラクターとしての役割に影響を及ぼし，教授（teaching）が専門的活動の中心となっていると報告した。レファレンス・デスクでの質問に対する回答の責任が，今や多様なスキルを持つ個人によって分担されることが多いので，図書館員は核となる図書館調査や指導活動に自由に集中できる。調査結果で繰り返し見られたのは，紙詰まりや他の技術的な課題に悩む代わりに，図書館員は相談を通じた学生の調査や授業に時間をかけることで，学生の支援に集中できることである。調査結果は質問の数や多様性が増加していることを示しているが，同じ数の回答者が，寄せられる質問の知的な深さや複雑さの度合いが低くなっているとも報告した。おそらくこれによって，多くの回答者は，レファレンス・デスクとは別のところで，図書館利用教育のはけ口を探し出しているのである。

5. 成功と課題

回答者はまた，ラーニング・コモンズにおける成功と課題についてコメントしていた。

表 10-7　ラーニング・コモンズの成功

成功 *	回答数	%
人の出入りの増加	36	26.3%
指導の増加	21	15.3%
サービスの増加	4	2.9%

＊複数回答可

　最も報告が多かったラーニング・コモンズの成功は，図書館における人の出入りの増加である。環境の変化は図書館を魅力的な目的地とするように作用し，学生はそこで提供される新しいサービスや技術，共同作業空間を活用するため図書館に戻ってきた。だが，この成功には良くない面もあり，回答者の多くは騒音の増加がコモンズで直面している最大の課題であると述べた。回答者は騒音が大きくなると学生の課題への集中を妨げ，レファレンス・デスクでの学生との相談に支障を来たすと報告した。ラーニング・コモンズ・モデルの成功に由来するかもしれない別の課題は，継続的な財政支援がないと，不可能ではないにしても，この新しいさまざまなサービスや資源を支援するために必要なテクノロジーや人員配置のレベルの維持が難しくなってしまうという心配である。

　回答者が言及した最大の課題は，図書館員とIT専門家の間，場合によっては図書館員自身の間のサービス哲学の破壊である。

　回答者は，ラーニング・コモンズの実施が一部の図書館では論争となることを示した。多くの図書館員が，テクノロジーや統合サービス・デスクや共同作業環境が新しく重視されていることを受け入れている一方で，他の図書館員はコモンズでの業務を愉しんでいない。また，多くのラーニング・コモンズは，図書館やIT部門やキャンパスの他の部署の間で，一体となった取り組みの役割を果たすので，これらの空間についての包括的なミッションやアイデンティ

表 10-8　ラーニング・コモンズの課題

課題 *	回答数	%
哲学の破壊（パートナーの間）	38	27.7%
騒音の増加	27	19.7%
人の出入りの増加	19	13.9%
哲学の破壊（図書館員の間）	9	6.6%
図書館のアイデンティティの喪失	10	7.3%
設備・訓練への投資	22	16.1%

＊複数回答可

ティへの合意への到達は簡単ではない。おまけに，回答者は，コモンズに配置される人たちの共同作業環境を整える場合に，図書館やITやキャンパス管理の構成員が重要な役割を持っていることを識別した。彼らが建物の計画で協働するように設定した事例は，担当者の仕事上の関係について強い影響を及ぼす。

6. 不　安

回答者の25%以上がコモンズにおけるテクノロジーを不安の主な要因として挙げた。この割合は，他の不安要因の割合の2倍以上である。

回答者は，生産性ソフトウェアやその他のテクノロジーによって学生を効果的に支援するため，担当者のスキルを最新の状態に維持することに不安があると述べた。図書館員や技術支援担当者に対するデスクでの十分なテクノロジーの訓練が，この不安を和らげるかもしれない。監督者は，これらの環境で継続教育プログラムを担当者〔養成〕計画の標準的な部分とすることを検討しなければならない。さらにもう一つの懸念は財政支援に関連している。これらの新しい空間が古くなったとき，図書館の被雇用者は，コンピュータやソフトウェアを更新し，突き詰めるとキャンパスの技術センターとしてのコモンズの位置を維持するための資金を獲得することができるだろうか。図書館員は他の非図書館部署と連携するので，一部の回答者は，ラーニング・コモンズで起こることに対する管理権のレベルが減少することを懸念している。空間の共有はその

表10-9 ラーニング・コモンズに関連した不安

不安*	回答数	%
図書館員の地位の良くない変化	10	7.3%
図書館員は不要	14	10.2%
図書館・図書館員のアイデンティティ	11	8.0%
図書館の管理を超えること	16	11.7%
協力に伴う問題	7	5.1%
テクノロジー	35	25.5%
変化	11	8.0%
多すぎる作業	11	8.0%
不安なし	15	10.9%

＊複数回答可

空間の用途についての考え方の共有を要求するので，共同作業環境の成功を享受している回答者は，サービスや建物の利用は時間が経てば自然に進化することを発見するかもしれない。3番目に多い回答は，不安が皆無であり，ラーニング・コモンズ・モデルが一般的な著しい変化の生みの苦しみを超えた，非常に多くの不安を気にせずうまくいっていることであった。

7. むすび

大学はキャンパスの境界を越えた世界の小宇宙として説明されることが多いのと同様に，ラーニング・コモンズは大学の小宇宙である。図書館は，今や従来の図書館の壁を越えた，教室やコンピュータ・センターや学生の社会空間や大学部署を統合しているかもしれない。ラーニング・コモンズはまさにウェブ2.0ダイナミックの具現である。すなわち，それは社会空間や共同空間であり，プロセス指向空間であり，そして変化する空間である。このような環境で，図書館は従来のレファレンス・サービスの提供のみならず，過去には図書館の活動領域外と見なされたサービスの提供に挑んでいる。この難問に対処するために，物理的なサービス・ポイントで卓越したレファレンス・サービスの提供を続けるのみならず，われわれのスキルをキャンパスという社会環境に届けなけ

ればならない。初年次教育プログラムに参画し，学生自治会の行事に出席し，図書館ゲームの夕べ（library gaming nights）を主催し，学部や学生寮での個人レファレンスを提供し，他の社会イベントに出席することによって，図書館員は学生や教員と交流し，コミュニティの構築を始めることができる。また，図書館員は，物理的世界及び仮想世界の両方のデスクを超えたアクセスの提供を可能にする新しいスキルを開発していることを発見するかもしれない。ラーニング・コモンズ・モデルに従えば，図書館員は，学生が宿題の達成やプロジェクトの成功を生み出すのに必要なキャンパス・サービスを図書館にもたらす，戦略的パートナーシップを展開することができる。新しい環境は変化し続けるので，達成をあてにせず，これらの成功を信頼の獲得や新しいサービスの展開，新しいスキルの習得に利用することに留意しなければならない。

文献案内

- Beagle, D. 2006. *The Information Commons Handbook.* New York: Neal-Schuman Publishers.
  本書で著者はインフォメーション・コモンズが何であるかのみならず，大学図書館におけるインフォメーション・コモンズの役割についても説明している。また，本書はインフォメーション・コモンズの計画と設計の実務側面も扱っている。

- Bennett, S. 2007. First questions for designing higher education learning spaces. *Journal of Academic librarianship* 33 (1): 14-26.
  本論文で著者は，ラーニング・コモンズを設計する際に，すべての大学図書館が質問すべき6つの基本的な質問を示している。これらの質問は，学業と学業成績のための効果的な環境を提供するための運用上ないしは物理的な問題というよりは「その空間で起こしたい学習の性格に」焦点を当てている (p. 14)。著者は，彼の意見を全国学生関与調査のデータで補強している。

- Dallis, D., and C. Walters. 2006. Reference services in the commons environment. *Reference Services Review* 34 (2):248-260.
  本論文は，大規模研究図書館における学士課程学生を支援する新しいインフォメーション・コモンズの計画と実施について述べている。著者は「コモンズ環境がレファレンス・サービスと環境へ及ぼす影響」について述べ，「インフォメーション・コモンズにおける利用者サービスが成功するには図書館と情報テ

クノロジー供給者との間に強い連係が重要であることを浮き彫りにしている」(p. 248)。

- Fischer, B. 2005. "The ultimate Internet café: Reflections of a practicing digital humanist about designing a future for the research library in the digital age." In *Library as Place: Rethinking Roles, Rethinking Space.* Washington, DC: Council on Library and Information Resources: 41-55.
  本論文で著者は未来の図書館を想像し,進歩したテクノロジーに対応する新しい図書館の役割と並んで,サービスと物理的空間の変革を含む現代の研究図書館を形成するテクノロジーの役割について述べている。

- Gardner, S., and S. Eng. 2005. What students want: Generation Y and the changing function of the academic library. *portal: Libraries & Academy* 5 (3): 405-420.
  本論文は,2003年に実施した学士課程学生調査の結果を検討している.本調査は,これらの学生を対象に聞き取り調査を行い,図書館サービスと利用者の期待について質問した。著者は本調査をジェネレーションYの構成員の研究に利用し,将来拡大または発展させる必要のあるサービスが何であるかを予測しようする。

- Hein, K. K. 2006. Information uncommon: Public computing in the life of reference. *Reference Services Review* 34 (1): 33-41.
  本著者は,従来のデスクで新しいテクノロジーを提供するための試行の際,レファレンス担当図書館員が果たす役割について述べている。著者は,大学図書館のインフォメーション・コモンズのレファレンス・デスクのベスト・プラクティス・モデルを通知するかもしれない観察を提供する一方で,空間管理と人事管理の両方を概観する。

- Lippincott, J. K. 2004. New library facilities: Opportunities for collaboration. *Resource Sharing & Information Network* 17 (1): 147-157.
  本論文では,図書館顧客に対する包括的なサービスを提供するために他のキャンパスの部署とどのように連携できるか,連携しなければいけないかについて,プロジェクトの構築と再モデル化を通じて論じている。

- MacWhinnie, L. A. 2003. The information commons: The academic library of the future. *portal: Libraries & the Academy* 3 (2): 241.
  マクウィニーは,指導指針と特徴のスナップショットを提供し,各建物の長所と短所を評価するため,米国とカナダのインフォメーション・コモンズを概観

している。

- Oblinger, D. G. ed. 2006. *Learning Spaces.* Educause, http://www.educause.edu/learningspaces.
  本論文集は，利用者中心の学習空間の哲学的根拠を調査したもので，「学習者の期待が，そのような空間や学習を容易にする原則や活動や学習環境を作成する側の視点から見たテクノロジーの役割にどのような影響を及ぼすか」に重点を置いている。この電子書籍はまた，国際的な事例と同様に米国中の「革新的な学習空間」の 30 の事例研究を含む。

- Oblinger, D. G. and L. James eds. 2005. *Educating the Net Generation.* Educause. http://www.educause.edu/educatingthenetge.
  本論文集は，ネット世代が高等教育に及ぼす影響を検討する。全体にわたって，本著作はネット世代のスキルや経験と，彼らが入学した場合，これらの要因が彼らの期待にどのような影響を与えるかを調査する。本書はまた，これらの学生の授業におけるテクノロジー利用について議論する。

- Spencer, M. E. 2006. Evolving a new model: The information commons. *Reference Services Review* 34 (2): 242-247.
  本論文は，インフォメーション・コモンズの考え方の発展を跡付けている。著者はレファレンス・サービス，利用者の期待や計画を検討する。インフォメーション・コモンズ・モデルの将来の発展と拡張についての提言を行う。本論文はまた，インフォメーション・コモンズ・エリアのある図書館の事例の URL を含む。

- Thomas, C. and R. H. McDonald. 2005. Millennial net value(s): Disconnects Between Libraries and the information age mindset. *Proceedings of the Free Culture & the Digital Library Symposium.* Emory University, Atlanta, GA October 2005. http://dscholarship.lib.fsu.edu/general/4/.
  ［2012 年 7 月 1 日現在アクセス不能］
  本論文で著者は，ネット世代の図書館への影響を検討している。著者は，この図書館利用者の台頭しつつあるグループが，情報は彼らの情報環境に統合されると期待していることを示す。本論文は，この世代の利用者や他の世代の利用者のニーズを支援するため，図書館がどのようにツールや戦略を開発できるかについて検討する。

- Van Scoyoc, A. M. and C. Cason ［Barratt］. 2006. The electronic academic library: Undergraduate research behavior in a library without books.

portal: Libraries & the Academy 6（1）: 47-58.
本研究は，厳密な電子図書館環境における学士課程学生の研究行動を吟味する。著者は，この新しい図書館で学生が研究を行う際にどのような資源に依存するかを発見するために調査した。著者は，学生が研究ニーズのため，主にインターネットのサイトやオンライン指導モジュールにある資料に依存することを発見する。著者は，これらの発見の説明可能な理由や，この結果が示す新しい教育実践について議論し，今後研究を進める領域を明確にする。

参考文献

- Beagle, D. 2006. *The Information Commons Handbook*. New York: Neal-Schuman Publishers.
- Fischer, B. 2005. "The ultimate Internet café: Reflections of a practicing digital humanist about designing a future for the research library in the digital age." In *Library as Place: Rethinking Roles, Rethinking Space*. Washington, DC: Council on Library and Information Resources: 41-55.
- Gardner, S., and S. Eng. 2005. What students want: Generation Y and the changing function of the academic library. *portal: Libraries & Academy* 5（3）: 405-420.
- Oblinger, D. G. ed. 2006. *Learning Spaces*. Educause. http://www.educause.edu/learningspaces.
- Oblinger, D. G. and L. James eds. 2005. *Educating the Net Generation*. Educause. http://www.educause.edu/educatingthenetge.
- Spencer, M. E. 2006. Evolving a new model: The information commons. *Reference Services Review* 34（2）: 242-247.
- Thomas, C. and R. H. McDonald. 2005. Millennial net value(s): Disconnects Between Libraries and the information age mindset. *Proceedings of the Free Culture & the Digital Library Symposium*. Emory University, Atlanta, GA October 2005. http://dscholarship.lib.fsu.edu/general/4/.［2012年7月1日現在アクセス不能］

注

1) 17の質問中3の質問が自由回答で，統計ソフトウェア（SPSS）を使用して表にするため数値に変換する必要があった。著者はこれらの自由記述の回答に回答カテゴリー（すなわち，不安―状態，不安―協力）と，「はい」「いいえ」「省略」の値を付与することによってコード化した。回答者が特定の不安カテゴリーをはっきり上げなかった場合は，私たちは「いいえ」とし，回答者がそうした場合は「はい」とし，回答者が質問をすっかり飛

ばした場合は「省略」とした。自由記述の回答が複数のカテゴリーに分類される場合は，％の合計が100にならないかもしれない。
2) 指導の増加は報告された回答で最も高く，従来の環境からラーニング・コモンズ環境への変化による指導の減少を誰も報告しなかった。

終 章

国内の大学図書館におけるラーニング・コモンズの現状：アンケート調査を中心に

小山　憲司

はじめに

　東京大学附属図書館の職員として，筆者がワシントン大学（University of Washington）を訪問したのは1998年11月のことである。アメリカの大学図書館における情報リテラシー教育について調査するためであった[1]。訪れたオデガード学習図書館（Odegaard Undergraduate Library）の2階には，240台のコンピュータが設置されたUWired Commonsと呼ばれるコンピュータ・コーナーが広がっていた。そこには，学生アルバイトの相談員が常駐し，コンピュータの利用相談やトラブルに対応していた。同じ建物内には，教員専用のコンピュータ・ルームもあった。ここで教員は，コンピュータの利用はもちろん，コンピュータの使い方のレクチャを受けたり，相談したりすることもできた。学生だけでなく，教員もまたサービス対象者なのである。こうしたサービスを展開するのは，UWiredと呼ばれる組織で，教務（Office of Undergraduate Education），コンピュータ部門（Computing & Communications），そして附属図書館が協同して1994年に設立した。先のUWired Commonsは1997年に開設されたもので，当時アメリカで広がりつつあった，いわゆるインフォメーション・コモンズの一つであった。

　国内におけるこうした施設およびサービスの端緒としては，2000年に増築された国際基督教大学のミルドレッド・トップ・オスマー図書館での取り組み

や，2001年に竣工した筑波大学図書館情報学図書館の情報メディアユニオンが著名である。また，これらに先んじて，1996年5月には東京大学総合図書館2階に教育用計算機センター（現情報基盤センター）のコンピュータが配置されたメディアプラザが設置されている。その後，インターネットの普及，情報源の電子化の進展に伴って，各大学図書館でもコンピュータとインターネットを利用できる環境が整備されていった。そして最近では，ラーニング・コモンズという名称のもと，多くの大学図書館でコンピュータが利用できるグループ学習空間の設置が広がりつつある。

　こうした施設，サービスは，同じ名称を共有しているものの，その中身は大学によって異なる。逆に，ラーニング・コモンズという名称を用いていないが，それと同等のサービスを展開している大学もある。では，国内におけるラーニング・コモンズはどのような状況にあるのであろうか。

　2010年7月から8月にかけて質問紙による悉皆調査（送付数755館）を行った呑海らによれば，回答館516のうち15.5％にあたる80館がラーニング・コモンズを設置しているとのことであった[2]。また，2011年3月から4月にかけて実施された立石による同様の調査（送付数730館）では，回答館381のうち，119館（31.2％）がラーニング・コモンズを設置していると回答している[3]。ただ，ここで留意したいのは，いずれの調査でもラーニング・コモンズそのものの定義を回答者側に委ねている点である。たとえば，2つの調査においてラーニング・コモンズの設置年を尋ねているが，呑海らの調査ではもっとも古いものが1989年，立石のそれでは23館（17.0％）が1990年代以前と回答している。たしかに，1980年末から1990年代にかけて，今日のラーニング・コモンズがもつ機能やサービスを先進的に実践した図書館の事例もあるであろう。しかしながら，それらのなかには，いわゆる今日われわれがラーニング・コモンズと呼んでいるものとは異なるものが含まれる可能性もあることを留保する必要があるだろう。

　上述した2つの調査が悉皆調査であるのに対して，本調査はラーニング・コモンズという名称をもつもの，あるいはラーニング・コモンズとして文献等で紹介されているものを選択し，これらを対象に質問紙調査を実施した，いわゆるサンプル調査である。ラーニング・コモンズの実態を明らかにするのであれ

ば，悉皆調査を実施するのが適切である。しかし，先の2つの調査にも現れたように，各大学によってそのサービスや設置形態が多様であるため，ラーニング・コモンズが指し示す内容が必ずしも共有されていない。このことを考慮し，本調査ではサンプル調査によって，ラーニング・コモンズの現状を把握することに主眼を置いた。したがって，国内のラーニング・コモンズの普及状況を知ることはできないが，個々の具体的な事例をつうじて，2010年時点でのラーニング・コモンズの実態やその特徴を明らかにすることが本稿の目的である。

1. 調査概要

1.1 調査対象

本調査では，これまでに発表されたラーニング・コモンズに関する文献で取り上げられた大学を中心に調査対象を選定した[4]。これらに加え，検索エンジンを用いて，ウェブで発信されているラーニング・コモンズに関する情報を調査したほか，複数の大学図書館関係者から助言をもらい，調査対象に加えた。その結果，37大学が調査対象の候補となった。

1.2 調査方法

2010年11月末から12月にかけて，調査対象である37大学に電子メールを利用して調査票を送付した。その結果，34大学から回答を得た。このうち，ラーニング・コモンズに該当するサービスはないと回答した大学が3件，現在計画中であるため回答できないとした大学が1件あり，本章で分析の対象とするのは30大学となった。なお，筑波大学，新潟大学，大阪大学，名古屋学院大学には，各大学にそれぞれ2つのラーニング・コモンズが設置されているので，分析対象は30大学34施設となる（以下，特に断りのないかぎり，ラーニング・コモンズの設置数の単位を館と表記する）。

その後，すべての大学からの回答をとりまとめたのち，調査票では得られなかった情報を2011年1月にあらためて電子メールを利用して確認した。各大学からの回答は，章末にまとめて掲載した。

以上の情報に加え，各大学のウェブ・サイト等を参照し，調査票で確認しな

かった，あるいはできなかった情報を補足したほか，これまで筆者が訪問した際に担当者等から収集した情報をも追加した。

2. 調査結果

2.1 ラーニング・コモンズの概要
(1) 設置年度

設置年度ごとにみると，2000年度にラーニング・コモンズを設置した図書館が2館，2003年度が1館，2006年度が3館，2007年度が1館，2008年度が5館，2009年度が10館，2010年度が12館であった（図終-1）。調査した34館のうち，約8割が最近3年間に設置されたものであった。

このうち，もっとも早かったのは新設大学である公立はこだて未来大学で，2000年4月である。文献等でもよく紹介される国際基督教大学は2000年9月1日で，この2館が国内のラーニング・コモンズ設置の嚆矢といえる。

2006年度までに設置された6館のうち，5館は新築あるいは増築された際にラーニング・コモンズが整備されたものである。先に示した公立はこだて大学のほか，横浜国立大学（2003年4月），成蹊大学（2006年9月），名古屋学院大学名古屋キャンパス（2007年3月）が新館で，国際基督教大学は増築されたミルドレッド・トップ・オスマー図書館（2000年9月）にスタディエリアと呼ばれるPCフロアが設けられた。名古屋学院大学を除き，いずれの大学もラーニング・コモンズという名称は用いていないものの，コンピュータやネットワー

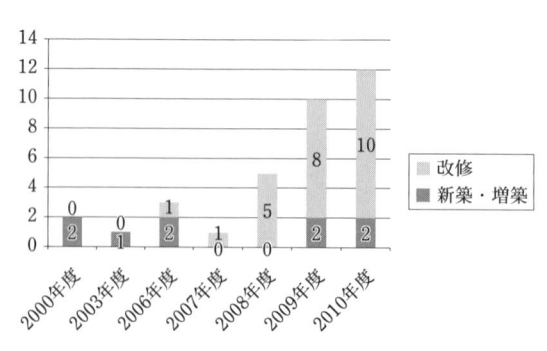

図終-1 ラーニング・コモンズの設置年度と整備方法

年度	新築・増築	改修
2000年度	2	0
2003年度	1	0
2006年度	2	1
2007年度	0	1
2008年度	0	5
2009年度	2	8
2010年度	2	10

ク情報資源の利用，学生によるグループでの学習活動を視野に入れた設計となっている点が共通している。なお，名古屋学院大学でも，当初はラーニング・コモンズを意識したことはなく，2004年10月に図書館，情報教育センター，外国語教育センター，基礎教育センターが学術情報センターに統合され，新キャンパスである名古屋キャンパスにセンター新館を建設する際に，それぞれの機能を実現した結果，現在の形になったということである。ラーニング・コモンズの名称も新館が竣工してからつけられたという。広島文教女子大学では，2000年4月に新館が開館した際，1階に60台のコンピュータが設置された。その後，2006年4月にグループ学習コーナーが新設され，ラーニング・コモンズ的な機能を担うようになった。

　一方，2007年度以降に設置されたラーニング・コモンズの多くは，既存の図書館施設の改修によるもので，28館中24館がそれにあたる。このうち，もっともはやく開設されたのがお茶の水女子大学（2007年4月）のものであった。その1年後に筑波大学図書館情報学図書館および東京女子大学の「マイライフ・マイライブラリー」が開設されている。これらの取り組みがその後のラーニング・コモンズの手本となったことは，さまざまな講演や文献で取り上げられていることからも想像に難くない。

（2）名　称

　「ラーニング・コモンズ」「ラーニングコモンズ」または英語表記である「Learning Commons」という名称を使用している図書館は17館で，全体の半数を占める。また，愛称など，その他の表現を用いている図書館が6館ある。具体的には，金沢大学の「KULIC-α」，静岡大学の「ハーベストルーム」，京都大学の「学習室24」，広島大学の「BIBLA［ビブラ］」，九州大学の「きゅうとコモンズ」，早稲田大学の「スチューデントコモンズ（仮）」である。

　このほか，特定の名称を設けていない図書館が11館あった。このなかには，図書館全体がラーニング・コモンズとしての機能を有しているために特定の名称を付けていないと回答した公立はこだて未来大学，武蔵野美術大学，ソニー学園湘北短期大学が含まれる。また，東京女子大学の「マイライフ・マイライブラリー」のように，ラーニング・コモンズを含めた図書館の機能全体を表現

図終-2 ラーニング・コモンズの面積

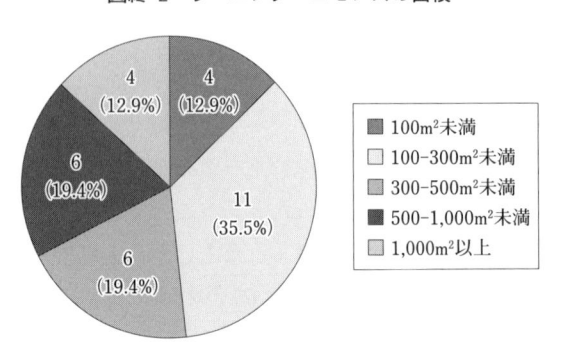

- 100m² 未満: 4 (12.9%)
- 100-300m² 未満: 11 (35.5%)
- 300-500m² 未満: 6 (19.4%)
- 500-1,000m² 未満: 6 (19.4%)
- 1,000m² 以上: 4 (12.9%)

した名称を用いた大学もある。

(3) 広さ

ラーニング・コモンズの面積について尋ねたところ，31館から回答があった。その結果，100-300 m² 未満の図書館がもっとも多く，11館であった（図終-2）。ついで300-500 m² 未満が6館，500-1,000 m² 未満が同じく6館である。1,000 m² を超えるラーニング・コモンズを有するのは4館であったが，このうち成蹊大学は，図書館全体がラーニング・コモンズとして機能しているということで，利用者スペースの多くがこれにあてられている。一方，国際基督教大学，名古屋大学，湘北短期大学は，建物の1階ないし2階相当がラーニング・コモンズにあてられている。

(4) 設置場所

今回の調査では図書館内に設置された，あるいは図書館が関与したラーニング・コモンズを対象としているため，その多くが図書館内で運営されている。しかしながら，図書館内でも設置場所は多様である。

図終-3は，ラーニング・コモンズの設置場所を示したものである。図書館の入館ゲート内に設置されているものが22でもっとも多いが，たとえば，お茶の水女子大学や京都大学のように，図書館の入館ゲート外にラーニング・コモンズを整備したものがある。

お茶の水女子大学では，ラーニング・コモンズに併設して，ラウンジやキャ

図終-3 ラーニング・コモンズの設置場所

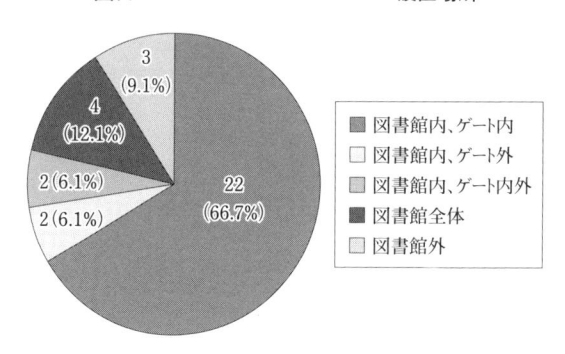

■	図書館内、ゲート内
□	図書館内、ゲート外
	図書館内、ゲート内外
■	図書館全体
	図書館外

- 22 (66.7%)
- 4 (12.1%)
- 3 (9.1%)
- 2 (6.1%)
- 2 (6.1%)

リアカフェがある。会話もできるコミュニケーションの場を入館ゲート外に設けることで，他の図書館スペースとのゾーニングが実現されている。また，京都大学の「学習室24」は，24時間学習できる空間を企図して設けられた施設ということもあり，図書館閉館後でもアクセスできるよう，入館ゲート外に置かれている。なお，「学習室24」は個人学習を中心とした施設で，コンピュータも設置されていないが，無線LANのアクセス・ポイントが用意されているので，コンピュータを利用した学習もできる。また，併設された「なごみ」という飲食可能なスペースに設置された4，5人用の丸テーブルでは，グループ学習が行われている光景が見られるとのことである。

このほか，入館ゲートの内外に分散してラーニング・コモンズの機能を整備した図書館も2つある。横浜国立大学と金沢大学である。

横浜国立大学では，図書館内（入館ゲート内）にあるPCプラザのほか，同じ建物の1階（入館ゲート外）に情報ラウンジやメディアブースが用意されている。情報ラウンジでは隣接するカフェを利用しながら，グループで学習することもできる。またメディアブースと呼ばれる，パソコンが備え付けられた学習室が6つ用意されており，学生は自由に利用できる。もう1つは金沢大学の事例である。グループ学習できるコラボスタジオ，情報検索コーナーであるインフォスクエアといった館内スペースに加え，入館ゲート横にはカフェを併設したブックラウンジと呼ばれる空間がある。金沢大学のラーニング・コモンズKULIC-α は，これらを総称したものである。

一方，図書館とは別の建物にラーニング・コモンズが設けられた事例も3件

あった。三重大学，大正大学，広島工業大学がこれに該当する。いずれも講義教室等を有する建物内に設置されている。大正大学は新7号館，広島工業大学は三宅の森 Nexus21 と称する，それぞれ新築された建物の一部にラーニング・コモンズが設けられている点が特徴である。また，三重大学のラーニング・コモンズは，1・2年生が主として教養教育を受ける講義棟1階の教室を改修したものである。図書館からは物理的に離れているものの，図書館資料の一部を排架したり（3館共通），人的なサービスを手当てしたりする（大正大学）など，学習空間の提供だけでなく，学習支援にも力を入れている。

2.2　学習する場としての施設・設備
（1）　コンピュータの設置台数

コンピュータの設置状況について尋ねたところ，設置している図書館が27館，設置していない図書館が6館であった。コンピュータを設置している図書館のうち，50台未満の図書館が16館，50〜99台までを設置するのは8館，100台以上を設置しているのは3館であった（図終-4）。

コンピュータを設置していない図書館は，京都大学，静岡大学，三重大学，大妻女子大学，昭和女子大学，名古屋学院大学瀬戸キャンパスの6館である。このうち，昭和女子大学および大妻女子大学を除く4館では，次に述べる無線LAN が用意されていることもあり，学生はノートパソコンを持ち込んで，インターネットを利用できる。大妻女子大学では，ラーニング・コモンズではパソコンを利用できないが，地下1階の AV・情報メディアルームにコンピュー

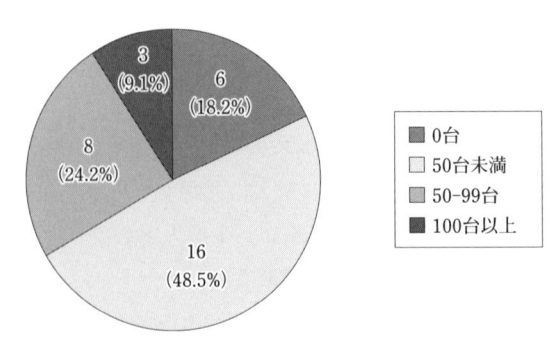

図終-4　ラーニング・コモンズに設置されるコンピュータの台数

タが用意されている。また，昭和女子大学では同じ建物内にコンピュータ教室があるほか，平成23年度に図書館内全体で無線LANを利用できるよう計画を進めている。

　備え付けのコンピュータとは別に，図書館等でノートパソコンを貸し出している大学も少なくない。本調査ではこうしたサービスの有無について直接は尋ねていないが，その他の物的サービスの項目，またアンケート調査後の個別の確認調査等で，このことについての回答を得た。具体的には，お茶の水女子大学，大阪大学中央図書館および理工学図書館，大正大学，上智大学，東京女子大学，成蹊大学，湘北短期大学が該当する。

　このほか，調査回答大学のなかには，全学生にノートパソコンを配布している，あるいは必携としている大学もある。これに該当するのは，金沢大学や公立はこだて未来大学，名古屋学院大学である。

（2）無線LAN

　無線LANのアクセス・ポイントはほぼすべての図書館（30館）で用意されている。学生が個人の所有するノートパソコンを持ち込んで，インターネットに接続できる環境は，ラーニング・コモンズに限らず図書館もしくは当該施設のなかで整えられていることが多かった。

　設置のなかった図書館は4館ある。このうち，東京女子大学は図書館内にアクセス・ポイントはないが，図書館に隣接する建物に無線LANのアクセス・ポイントが設置されており，それを利用することができる。また，昭和女子大学および広島文教女子大学では現在，アクセス・ポイントの設置が計画されている。

（3）プロジェクタ

　ラーニング・コモンズにプロジェクタを備え付けている図書館は，34館中13館であった。また，プロジェクタを貸し出している図書館も16あった。異なり数でみると，25のラーニング・コモンズでプロジェクタが利用できる。

　本調査ではスクリーン設置の有無は尋ねていないが，管見の限りでは，スクリーンが備え付けられている図書館のほか，ホワイトボードや壁そのものをス

クリーンに利用しているようである。

（4）レファレンス・コレクション

辞書や事典などのレファレンス・コレクションをラーニング・コモンズに排架していると回答した図書館は，13館であった。このうち，東京女子大学および湘北短期大学は図書館全体あるいはその一部がラーニング・コモンズの機能を担っていることから，また名古屋大学ではレファレンス・コーナーがラーニング・コモンズに組み込まれているため，その冊数が大きくなっている。逆に，既存のレファレンス・コーナーにラーニング・コモンズが隣接あるいは近接している場合には，別途これらの資料を用意する必要はないのかもしれない。

このほか，レファレンス・コレクションとは異なるが，図書館外にラーニング・コモンズが設置されている大正大学および広島工業大学では，図書館が主体となって新聞や雑誌を排架するというユニークな取り組みがみられた。

（5）その他

（1）から（4）以外にも，各大学の特色によって，物的サービスが展開されている。ホワイトボードについての言及が多かったが，それ以外にも大型プラズマディスプレイ（筑波大学）や液晶テレビ，UPIC（いずれも上智大学），OHC（東京女子大学）といった表示装置，スキャナ（新潟大学，多摩美術大学）やプリンタといった情報の入出力装置，さらにデジタルカメラやデジタルビデオカメラ（湘北短期大学），取り込んだ情報を加工するための設備（多摩美術大学，名古屋学院大学）といったマルチメディア関係機器などを整備する図書館も見受けられた。

施設・環境面でのサービスとして，カフェもしくは飲食できるスペースを用意する図書館も見受けられた。カフェの設置では，横浜国立大学の事例が早くから注目されてきたが，金沢大学でも同様のサービスが開始されている。筑波大学中央図書館や名古屋大学附属図書館では，ラーニング・コモンズの一部としての設置ではないが，入館ゲート外にカフェが運営されている。また，お茶の水女子大学や鳥取大学のように，自動販売機を用意している図書館があるほか，京都大学や東京女子大学のように，飲食できるスペースを別に設けている

図書館もある。このほか，ラーニング・コモンズにかぎらず，図書館の一部あるいは全館でペットボトルなどの蓋付き飲み物を許可している大学もあった。

2.3 学習を支援する場としてのサービス

ラーニング・コモンズは，単なるコンピュータの利用できるグループ学習空間としてだけではなく，学内の他部署とも連携しつつ，人的な側面からの支援をも提供できる場として機能していることは，マクマレンが2007年に行った調査からも確認される[5]。本節では，学生の学習を支援する人的なサービスについて，教職員によるものと学生によるものの2つの側面から，調査結果をまとめた。

2.3.1 教職員による学習支援サービス
（1） 図書館員による支援

本調査では，ラーニング・コモンズのサービス・ポイントでどの職種の職員が対応しているかによって，学習支援サービスの現状を確認した。

まず，図書館員が対応しているケースである。図書館員が常駐するサービス・デスクの有無について尋ねたところ，「あり」と回答した図書館は，約3割にあたる10館であった。このうち，大阪大学総合図書館，広島大学，武蔵野美術大学，および湘北短期大学は，図書館のレファレンス・カウンターがその機能を果たしているとの回答であった。ここで「なし」と回答した図書館であっても，同様の形態でサービスを展開している図書館は多いものと推測される。一方，図書館員を常駐させながらサービスを展開しているのは，6館である。このうち，他のカウンターと同程度のサービス時間を確保しているのは，国際基督教大学，上智大学，法政大学，名古屋学院大学瀬戸キャンパス図書館の4館であった。残る2館のうち，金沢大学では試行的に昼休み時間にあたる12時から13時に，サービス・デスクに図書館員を常駐させている。また，名古屋大学では，平日15時から19時に，非常勤職員として雇用した大学院生を総合サポートカウンターに置き，図書館の利用支援，学習支援，IT支援を行っている。これら知識・技術の育成は，附属図書館が行っている。なお，名古屋大学のラーニング・コモンズが置かれている2階は，貸出・返却カウンターや

参考調査カウンターが集中しており，図書館サービスの中心はこちらが担当しているとのことである。

（2）IT担当職員による支援

コンピュータの利用やトラブル等に対応するサービス・デスクを設置している図書館は，6館にとどまった。それぞれの事例について，簡単に紹介する。

まず広島大学では，情報メディア教育研究センターの職員が総合カウンターと呼ばれるカウンターに図書館員と常駐している。横浜国立大学では，情報基盤センターが雇用している学生アルバイトが2階のPCプラザに常駐している。名古屋大学の事例は（1）で述べたとおりである。

大正大学のラーニング・コモンズは図書館とは別棟にあるが，ここには，コンシェルジュと呼ばれる職員（大学が契約した派遣社員）が常駐し，パソコン等のITに関する支援のほか，ライティングの支援も行っている。このサービスは教学支援部が担当している。教学支援部とは，ラーニング・コモンズが開設される直前に，新しく組織された学務系の部署である。ラーニング・コモンズの直接的な管理運営は教学支援部が担っているが，学習支援環境の構築を目指して設置された空間ということもあり，図書館との協働が図られているとのことである。

また，名古屋学院大学では，図書館は学術情報センターという組織の一部であり，IT担当者もまた同じ組織に所属している。このことから，名古屋キャンパスではラーニング・コモンズ内に独立したデスクが設置されているほか，瀬戸キャンパスでは，図書館カウンターのある2階（ラーニング・コモンズは3階）に担当職員が常駐し，対応している。

このほか，湘北短期大学では，ITコンシェルジェと呼ばれる職員を配置している。同大学は，平成20年度文部科学省「質の高い大学教育推進プログラム」，いわゆる教育GPに採択され，「図書館を実践の場とする学科横断PBL教育」と題するプログラムを推進してきた。その一環として，ラーニング・コモンズ機能を実現し，展開してきた。ITコンシェルジェの配置もその一部である。

なお，本調査からだけでは明らかにできないが，（1）同様，図書館の既存の

カウンター等がコンピュータの利用やトラブルに関する対応をしている図書館は少なくないであろう。たとえば，国際基督教大学からの回答によれば，コンピュータの基本操作指導は図書館員が行っている。

(3) ライティング支援

　レポートや卒業論文など，アカデミック・ライティングを支援するライティング・センター，もしくは同等の機能を提供しているのは，3 館（大正大学，国際基督教大学，湘北短期大学）のみであった。先に掲げた大正大学のほか，国際基督教大学では，教養学部長室と図書館とが共同で，教員から推薦のあった大学院生をチューターとして雇い，学生の個別指導を行う完全予約制のサービスとして，2010 年 12 月からライティング・センターを開設した。湘北短期大学では，学生部が学外の大学院生 2 名を雇用し，図書館に配置している。

　ラーニング・コモンズ以外でライティング等を支援するサービスを提供している大学もある。早稲田大学のライティング・センターや昭和女子大学のライティング・サポート・センター，広島文教女子大学の学習支援室などがその一例である。

2.3.2 学生による学習支援サービス

　TA（Teaching Assistant）や SA（Student Assistant），その他学生を中心とするピア・サポート・スタッフによる学習支援の実施状況について尋ねたところ，TA・SA による支援を実施している図書館は 8 館，ピア・サポート・スタッフによるサービスを展開しているのは 7 館であった（図終-5）。

　TA・SA による支援の内容をみると，お茶の水女子大学，成蹊大学では，コンピュータの利用対応が主であるのに対し，上智大学，東京女子大学ではレポート作成支援を主なサービスとしている。また，大阪大学中央図書館および理工学図書館，奈良女子大学では，図書館利用支援からレポート作成支援まで幅広く行われている。特に，大阪大学ではパスファインダーの作成や情報リテラシー講習会なども行っている。情報リテラシー講習会は，東京女子大学の TA である学習コンシェルジェも担当している。このほか，筑波大学図書館情報学図書館では，もともと学生が主体となって設置，運営されてきたラーニン

図終-5 学生による学習支援サービスの実施状況

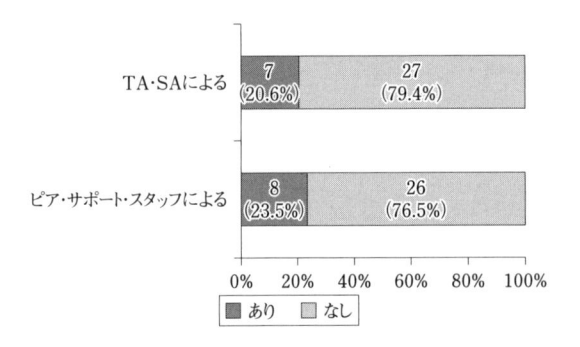

TA・SAによる: あり 7 (20.6%) / なし 27 (79.4%)
ピア・サポート・スタッフによる: あり 8 (23.5%) / なし 26 (76.5%)

グ・コモンズということもあり，人的支援も学生であるチューターが担当している。そのサービス内容も自らの経験に即して，企画・実施されている[6]。

一方，7館で行われているピア・サポート・スタッフによる支援は，名古屋大学のように，全学組織である学生総合センター所管のピア・サポートをラーニング・コモンズで実施するものから，金沢大学や東京女子大学のように，図書館が主導する学生ボランティアによる支援までさまざまである。このうち，東京女子大学では，先のボランティア・スタッフのほか，排架や図書館利用案内を担当するサポーター，コンピュータの利用を支援するシステム・サポーターといったように，学生を積極的に図書館運営に参加させることによって，学生自身の育成をも図る学生協働サポート制度を展開している。この取り組みは，平成19年度文部科学省「新たな社会的ニーズに対応した学生支援プログラム」，いわゆる学生支援GPとして採択された「マイライフ・マイライブラリー：学生の社会的成長を支援する滞在型図書館プログラム」の一環として実践されている。さらに，筑波大学図書館情報学図書館の取り組みは，ラーニング・コモンズの運営そのものが学生を中心として行われている点でユニークである。

2.4 特徴的な取り組みの事例

本調査の最後に，それぞれの大学における特徴的な取り組みについて尋ねたところ，ふだんの学習・研究活動での利用はもちろんのこと，さまざまな活動の場として，ラーニング・コモンズが積極的に活用されているようすが窺えた。

たとえば，図書館の基本的なサービスの1つである情報リテラシー講習会を

開催する場として，ラーニング・コモンズを活用している図書館（お茶の水女子大学）があったほか，TA による情報リテラシー講習会を実施している図書館（大阪大学，東京女子大学）もあった。また，静岡大学の「大学での学び講座」のように，学内の FD 担当者が学生向けに講座を行うという事例もあった。

図書館内のグループ学習室や会議室を利用した授業は，これまでも行われていたであろうが，ラーニング・コモンズで授業やゼミを実施している例も少なくない（お茶の水女子大学，静岡大学，大阪大学，広島文教女子大学）。

また，講演会やセミナー（大妻女子大学，上智大学，東京女子大学），演奏会（お茶の水女子大学，大妻女子大学）といった学生向けイベントに加え，就活カフェや企業説明会（筑波大学，お茶の水女子大学，大正大学），留学相談会（大正大学）など，学内他部署と連携したイベントも開催されている。

徳島大学のライブラリー・ワークショップのように，図書館の学習支援機能の促進を目指して，学生と図書館員による研究会を組織した図書館もある。学生と職員が協働して図書館をつくり上げていくという意味では，大阪大学のTA の活動や東京女子大学の「マイライフ・マイライブラリー」の取り組みと共通するものがある。

2.3 でも触れたように，筑波大学図書館情報学図書館は，学生が主体となってラーニング・コモンズを運営している点が大きな特徴である。活動の内容や実績をブログ「ラーニングコモンジャーのブログ」[7]で発信しているほか，学生の視点だからこそできる企画も行われている。研究室相談会はその 1 つの例である。これは，3 年生のときに 4 年次に所属する研究室を選ぶ際に，十分な情報が得られなかったという自身の経験から，研究室に所属する 4 年生を招いて，3 年生向けに研究室の活動を紹介したり，個別に相談に乗ったりするというものである。これ以外にも，学生が主体となったイベントが複数企画，実施されている。

このほか，三重大学では FD や SD 研修会をラーニング・コモンズで開催している。こうした研修会をラーニング・コモンズで開催することにより，教職員にラーニング・コモンズの存在そのものを広報するとともに，その設置意図を説明したり，教職員を通じた学生への告知を促す機会として活用したりしている。また同大学のラーニング・コモンズは，工学部建築学科の学生が主体と

なって設計を担当し,複数の部局が協働して開設したという点も他に類をみない特徴である。

3. まとめ

本調査では,国内の主として大学図書館に設置されたラーニング・コモンズの施設・設備,および人的サービスに焦点をあて,アンケートを実施した。その結果,30大学から回答が寄せられ,34施設のサービス実態について明らかにできた。そこでは,コンピュータの利用とグループ学習を行える場を基本機能として,各大学の事情に見合ったサービスが展開されていた。

最後に,本調査のまとめとして,マクマレンが提示した次の9つの要素にもとづいて,国内の大学図書館のラーニング・コモンズの特徴を確認したい[8]。

- コンピュータ・ワークステーション・クラスタ (computer workstations clusters)
- サービス・デスク (a service desk)
- 共同学習スペース (collaborative learning spaces)
- プレゼンテーション・サポート・センター (presentation support centres)
- FDのための教育テクノロジー・センター (instructional technology centres for faculty development)
- 電子教室 (electronic classrooms)
- ライティング・センターと他の大学サポート施設 (writing centres and other academic support units)
- 会合,セミナー,レセプション,プログラムおよび文化イベントのためのスペース (spaces for meetings, seminars, receptions, programmes and cultural events)
- カフェとラウンジ・エリア (cafes and lounge areas)

国内の大学図書館の場合,複数のコンピュータを配置した「コンピュータ・ワークステーション・クラスタ」を中心に,グループ学習のできる空間を配置

することが主流である。しきりのある，4人から12人程度が利用できる小規模の学習空間「共同学習スペース」を設けているかどうかは，本アンケート調査では直接確認できなかったが，横浜国立大学のメディアブースや三重大学ラーニング・コモンズのグループ・スタディ・エリアは，これに相当するものといえる。また，各大学図書館にはグループ学習室が設けられていることが多く，これらがそうした機能を果たしているとも推測される。映像編集など，マルチメディア・コンテンツの制作を意識した，より高度な情報機器を備える「プレゼンテーション・サポート・センター」の機能を有する図書館もあったが，ごくわずかであった。

情報リテラシー教育や授業が行える施設「電子教室」は，名古屋大学や東京女子大学に設置例が認められる。ただし，日本国内の場合，開放的なグループ学習空間である「コンピュータ・ワークステーション・クラスタ」が柔軟に設計されていることもあり，そのときどきで机などの配置を変更したりしながら，情報リテラシー講習や授業を行っている事例（広島文教女子大学）もみられた。

学生への人的な支援を提供するサービス・ポイントである「サービス・デスク」の設置事例は，少数にとどまった。先に述べたように，図書館員による支援は，もともと設置されていたレファレンス・カウンターで行われるケースが多いようである。一方，TAやSA，ピア・サポート・スタッフのように，学生を積極的に活用している図書館も数は少ないながら見受けられた。また，アカデミック・ライティングや他の学生サービスを提供する「ライティング・センターと他の大学サポート施設」を設置している図書館は，3館とごくわずかであった。人的支援を提供するサービス計画が今後の課題の一つといえるだろう。

人が集う場としての機能を実現する「会合，セミナー，レセプション，プログラムおよび文化イベントのためのスペース」として，各大学のラーニング・コモンズでは多様な活動が展開されている。このことは，国内のラーニング・コモンズの特徴の一つといえるかもしれない。「カフェとラウンジ・エリア」のような，飲食もできるくつろぎ空間の整備も，複数の図書館で確認されたが，必ずしも必須のスペースとなっているわけではない。東京女子大学の「マイライフ・マイライブラリー」のテーマである滞在型図書館というコンセプトに代表されるように，大学内における学生の学びの場の中心としてラーニング・コ

モンズを展開していくのであれば，制度面も含めた，居心地のよい空間づくりが求められるだろう。

　大学における学習は，教員による教育があって初めて成り立つものである。その意味で，教員のIT技術等の獲得を支援する「FDのための教育テクノロジー・センター」は重要な役割を担う機能と考えられる。残念ながら，国内のラーニング・コモンズではこうした事例は見受けられなかった。三重大学におけるFD, SD研修会での活用のように，学内のFD担当，IT担当，その他部署との連携を図り，教員へアプローチすることも今後のラーニング・コモンズにとって重要な視点といえる。

　単位制度の実質化に代表されるように，今後の高等教育界では，学生の学習を促し，その成果に対する質保障を求めるうごきがますます高まってくると予想される。こうした学習を実現する組織として，大学図書館が果たす役割は大きい。それが具現化されたのが現在のラーニング・コモンズといえるだろう。物的な側面に加え，人的な側面からのサービスをいかに展開できるか，今後の大学図書館の活動に注目したい。

　謝　辞

　本調査を実施するにあたって，アンケート調査にご協力いただいた各大学の担当者のみなさまには，多忙ななか，調査票への記入およびその後の問い合わせに快く応じていただき，多大なご尽力をいただいた。ここに記して感謝の意を表したい。また，調査対象大学の選定，ならびに調査依頼の仲介でご協力いただいた東北大学（調査当時：国立情報学研究所）の米澤誠氏，広島市立大学の中請真弓氏にもこの場を借りてお礼申し上げたい。

　注・引用文献
　1) 六本佳平編．米国の大学図書館等視察報告書：情報リテラシー・サービスを中心に．東京大学附属図書館，1998．
　2) 呑海沙織，溝上智恵子．大学図書館におけるラーニング・コモンズの学生アシスタントの意義．図書館界．2011, vol. 63, no. 2, p. 182.
　3) 立石亜紀子．日本の大学図書館におけるラーニング・コモンズの実態と傾

向. 2011 年度日本図書館情報学会春季研究集会発表要綱. 2011, p. 95-98.
4) 主な文献として次のものを利用したほか，各大学の事例報告を参考にした．
特集，ラーニング・コモンズ．名古屋大学附属図書館研究年報. 2008, no. 7, p. 1-67.; 山内祐平編著. 学びの空間が大学を変える：ラーニングスタジオ，ラーニングコモンズ，コミュニケーションスペースの展開. ボイックス, 2010.; 特集，ラーニング・コモンズ. LISN. 2010, no. 144, p. 1-23.
5) McMullen, Susan. US academic libraries: Today's learning commons model. *PEB Exchange*, 2008, no. 62, p. 1-6. http://www.oecd.org/dataoecd/24/56/40051347.pdf, (accessed 2011-10-23). なお，本論文は，本書第1章に収録されている。
6) 「東京女子大学「マイライフ・マイライブラリー」公開実績報告会」における筑波大学の平山，有元両学生の発表のなかで，筑波大学図書館情報学図書館ラーニング・コモンズでの活動について言及があった．
平山陽菜. "春日ラーニングコモンズの1年". 東京女子大学「マイライフ・マイライブラリー」公開実績報告会. 2011-01-17, 東京女子大学. 2011, 4 p.; 有元よしの. "筑波大学春日ラーニングコモンズ：ラーニングコモンズスタッフの視点から". 東京女子大学「マイライフ・マイライブラリー」公開実績報告会. 2011-01-17, 東京女子大学. 2011, 5 p.
7) ラーニング・コモンジャーのブログ. http://tsukubalc.blog6.fc2.com/, (参照 2012-06-01).
8) McMullen, Susan. *op. cit.*, p. 2-6.

調査結果表（2011 年 1 月現在）

大学名	筑波大学（中央図書館）
学生数（2010 年 5 月 1 日現在）	18,188 名
a. 学士課程（学部）学生数	10,864 名
b. 大学院生数	7,324 名
ラーニング・コモンズの概要	
a. 名称	未定
b. Web サイト（URL）	－
c. 設置年月日	2009 年 3 月
d. 設置場所	中央図書館本館 2 階（入館ゲート内）
e. 面積	675m^2
f. ラーニング・コモンズが設置されている建物の総面積	19,092m^2
g. 利用時間（開室時間）	月–金 9:00-22:00（夏季・春季休業期間 9:00-17:00）；土・日・祝 10:00-18:00（夏季・春季休業期間は休館）；12/27-1/5 は休館
h. コンピュータの設置台数	99 台
i. LC の利用者数（月平均）	－
j. コンピュータのセッション（ログイン）数（月平均）	18,018 件
ラーニング・コモンズにおける人的サービス	
a. サービス・デスク（担当：図書館員）	なし
a. のサービス件数（月平均）	－
a. のサービス時間	－
b. サービス・デスク（担当：IT 関係職員）	なし
b. のサービス件数（月平均）	－
b. のサービス時間	－
c. ライティング・センター	なし
c. のサービス件数（月平均）	－
c. のサービス時間	－
c. の担当者	－
d. TA・SA による支援	なし
d. のサービス内容	－
e. ピア・サポート・スタッフによる支援	なし
e. のサービス内容	－
f. その他	－

筑波大学（図書館情報学図書館）	お茶の水女子大学
953 名	3,346 名
738 名	2,142 名
215 名	1,032 名
図書館情報学図書館ラーニングコモンズ	ラーニング・コモンズ
http://klis.tsukuba.ac.jp/lc/	―
2008 年 4 月 11 日（図書館外に開設） 2010 年 4 月 8 日（図書館内に移転）	2007 年 4 月 12 日
図書館情報学図書館 1 階（入館ゲート内）	附属図書館 1 階（入館ゲート外）
105m²	211m²
2,213m²	4,553m²
月－金 9:00-22:00（夏季・春季休業期間 9:00-17:00）；土・日・祝 10:00-18:00（夏季・春季休業期間は休館）；12/27-1/5 は休館	平日 8:45-21:00（授業期間外は 17:00 まで）；土 9:00-17:00
9 台	72 台
400 名（概数）	午前 10 時：11.3 名/午後 3 時：31.9 名
49.1 件（地区 1 台平均）	7,600 件（2010 年 11 月）
なし	なし
―	―
―	―
なし	なし
―	―
―	―
なし	なし
―	―
―	―
―	―
あり	あり
学生スタッフである「チューター」が授業課題の支援，レポート作成支援，履修相談，計算機・プリンタ等の利用方法提示等を行っている。	TA 1 名が，常時，コンピュータ操作等に関する質問を受け付ける（TA は現在 18 名）（土曜日を除く）。
あり	なし
d と同様	―
―	―

大学名	筑波大学（中央図書館）
ラーニング・コモンズの施設・設備	
a. レファレンス・コレクション	0冊
b. プロジェクタの設置（LCに備え付け）	2台
c. プロジェクタの設置（図書館等で貸出）	1台
d. プリンタの設置	7台
e. コピー機の設置	2台
f. 無線LANのアクセス・ポイント	あり
g. その他	－
ラーニング・コモンズにおける特徴的な取り組み等	平成23年度からの人的支援サービスを含め，現在検討中。
備　考	

筑波大学（図書館情報学図書館）	お茶の水女子大学
10 冊	48 冊
0 台	0 台
0 台	1 台
1 台	1 台
0 台	1 台
あり	あり
大型プラズマディスプレイ	ノートパソコン 40 台の自動貸し出しロッカーを設置（図書館内の別の場所）
学生が中心となった運営・活動。活動をブログ等により，逐一公開している。運営に関しては教員委員会との連携が強く，TA 経費は学類経費（学部生相当）と研究科経費（大学院）による。	・TA（ラーニング・アドバイザー）の配置により，気軽に質問が可能。 ・パソコンを使った小人数での講習会を行う（リテラシー教育情報探索講習会など）。 ・パソコンを使っての 20 名以上の授業を行うこともある。 ・友人と相談しながら勉強ができる場。 ・明るい色の設備の選定等，居心地の良くなる雰囲気づくり。 ・ひざかけや文房具の貸し出し等，利便性の向上。 ・隣接するキャリアカフェ（共同学習スペース）やラウンジとの間に仕切り壁がなく，一体的な運用が可能（キャリアカフェでは企業説明会など，ラウンジではミニコンサートなどの各種イベントも実施している）。

大学名	横浜国立大学
学生数(2010年5月1日現在)	10,134名
a. 学士課程(学部)学生数	7,595名
b. 大学院生数	2,539名
ラーニング・コモンズの概要	
a. 名称	―
b. Webサイト(URL)	―
c. 設置年月日	2003年4月
d. 設置場所	中央図書館(入館ゲート内外)
e. 面積	―
f. ラーニング・コモンズが設置されている建物の総面積	12,231m²
g. 利用時間(開室時間)	平日9:00-21:45 および 9:30-17:30(授業期間中)(但し一部平日9:00-20:00までのスペースがある)
h. コンピュータの設置台数	114台
i. LCの利用者数(月平均)	―
j. コンピュータのセッション(ログイン)数(月平均)	―
ラーニング・コモンズにおける人的サービス	
a. サービス・デスク(担当:図書館員)	なし
a.のサービス件数(月平均)	―
a.のサービス時間	―
b. サービス・デスク(担当:IT関係職員)	あり
b.のサービス件数(月平均)	68件
b.のサービス時間	平日17:30-21:30
c. ライティング・センター	なし
c.のサービス件数(月平均)	―
c.のサービス時間	―
c.の担当者	―
d. TA・SAによる支援	なし
d.のサービス内容	―
e. ピア・サポート・スタッフによる支援	なし
e.のサービス内容	―
f. その他	―
ラーニング・コモンズの施設・設備	
a. レファレンス・コレクション	0冊
b. プロジェクタの設置(LCに備え付け)	0台
c. プロジェクタの設置(図書館等で貸出)	2台

新潟大学（中央図書館）	新潟大学（医歯学図書館）
12,676 名	1,954 名
10,381 名	1,694 名
2,295 名	260 名
ラーニング・コモンズ	ラーニング・コモンズ
http://www.lib.niigata-u.ac.jp/Services/nh-serv-lc.html	http://www.lib.niigata-u.ac.jp/Bunkan/lc-asahi.html
2010 年 4 月 5 日	2010 年 4 月 5 日
中央図書館 2 階（入館ゲート内）	医歯学図書館 2 階（入館ゲート内）
285m²	83m²
9,736m²	4,509m²
平日 8:30-22:00; 土日祝日 10:00-17:00（ただし試験期は 10:00-22:00）	平日 8:30-22:00; 土日祝日 10:00-17:00
32 台	6 台
2,264 名（概数）	130 名（概数）
―	―
なし	なし
―	―
―	―
なし	なし
―	―
―	―
なし	なし
―	―
―	―
―	―
あり	なし
ラーニングアドバイザー（学士課程学生）の配置	―
なし	なし
―	―
―	―
0 冊	0 冊
2 台	0 台
0 台	1 台

調査結果表

大学名	横浜国立大学
d. プリンタの設置	2台
e. コピー機の設置	4台(図書館全体)
f. 無線LANのアクセス・ポイント	あり
g. その他	—
ラーニング・コモンズにおける特徴的な取り組み等	
備　考	現状ではラーニング・コモンズを名乗った施設があるわけではなく，あくまでもラーニング・コモンズ的要素があるのみである。本回答は今後めざしているものについての回答ではなく，あくまでも現状についての回答である。

新潟大学（中央図書館）	新潟大学（医歯学図書館）
2台	2台
0台	0台
あり	あり
隣接したメディアラボに大型プリンタ2台，大型スキャナ2台，画像処理ソフトの入ったPC2台等を設置し，ポスターや製図，画像の作製などもできるようにしている。	大型プリンタ1台，大型スキャナ1台，画像処理ソフトの入ったPC1台を設置し，ポスターや製図，画像の作製などもできるようにしている。

大学名	金沢大学
学生数(2010年5月1日現在)	10,679名
a. 学士課程(学部)学生数	7,982名
b. 大学院生数	2,697名
ラーニング・コモンズの概要	
a. 名称	KULiC-α
b. Webサイト(URL)	http://www.lib.kanazawa-u.ac.jp/kulic/index.html
c. 設置年月日	2010年4月1日
d. 設置場所	中央図書館2,3階(入館ゲート内。ただし、カフェ併設のブックラウンジは入館ゲート外)
e. 面積	479m²
f. ラーニング・コモンズが設置されている建物の総面積	10,456m²
g. 利用時間(開室時間)	平日8:45-22:00(休業期8:45-17:00); 土日9:00-17:00(休業期:閉館); 祝日閉館
h. コンピュータの設置台数	19台
i. LCの利用者数(月平均)	―
j. コンピュータのセッション(ログイン)数(月平均)	―
ラーニング・コモンズにおける人的サービス	
a. サービス・デスク(担当:図書館員)	あり
a.のサービス件数(月平均)	0件
a.のサービス時間	平日12:00-13:00
b. サービス・デスク(担当:IT関係職員)	なし
b.のサービス件数(月平均)	―
b.のサービス時間	―
c. ライティング・センター	なし
c.のサービス件数(月平均)	―
c.のサービス時間	―
c.の担当者	―
d. TA・SAによる支援	なし
d.のサービス内容	―
e. ピア・サポート・スタッフによる支援	あり
e.のサービス内容	学生ボランティアによる簡単なテクニカル・サポート、コモンズを中心とした図書館の利用案内、資料検索の補助。
f. その他	―
ラーニング・コモンズの施設・設備	
a. レファレンス・コレクション	0冊

名古屋大学	静岡大学
16,608 名	10,621 名
10,052 名	8,854 名
6,556 名	1,621 名
名古屋大学中央図書館ラーニング・コモンズ	ハーベストルーム
—	http://www.lib.shizuoka.ac.jp/riyo/?kannnai_honkan
2009 年 3 月 25 日	2010 年 4 月 5 日
中央図書館 2 階フロア全体（入館ゲート内）	附属図書館（静岡館）5 階（入館ゲート内）
約 1,600m^2	244m^2
15,577m^2	8,027m^2
平日 8:00-22:00；土・日・祝 8:45-17:00（年末年始を除く）	平日 9:00-18:50（休業期は 17:00 まで）
68 台	0 台
—	—
6,731 件（2010 年 1-3 月の月平均）	—
あり（総合サポートカウンター）	なし
24 件（2009 年 12 月-2010 年 11 月の月平均）	—
平日 15:00-19:00（祝日を除く）	—
あり（総合サポートカウンター）	なし
22 件（2009 年 12 月-2010 年 11 月の月平均）	—
平日 15:00-19:00（祝日を除く）	—
なし	なし
—	—
—	—
—	—
なし	なし
—	—
あり	なし
学生相談総合センターの下で行われているピア・サポートの場を提供。	—
—	—
25,315 冊（参考図書），52 冊（ライティング関連図書）	0 冊

大学名	金沢大学
b. プロジェクタの設置（LC に備え付け）	4 台
c. プロジェクタの設置（図書館等で貸出）	0 台
d. プリンタの設置	0 台
e. コピー機の設置	0 台
f. 無線 LAN のアクセス・ポイント	あり
g. その他	ホワイトボード，※iPad，ノート PC については計画中
ラーニング・コモンズにおける特徴的な取り組み等	・全学の方針で学生はノート PC 必携なので，図書館内備付けの PC 数は，最小限に抑えている。 ・図書館の入口付近（入館ゲートの外）にカフェ併設のブックラウンジというスペースを作り，飲食しながら読書，新聞閲覧，テレビの視聴，イベント等の可能なスペースを用意している。 ・サポート要員として図書館ボランティアを活用している（ただし，試行中）。 ・グループ学習に対応した部屋として，予約なしで利用できるオープンスタジオと予約して利用するグループ・スタジオの 2 種類を用意している。
備　考	

名古屋大学	静岡大学
5台	0台
0台	3台
3台	0台
5台（うち，1台校費用）	0台
あり	あり
PCとプロジェクタ付のセミナールーム2室を配置，講習会や授業に申込により利用可能。ホワイトボードを配置。	情報コンセント，ホワイトボード7台
・2階フロア全体がラーニング・コモンズで，議論や話し合いができる階としている一方で，B1・1・3・4階が静かな空間となっている。 ・ラーニング・コモンズに総合サポートカウンターを設置して，大学院生を非常勤職員として雇用，育成し，図書館の利用支援，学習支援，IT支援に対応している。 ・総合サポートカウンターで英文校正ソフト搭載のPCを貸出している。 ・ライティングやプレゼンテーションの講習会は高等教育研究センター，教養教育院と学内連携して開催している。 ・ライティング関連資料を配置している。	・授業やゼミにも活用されるなど，学習の場として認知されるようになっている。 ・教育評価・FD部門の教員による「大学での学び講座」といった企画も実施されている。

大学名	三重大学
学生数（2010年5月1日現在）	7,420名
a. 学士課程（学部）学生数	6,167名
b. 大学院生数	1,253名
ラーニング・コモンズの概要	
a. 名称	三重大学ラーニングコモンズ
b. Web サイト（URL）	―
c. 設置年月日	2010年3月
d. 設置場所	共通教育棟3号館1階（図書館とは別棟）
e. 面積	150m^2
f. ラーニング・コモンズが設置されている建物の総面積	―
g. 利用時間（開室時間）	平日8：00-19：00；土日祝日・休暇期間は閉室
h. コンピュータの設置台数	0台
i. LC の利用者数（月平均）	―
j. コンピュータのセッション（ログイン）数（月平均）	―
ラーニング・コモンズにおける人的サービス	
a. サービス・デスク（担当：図書館員）	なし
a. のサービス件数（月平均）	―
a. のサービス時間	―
b. サービス・デスク（担当：IT 関係職員）	なし
b. のサービス件数（月平均）	―
b. のサービス時間	―
c. ライティング・センター	なし
c. のサービス件数（月平均）	―
c. のサービス時間	―
c. の担当者	―
d. TA・SA による支援	なし
d. のサービス内容	―
e. ピア・サポート・スタッフによる支援	なし
e. のサービス内容	―
f. その他	―
ラーニング・コモンズの施設・設備	
a. レファレンス・コレクション	74冊

京都大学	大阪大学（総合図書館）
24,120名	24,879名
13,473名	15,865名
9,314名	7,924名
学習室24	ラーニング・コモンズ
http://www3.kulib.kyoto-u.ac.jp/guide/jpn/guide_jp_studyroom24.html	—
2009年1月19日	2009年6月1日
附属図書館1階（入館ゲート外）	総合図書館B棟2階（入館ゲート内）
300m^2	756m^2
14,011m^2	18,920m^2
月-木10:00-翌9:00; 金・祝日前日10:00-22:00; 土日祝日10:00-17:00	授業期：平日9:00-22:00; 土日10:00-19:00; 祝日10:00-17:00 休業期：平日9:00-19:00; 土日10:00-17:00
0台	12台
18,737名	—
—	—
なし	あり（参考調査カウンターが兼務）
—	—
—	平日9:00-17:00
なし	なし
—	—
—	—
なし	なし
—	—
—	—
—	—
なし	あり
—	TAによる学習相談，レポート・論文作成のアドバイス，図書館資料の活用法，パソコンの操作法の説明，推薦図書の選定，パスファインダー作成，ミニ講習会等
なし	なし
—	—
—	—
25冊	0冊

大学名	三重大学
b. プロジェクタの設置（LC に備え付け）	1台
c. プロジェクタの設置（図書館等で貸出）	0台
d. プリンタの設置	0台
e. コピー機の設置	0台
f. 無線 LAN のアクセス・ポイント	あり
g. その他	電源，ホワイトボード，地図（掲示），伝言板，内線電話，図書館等学内施設の広報類，利用状況表示ディスプレイ（ラーニングコモンズ建物玄関と附属図書館に設置）
ラーニング・コモンズにおける特徴的な取り組み等	全学 FD／SD の一部セッションや，図書館主催の講習会等をラーニングコモンズで開催している。
備　考	

京都大学	大阪大学（総合図書館）
0台	0台
0台	3台
0台	1台
0台	0台
あり	あり
24時間開室していること。	・TAによるミニ講習会の開催 ・教員による授業使用 ・教員と図書館職員の協同による講習会の開催
「学習室24」をラーニング・コモンズとは位置づけていないが，今回のアンケートでは"ラーニング・コモンズ的なもの"とみなして，「学習室24」について回答した。	

大学名	大阪大学（理工学図書館）
学生数（2010年5月1日現在）	24,879名
a．学士課程（学部）学生数	15,865名
b．大学院生数	7,924名
ラーニング・コモンズの概要	
a．名称	ラーニング・コモンズ
b．Webサイト（URL）	－
c．設置年月日	2009年4月21日
d．設置場所	理工学図書館西館1階（入館ゲート内）
e．面積	236m²
f．ラーニング・コモンズが設置されている建物の総面積	5,603m²
g．利用時間（開室時間）	授業期：平日 9:00-22:00；土日 10:00-19:00；祝日 10:00-17:00 休業期：平日 9:00-17:00；土日 10:00-17:00
h．コンピュータの設置台数	29台
i．LCの利用者数（月平均）	－
j．コンピュータのセッション（ログイン）数（月平均）	－
ラーニング・コモンズにおける人的サービス	
a．サービス・デスク（担当：図書館員）	なし
a.のサービス件数（月平均）	－
a.のサービス時間	－
b．サービス・デスク（担当：IT関係職員）	なし
b.のサービス件数（月平均）	－
b.のサービス時間	－
c．ライティング・センター	なし
c.のサービス件数（月平均）	－
c.のサービス時間	－
c.の担当者	－
d．TA・SAによる支援	あり
d.のサービス内容	TAによる学習相談，レポート・論文作成のアドバイス，図書館資料の活用法，パソコンの操作法の説明，推薦図書の選定，パスファインダー作成，ミニ講習会等
e．ピア・サポート・スタッフによる支援	なし
e.のサービス内容	－
f．その他	－
ラーニング・コモンズの施設・設備	
a．レファレンス・コレクション	0冊

奈良女子大学	広島大学
2,822名	15,408名
2,190名	10,901名
632名	4,507名
ラーニング・コモンズ	BIBLA［ビブラ］
—	—
2010年4月2日	2010年4月1日
図書館1階（入館ゲート内）	中央図書館1階南側（入館ゲート内）
66m²	804m²
4,449m²	16,462m²
平日9:00-21:00（休業期間中9:00-17:00）; 土10:00-17:00; 日13:00-17:00	授業期：平日8:30-22:00; 土日10:00-18:00; 祝日閉館 休業期：平日8:30-17:00; 土日祝日閉館
24台	61台
1,000名（概数）	—
—	—
なし	あり
—	—
—	平日9:00-17:00
なし	あり
—	—
—	平日9:15-17:00
なし	なし
—	—
—	—
あり	なし
パソコン・プリンターに関するトラブル対応や図書館の利用についての質問に対応	—
なし	なし
—	—
—	—
0冊	9,796冊

調査結果表　239

大学名	大阪大学(理工学図書館)
b. プロジェクタの設置(LC に備え付け)	0 台
c. プロジェクタの設置(図書館等で貸出)	2 台
d. プリンタの設置	2 台
e. コピー機の設置	0 台
f. 無線 LAN のアクセス・ポイント	あり
g. その他	貸出用ノート PC 9 台
ラーニング・コモンズにおける特徴的な取り組み等	・TA によるミニ講習会の開催 ・「図書館 TA のページ」(http://www.library.osaka-u.ac.jp/ta/ta.htm) において,ラーニング・コモンズにおける TA の活動を紹介
備 考	

奈良女子大学	広島大学
1台	0台
1台	1台
1台	3台
0台	4台
あり	あり
貸出用ノートPC 9台	—
	レファレンスサービス：図書館職員担当，ITサポート：情報メディア教育研究センター職員担当の共同カウンター［総合案内カウンター］にてサービスを行っている。

大学名	鳥取大学
学生数（2010年5月1日現在）	6,499名
a. 学士課程（学部）学生数	5,132名
b. 大学院生数	1,367名
ラーニング・コモンズの概要	
a. 名称	ラーニング・コモンズ
b. Webサイト（URL）	－
c. 設置年月日	2010年4月5日
d. 設置場所	中央図書館1階（入館ゲート内）
e. 面積	168m²
f. ラーニング・コモンズが設置されている建物の総面積	4,380m²
g. 利用時間（開室時間）	平日8:40-21:00; 学業期の土,日,祝日9:00-17:00
h. コンピュータの設置台数	40台
i. LCの利用者数（月平均）	－
j. コンピュータのセッション（ログイン）数（月平均）	－
ラーニング・コモンズにおける人的サービス	
a. サービス・デスク（担当：図書館員）	なし
a.のサービス件数（月平均）	－
a.のサービス時間	－
b. サービス・デスク（担当：IT関係職員）	なし
b.のサービス件数（月平均）	－
b.のサービス時間	－
c. ライティング・センター	なし
c.のサービス件数（月平均）	－
c.のサービス時間	－
c.の担当者	－
d. TA・SAによる支援	なし
d.のサービス内容	－
e. ピア・サポート・スタッフによる支援	なし
e.のサービス内容	－
f. その他	－
ラーニング・コモンズの施設・設備	
a. レファレンス・コレクション	0冊
b. プロジェクタの設置（LCに備え付け）	0台

徳島大学	九州大学
7,924名	19,420名
6,102名	11,752名
1,822名	7,013名
―	きゅうとコモンズ
―	―
2009年6月	2009年11月
附属図書館本館1階および3階（入館ゲート内）	本館2階（入館ゲート内）
325m²	695m²
5,112m²	13,195m²
通常期：平日8:40-22:00;　　　土・日・祝日10:00-17:00;　学生休業期：平日8:40-17:00; 土10:00-17:00;　　　日・祝日休館	平日8:00-22:00; 土日祝10:00-18:00
50台	10台
―	―
4,909件（2010年1月-11月分の平均値）	―
なし	なし
―	―
―	―
なし	なし
―	―
―	―
なし	なし
―	―
―	―
―	―
なし	なし
―	―
なし	なし
―	―
―	―
0冊	0冊
2台	0台

大学名	鳥取大学
c. プロジェクタの設置（図書館等で貸出）	0台
d. プリンタの設置	2台
e. コピー機の設置	0台
f. 無線LANのアクセス・ポイント	あり
g. その他	－
ラーニング・コモンズにおける特徴的な取り組み等	
備　考	

徳島大学	九州大学
0 台	1 台
2 台	0 台（隣接するコピー室に 1 台複合機あり。）
2 台	0 台（隣接するコピー室に上記 d. 1 台を含む 4 台あり。）
あり	あり
グループ研究室，移動可能な机・イス，カフェテリア	－
ラーニング・コモンズをはじめとする附属図書館の学習支援機能を促進するため，平成 22 年 11 月に利用者と附属図書館職員による研究会「ライブラリー・ワークショップ」を設置した。ライブラリー・ワークショップでは，利用者と職員が協働で様々な活動を行うことを予定している。平成 22 年 11 月 18 日には，初のイベントを開催した。	

大学名	公立はこだて未来大学
学生数（2010年5月1日現在）	1,200名
a. 学士課程（学部）学生数	1,074名
b. 大学院生数	125名
ラーニング・コモンズの概要	
a. 名称	－
b. Webサイト（URL）	－
c. 設置年月日	2000年4月（大学の設置年月）
d. 設置場所	－
e. 面積	－
f. ラーニング・コモンズが設置されている建物の総面積	－
g. 利用時間（開室時間）	－
h. コンピュータの設置台数	－
i. LCの利用者数（月平均）	－
j. コンピュータのセッション（ログイン）数（月平均）	－
ラーニング・コモンズにおける人的サービス	
a. サービス・デスク（担当：図書館員）	－
a.のサービス件数（月平均）	－
a.のサービス時間	－
b. サービス・デスク（担当：IT関係職員）	－
b.のサービス件数（月平均）	－
b.のサービス時間	－
c. ライティング・センター	－
c.のサービス件数（月平均）	－
c.のサービス時間	－
c.の担当者	－
d. TA・SAによる支援	－
d.のサービス内容	－
e. ピア・サポート・スタッフによる支援	－
e.のサービス内容	－
f. その他	－

大正大学	大妻女子大学
4,209 名	2,540 名
4,015 名	2,499 名
194 名	41 名
大正大学ラーニングコモンズ	ラーニングコモンズ
ラーニングコモンズのブログ http://www.tais.ac.jp/learning_commons/blog/	―
2010 年 4 月 1 日	2010 年 4 月 1 日
7 号館（教室棟）2 階（図書館とは別棟）	千代田キャンパス図書館棟 4 階（入館ゲート内）
420.58m²	58m²
7,932.02m²	―
原則大学開放時間と同じ	平日 9：00-18：30（授業のない日は 16：30 まで）; 土曜 9：00-16：30（授業のない日は 14：30 まで）
14 台	0 台
3,412 名	―
917 件	―
なし	なし
―	―
―	―
あり	なし
62 件	―
平日 9：00-17：00	―
あり	なし
0 件	―
平日 9：00-17：00	―
大学組織内の子会社である派遣会社より、PC スキル、コミュニケーション能力の高い人材を 1 名派遣している。コンシェルジュという名称で、業務は PC 関係・ライティング等学習全般の質問対応、資料・備品の貸出と管理、学生の持ち込み PC の無線 LAN 設定等を行う。コンシェルジュは教学支援部に所属している。	―
なし	なし
―	―
なし	なし
―	―
―	―

大学名	公立はこだて未来大学
ラーニング・コモンズの施設・設備	
a. レファレンス・コレクション	0 冊
b. プロジェクタの設置（LC に備え付け）	0 台
c. プロジェクタの設置（図書館等で貸出）	0 台
d. プリンタの設置	0 台
e. コピー機の設置	1 台
f. 無線 LAN のアクセス・ポイント	あり
g. その他	－
ラーニング・コモンズにおける特徴的な取り組み等	
備　考	当大学では大学自体がラーニング・コモンズの視点で建設されており，図書館もその一部として設計されているため，「ラーニング・コモンズの概要」以降の設問については該当しない。しかし，図書館以外の学習支援空間として，スタジオ・工房・ミュージアム・アトリエ・C&D 教室，コンピュータ教室，プレゼンテーションベイ等の施設を整備している。また，学内のいずれのスペースにも無線・有線 LAN を設定し，学習する場所を固定することなく快適な環境を提供している。

大正大学	大妻女子大学
132 冊（すべて貸出可）	0 冊
0 台	0 台
1 台（コンシェルジュデスクで貸出）	0 台
2 台（コピー機と兼用）	0 台
2 台（プリンタと兼用）	0 台
あり	なし
図書館より，経済誌，情報誌，などの雑誌を移動し，ラーニング・コモンズに配架している。管理はラーニング・コモンズで行っているが，予算，受入作業等は図書館員が行っている。また，コンシェルジュデスクにて，ノート PC（無線 LAN 対応）4 台の貸出も行っている。プロジェクタとともに貸出し，仕切りのホワイトボードにデータを投射してグループワークをすることができる。	－
本学ラーニング・コモンズの最大の特徴は，図書館と教学支援部（学務系部署）が連携して運営しているという点である。学習支援環境の構築という共通の目的のもと，図書館主催の論文作成ガイダンスや DB ガイダンス，レファレンス出張サービスなど，図書館サービスをラーニング・コモンズで実施するという取組みを行っている。 図書館以外の部署からは，先輩の就活に関する話を聞くことができる「就活カフェ」や留学を推進するための「留学相談会」など，さまざまな企画をラーニング・コモンズにて開催している。また，授業のゼミや学生同士のグループ学習のために，各エリアの貸出も行っている。 本学ラーニング・コモンズは，グループ学習室，ミーティング室，PC 教室のような部屋分けをせず，同じ空間でエリアが分かれているといったフロア構成になっている。そのため，開かれた空間でさまざまな企画をしていると，自然と学生や教員の目に触れ，さらなる利用促進につながっている。	月に 1 回教職員と学生の交流を目的に講演や楽器演奏などのイベントを開催。2011 年度施設設備を整える計画有り。

大学名	国際基督教大学
学生数（2010年5月1日現在）	2,968名
a. 学士課程（学部）学生数	2,809名
b. 大学院生数	159名
ラーニング・コモンズの概要	
a. 名称	全体の名称はなし（PCフロアはスタディエリアと呼んでいる）
b. Webサイト（URL）	―
c. 設置年月日	2000年9月1日
d. 設置場所	ミルドレッド・トップ・オスマー図書館地階と1階のオープンスペース（入館ゲート内）
e. 面積	約2,000m²
f. ラーニング・コモンズが設置されている建物の総面積	約3,900m²
g. 利用時間（開室時間）	平日8：30-22：15; 土9：00-19：45; 日は閉室
h. コンピュータの設置台数	138台
i. LCの利用者数（月平均）	―
j. コンピュータのセッション（ログイン）数（月平均）	―
ラーニング・コモンズにおける人的サービス	
a. サービス・デスク（担当：図書館員）	あり
a. のサービス件数（月平均）	―
a. のサービス時間	平日8：30-22：15; 土9：00-19：45; 日は閉室
b. サービス・デスク（担当：IT関係職員）	なし
b. のサービス件数（月平均）	―
b. のサービス時間	―
c. ライティング・センター	あり
c. のサービス件数（月平均）	―
c. のサービス時間	平日9：00-17：30; 土日は閉室
c. の担当者	運営は教養学部長室と図書館の共同。
d. TA・SAによる支援	なし
d. のサービス内容	―
e. ピア・サポート・スタッフによる支援	あり

上智大学	昭和女子大学・短期大学部
11,964名	5,355名
10,510名	4,875名（うち，短期大学部生319名）
1,454名	161名
ラーニング・コモンズ	ラーニングコモンズ
http://www.sophia.ac.jp/jpn/research/lib/service/ http-www.sophia.ac.jp-jpn-research-lib-service-learning_commons	—
2009年10月1日	2009年4月
中央図書館地下1階南側（入館ゲート内）	図書館4階開架室内（入館ゲート内）
299.88m²	159.12m²
18,141.02m²	—
授業実施期間：平日8:00-21:00; 土9:00-20:00; 　　　　　　日9:00-17:00 休暇期間：平日9:00-18:00; 土9:00-17:00; 　　　　　日　なし	12:30-21:30（土曜日は18:00まで）
39台（デスクトップ2台，ノートパソコン37台）	0台
2,200名（概数）	—
—	—
あり	なし
約61件	—
授業実施期間，休暇期間共：平日9:00-17:00; 　　　　　　　　　　　土日　なし	—
なし	なし
—	—
—	—
なし	なし（別にライティング・サポート・センターあり）
—	—
—	—
—	—
あり	なし
「学習支援席」において，大学院生がレポートや論文の書き方指導などを実施（平日12:30-17:00）	—
なし	なし

調査結果表　　251

大学名	国際基督教大学
e. のサービス内容	ライティングのチューターのほか，夜間（18：00-22：00）のPCサポート要員として大学院生を配置（TA身分の大学院生も含まれる）。
f. その他	―
ラーニング・コモンズの施設・設備	
a. レファレンス・コレクション	約100冊
b. プロジェクタの設置（LCに備え付け）	1台
c. プロジェクタの設置（図書館等で貸出）	0台
d. プリンタの設置	6台
e. コピー機の設置	0台
f. 無線LANのアクセス・ポイント	あり
g. その他	ビデオ・DVDデッキ（グループ学習室（3室）内に設置）
ラーニング・コモンズにおける特徴的な取り組み等	・ITセンターの職員は常駐していないが，PCの基本操作指導は図書館員が行っている。 ・ライティングのサポートを2010年12月2日から開始した。当面はライティングセンターのパイロット版ということで，ライティングサポート・デスク（WSD）という名称で活動する。WSDにおいて学生のニーズの把握およびチューターの研修方法の確立等を行い，将来的にはライティングセンターをオープンさせる予定である。WSDは図書館のLCの中央に設置し，レファレンスの職員が関わりながら支援体制を強化する。WSDのヘッドは教養学部部長，それに加えて教養学部副部長も運営に参加し，図書館と教養学部長室が共同で運営する。
備　考	

上智大学	昭和女子大学・短期大学部
—	—
—	図書館員によるレポート・論文の書き方 DVD 上映
223 冊	0 冊
1 台	1 台
0 台	0 台
0 台	0 台
0 台	0 台
あり	なし
液晶テレビ，UPIC，ホワイトボード，ノートパソコン等	キャリア支援コーナーの設置。平成 23 年度に図書館全館無線 LAN 設置予定。
外部講師や学内教員を招聘してのセミナーなどを開催している。	ハード・ソフト全てにおいて，整備されていない。スタート時の目的は館内で声を出して，協同学習，朗読の練習，就職活動などのプレゼンの練習など，様々な事ができるフリースペースとして学生に提供したいと考えた。後方にキャリア支援コーナーを設け（4つのテーマに区分），図書館としてできるキャリア支援を模索している。133 名収容できるスペースの机，いすは自由に配置換えされており，パーティションで若干はグループごとのプライバシーを保護している。
	ライティング・サポート・センター（教育支援センター）の担当者は，元新聞記者・著述業など。

調査結果表　　*253*

大学名	成蹊大学
学生数（2010年5月1日現在）	8,186名
a. 学士課程（学部）学生数	7,779名
b. 大学院生数	279名
ラーニング・コモンズの概要	
a. 名称	プラネット，アトリウム
b. Webサイト（URL）	―
c. 設置年月日	2006年9月
d. 設置場所	情報図書館
e. 面積	10,238m²
f. ラーニング・コモンズが設置されている建物の総面積	12,613m²
g. 利用時間（開室時間）	平日9:00-20:30（一部8:30-20:50）；土9:00-17:00（一部9:00-17:50）；その他行事等により，開館時間変更あり
h. コンピュータの設置台数	167台
i. LCの利用者数（月平均）	50,000名（概数，図書館全体）
j. コンピュータのセッション（ログイン）数（月平均）	―
ラーニング・コモンズにおける人的サービス	
a. サービス・デスク（担当：図書館員）	なし
a.のサービス件数（月平均）	―
a.のサービス時間	―
b. サービス・デスク（担当：IT関係職員）	なし
b.のサービス件数（月平均）	―
b.のサービス時間	―
c. ライティング・センター	なし
c.のサービス件数（月平均）	―
c.のサービス時間	―
c.の担当者	―
d. TA・SAによる支援	あり
d.のサービス内容	試験期間中のPC利用相談員の駐在
e. ピア・サポート・スタッフによる支援	なし
e.のサービス内容	―

東京女子大学	法政大学
4,339 名	37,200 名
4,237 名	35,193 名
99 名	2,007 名
マイライフ・マイライブラリー（学内ではラーニングコモンズという定義はしていない）	ラーニングコモンズ
http://library.twcu.ac.jp/sogo/gp_syosai.htm	―
2008 年 4 月	2010 年 10 月 1 日
図書館 1 階および 2 階の一部（入館ゲート内）	富士見坂校舎 1 階（入館ゲート内）
約 680m²	399.9m²（共同読書室部分を含む）
5,762m²	14,946.33m²
平日 8：45-21：00（長期休暇中 9：00-21：00）；土 10：00-18：00；日（試験期及び卒論締切前のみ）10：00-18：00 メディアスペースの PC のみ，通年で平日 8：45-19：00；土日 10：00-18：00	月-土（平常開館時）9：00-22：00；日（休日開館時）10：00-17：00
50 台	35 台（据え置き 12 台，貸出用（館内のみ）23 台）
19,125 名（図書館全体）	1,582 名（2010 年 11 月のみ，稼動 27 日，1 日 3 回の観測による）
―	―
なし	あり
―	44 件（2010 年 11 月のみ，稼動 27 日）
―	月-土（平常開館時）9：00-22：00；日（休日開館時）10：00-17：00
なし	なし
―	―
なし	なし
―	―
―	―
―	―
あり	なし
学習コンシェルジェ（大学院生の TA）による学習相談など	―
あり	なし
ボランティア・スタッフ，サポーター，システム・サポーター（いずれも学士課程学生）による図書館利用案内，排架，IT サポートなど	―

大学名	成蹊大学
f. その他	―
ラーニング・コモンズの施設・設備	
a. レファレンス・コレクション	0 冊
b. プロジェクタの設置（LC に備え付け）	0 台
c. プロジェクタの設置（図書館等で貸出）	0 台
d. プリンタの設置	11 台
e. コピー機の設置	8 台
f. 無線 LAN のアクセス・ポイント	あり
g. その他	ノート PC の貸出
ラーニング・コモンズにおける特徴的な取り組み等	図書館中央の吹き抜けエリアでは，1 階から 5 階までのすべての閲覧席で学習のための会話を許可しており，そのエリア全体がいわばラーニングコモンズ化している。これは，静かに学習したい学生用に 266 室もの個室を用意しているから可能になっている。
備　考	

東京女子大学	法政大学
―	TA ではないが，大学院生による学習アドバイザーを設置（月-金 12：30-16：30）
約 22,000 冊（図書館全体）	0 冊
1 台	0 台
0 台	0 台
10 台（図書館全体）	0 台
4 台（図書館全体）	0 台
なし	あり
OHC（プレゼンテーションルームにおいて，図書館資料やプレゼン資料を提示するために利用），貸出用ノート PC 22 台	ホワイトボード
学生支援 GP に選定された「マイライフ・マイライブラリー」（学生の社会的成長を支援する滞在型図書館プログラム）に取り組んでいる。ハード面では学生の多様なニーズに応える多様なスペースの提供，ソフト面では学生が学生を支援し，支援する学生自身も成長する学生協働サポート体制の整備を行っている。	2010 年 10 月から開室したが，まだ設備的には未整備の状態。2011 年 4 月より PC 60 台体制で本格的に稼働予定。ラーニングコモンズ内に，共同読書室（グループ学習用の個室，事前予約制）を 3 室設置し，プレゼンの準備などを行うことが可能。また，午後の一定時間帯に院生による「学習アドバイザー」を置いて学習相談に対応している。

大学名	武蔵野美術大学
学生数（2010年5月1日現在）	4,525名
a. 学士課程（学部）学生数	4,277名
b. 大学院生数	248名
ラーニング・コモンズの概要	
a. 名称	―
b. Webサイト（URL）	―
c. 設置年月日	2010年4月
d. 設置場所	美術館・図書館（入館ゲート内外）
e. 面積	―（特定したスペースとしての設置ではないため，未記入）
f. ラーニング・コモンズが設置されている建物の総面積	6,419m²
g. 利用時間（開室時間）	平日9:00-20:00; 土9:00-17:00; 日祝冬季・夏季春季に閉館あり
h. コンピュータの設置台数	35台
i. LCの利用者数（月平均）	1,800名（概数，図書館全体）
j. コンピュータのセッション（ログイン）数（月平均）	―
ラーニング・コモンズにおける人的サービス	
a. サービス・デスク（担当：図書館員）	あり（レファレンス・カウンターがこれに相当）
a.のサービス件数（月平均）	―
a.のサービス時間	平日9:00-20:00; 土9:00-17:00; 日祝冬季・夏季春季に閉館あり
b. サービス・デスク（担当：IT関係職員）	なし
b.のサービス件数（月平均）	―
b.のサービス時間	―
c. ライティング・センター	なし
c.のサービス件数（月平均）	―
c.のサービス時間	―
c.の担当者	―
d. TA・SAによる支援	なし
d.のサービス内容	―
e. ピア・サポート・スタッフによる支援	なし
e.のサービス内容	―

早稲田大学	名古屋学院大学（名古屋キャンパス）
57,562 名	4,745 名（名古屋キャンパスのみ）
44,893 名	4,524 名
9,286 名	194 名
スチューデントコモンズ（仮）	LearningCommons
―	http://www.ngu.jp/library/guidance/map_nagoya.html
2009 年 8 月	2007 年 3 月 1 日
中央図書館 2 階（貸出返却カウンターそば）（入館ゲート内）	学術情報センター 4 階（入館ゲート内）
約 99m²	596.1m²
34,162.33m²	1,985m²（学術情報センターのみの面積）
月-土 9:00-21:50; 日 10:00-16:50	平日 9:00-20:00; 土 10:00-16:00; 日・祝日，休館
30 台	50 台
―	14,400 名（2010 年 4 月から 10 月の平均）
―	―
なし	なし
―	―
―	―
なし	あり
―	300 件
―	平日 9:00-18:00
なし（学内に別組織として存在）	なし
―	―
―	―
―	―
なし	なし
―	―
なし	あり
―	学生サポーターがラーニングコモンズに排架されている資料の貸出や，パソコン，大学ポータルなどシステムについての質問に回答している（平日 9:00-20:00; 土 10:00-16:00）。

大学名	武蔵野美術大学
f. その他	－
ラーニング・コモンズの施設・設備	
a. レファレンス・コレクション	0 冊
b. プロジェクタの設置（LC に備え付け）	2 台
c. プロジェクタの設置（図書館等で貸出）	2 台
d. プリンタの設置	0 台
e. コピー機の設置	6 台
f. 無線 LAN のアクセス・ポイント	あり
g. その他	スキャナー，ブックスキャナー，貸出 USB，CD-RW，office をインストールした情報加工機器
ラーニング・コモンズにおける特徴的な取り組み等	当館ではラーニング・コモンズの基本的な考え方について「いつでも，どこでも，誰もが，自主学習の場，グループ学習の場を得ることにより学習効果を高めることができる場」であることと定義し，全館においてその機能が果たせるよう工夫した。場所を特定するのではなく，学生個人やグループが必要な学習の場の確保である。また，場の提供だけでなく，連動した ICT を活用することで一層の効果を上げている。
備　考	

早稲田大学	名古屋学院大学（名古屋キャンパス）
—	—
0 冊	57 冊
0 台	2 台（AV ステーション（大型可動式ディスプレイ））
0 台	8 台
0 台	12 台
0 台	1 台
あり	あり
	インターネット用情報コンセント 36 口
	・ラーニング・コモンズは会話可，ペットボトルの持込可。 ・セミナールームの開放（学生が講師をする語学教室等）。 ・教材作成室設置パソコンで，ビデオ編集・ホームページ作成・画像編集が可能。 ・カメラ・スキャナ・ペンタブレット等貸出可。
	学生全員にノートパソコン配布。

大学名	名古屋学院大学（瀬戸キャンパス）
学生数（2010年5月1日現在）	859名（瀬戸キャンパスのみ）
a. 学士課程（学部）学生数	859名
b. 大学院生数	―
ラーニング・コモンズの概要	
a. 名称	―
b. Webサイト（URL）	―
c. 設置年月日	2010年9月23日
d. 設置場所	瀬戸キャンパス図書館3階（入館ゲート内）
e. 面積	289m²
f. ラーニング・コモンズが設置されている建物の総面積	4,122m²
g. 利用時間（開室時間）	平日9:15-20:15；土10:00-17:30；日・祝日，休館
h. コンピュータの設置台数	0台
i. LCの利用者数（月平均）	―
j. コンピュータのセッション（ログイン）数（月平均）	―
ラーニング・コモンズにおける人的サービス	
a. サービス・デスク（担当：図書館員）	あり
a.のサービス件数（月平均）	25件
a.のサービス時間	平日9:15-17:15（土曜日は開館しているが，LCは閉鎖）
b. サービス・デスク（担当：IT関係職員）	なし
b.のサービス件数（月平均）	―
b.のサービス時間	―
c. ライティング・センター	なし
c.のサービス件数（月平均）	―
c.のサービス時間	―
c.の担当者	―
d. TA・SAによる支援	なし
d.のサービス内容	―
e. ピア・サポート・スタッフによる支援	なし
e.のサービス内容	―
f. その他	―
ラーニング・コモンズの施設・設備	
a. レファレンス・コレクション	0冊

広島工業大学	広島文教女子大学
4,426 名	1,178 名
4,296 名	1,149 名
130 名	29 名
ラーニングコモンズ	—
—	
2009 年 4 月	2006 年 4 月
講義棟『三宅の森 Nexus 21』3 階オープンラボラトリ内（図書館とは別棟）	図書館 1 階（入館ゲート内）
123m^2	331m^2
32,800m^2	3,000m^2
平日 8:00-21:00（講義棟の利用時間に準ずる）	平日 9:00-19:00；土曜 9:00-15:00；日，祝日など，図書館休館時は利用不可
4 台	80 台（うち，グループ学習コーナー 16 台）
—	—
—	—
なし	なし
—	—
—	—
なし	なし
—	—
—	—
なし	なし
—	—
—	—
—	—
なし	なし
—	—
なし	あり
—	サポートスタッフ（学生アルバイト）によるパソコン機器トラブル対応，メンテナンス，パソコン利用指導
—	—
約 1,400 冊	0 冊

調査結果表

大学名	名古屋学院大学（瀬戸キャンパス）
b. プロジェクタの設置（LC に備え付け）	0 台
c. プロジェクタの設置（図書館等で貸出）	1 台
d. プリンタの設置	1 台
e. コピー機の設置	2 台
f. 無線 LAN のアクセス・ポイント	あり
g. その他	インターネット用情報コンセント 32 口，ホワイトボード 6 枚
ラーニング・コモンズにおける特徴的な取り組み等	・全座席数 360 のうち，82 席をラーニング・コモンズとし，グループ学習が可能なスペースとした。 ・ラーニング・コモンズは，会話可，ペットボトルの持込可とした。 ・ホワイトボード 6 枚をおいたことで，グループ学習が促進されている。 ・館内にパソコン利用コーナー（PC 14 台）があり，また持参のノート PC でインターネットが利用可能な情報コンセントが 57 口（ラーニング・コモンズ設置分 32 口とは別に）ある。
備　考	学生全員にノートパソコン配布。

広島工業大学	広島文教女子大学
0台	0台
0台	1台
0台	4台
0台	0台
あり	なし
新聞3紙，一般雑誌10誌を配架している	授業利用の場合に，プロジェクタ，スクリーン，ホワイトボードを提供している。
本学の講義棟『三宅の森 Nexus 21』に設置されたラーニングコモンズは，学生の基礎的学習を支援する「学習支援センター」と，主にPCを使用した学習のための環境「オープンラボ」があるフロアに，図書・雑誌などを提供する図書館ゾーンとして加えられ，フロア全体として多目的で統合的な学習環境を学生に提供している。図書館とは別の場所にあるため，人的支援等は行われておらず，図書館機能は限定されている。	授業での利用 ・図書館1階パソコンフロアに限らず，図書館内で授業をされる際は，先生方のご要望，図書館利用者の状況を調整し，授業しやすいように利用していただいている。 ・学内パソコン教室が足りないという事情もあるが，文学系の学科では，図書館資料を利用しながら，授業を行ないたいという希望があるため，図書館を利用する教員も多い。 ・年間を通しての利用，授業の一部での利用など，その利用方法はさまざまある。昨年度の授業利用の正確な数を把握していないが，年々増えているように思われる。

大学名	ソニー学園湘北短期大学
学生数（2010年5月1日現在）	1,141名
a. 学士課程（学部）学生数	1,141名
b. 大学院生数	―
ラーニング・コモンズの概要	
a. 名称	―
b. Webサイト（URL）	http://www.shohoku.ac.jp/library/
c. 設置年月日	2009年4月
d. 設置場所	4号館（7階建て）の2・3階（入館ゲート内）
e. 面積	1,000m^2
f. ラーニング・コモンズが設置されている建物の総面積	3,685m^2
g. 利用時間（開室時間）	平日9:00-18:00; 土9:00-14:00
h. コンピュータの設置台数	20台
i. LCの利用者数（月平均）	約8,100名（図書館全体）
j. コンピュータのセッション（ログイン）数（月平均）	―
ラーニング・コモンズにおける人的サービス	
a. サービス・デスク（担当：図書館員）	あり（レファレンス・カウンターがこれに相当）
a.のサービス件数（月平均）	約120件
a.のサービス時間	平日9:00-18:00; 土9:00-14:00
b. サービス・デスク（担当：IT関係職員）	あり（名称：ITコンシェルジュ）
b.のサービス件数（月平均）	約200件
b.のサービス時間	平日9:00-17:00
c. ライティング・センター	あり
c.のサービス件数（月平均）	4件
c.のサービス時間	火，水12:30-16:30
c.の担当者	担当部門：学生部; 担当者：学外の大学院生（2名）に依頼
d. TA・SAによる支援	なし
d.のサービス内容	―
e. ピア・サポート・スタッフによる支援	なし
e.のサービス内容	―
f. その他	―
ラーニング・コモンズの施設・設備	
a. レファレンス・コレクション	約6,500冊（図書館全体）
b. プロジェクタの設置（LCに備え付け）	0台

千葉大学（参考）
15,134 名
11,258 名
3,876 名
アカデミック・リンク
http://alc.chiba-u.jp/
2012 年 1 月（予定）
附属図書館南棟（仮称）（入館ゲート内）
約 4,000m²
約 16,000m²
平日 9:00-21:45; 土日祝 10:30-18:00
50 台
―
―
あり
―
平日 9:00-17:00
あり
―
平日 9:00-17:00
あり
―
平日 9:00-17:00
教員，図書館員，学生
実施予定
ライティング・センター機能を含む多様な学習支援
実施予定
ライティング・センター機能を含む多様な学習支援
オフィスアワー@AL（教員のオフィスアワーをアカデミックリンクで実施）学習支援デスク（学生，図書館員が共同で学習支援に対応）
設置予定
設置予定

大学名	ソニー学園湘北短期大学
c. プロジェクタの設置（図書館等で貸出）	3台
d. プリンタの設置	2台
e. コピー機の設置	1台
f. 無線 LAN のアクセス・ポイント	なし
g. その他	ノートパソコン，デジタルビデオカメラ，デジタルカメラ，カメラ用三脚など（http://www.shohoku.ac.jp/library/op_list.pdf）
ラーニング・コモンズにおける特徴的な取り組み等	湘北スタイルのラーニング・コモンズとして，2009（平成21）年に図書館をリニューアルオープンした。2階はグループ活動やくつろぎの〈にぎわいフロア（会話可能）〉，3階は静かに読書や勉強ができる〈しずかフロア（会話不可）〉とし，機能をわけている。また，2階部分は目的に応じた利用ができるよう，各スペースがカラーゾーニングされている。
備　考	

千葉大学（参考）
設置予定
設置予定
設置予定
あり
セミナールーム，個室
教員，図書館員，TA，SA などが連携し，コンテンツ・ラボ，ティーチング・ハブ，ライティング・センターの3つの機能と伝統的な図書館機能が融合し，多様なコンテンツをベースとした授業外学習の支援を行ない「考える学生」を創造することを目的とした真のラーニングコモンズを目指している。

◆用語解説◆

【ア行】

▶インフォメーション・コモンズ　Information commons
　利用者（学生）に対して，電子情報源，印刷情報源，各種サービスへの「統合的なアクセス」を提供し，専門的な支援を行う「情報サービス」のモデルのこと。ラーニング・コモンズと同義の用語として用いる場合もあれば，本書4章ベネットのように両者を区別して用いる場合もある。

【カ行】

▶学習スペース　Learning space
　利用者（学生）の自主学習を促す物理的空間のこと。大学の場合は，教室，博物館，屋内スポーツ施設，科学実験室など，キャンパス全域が該当する。通常，図書館に組み込まれることが多いが，コンピュータ・ラボや，ラーニング・コモンズもこうした学習スペースの一部である。

▶教育・学習センター　Teaching and learning center
　教員に対して，新しい教材の開発や，授業内容の刷新のために必要な各種の支援を提供するセンターのこと。図書館が保有するコンテンツの中から，既にデジタル形式になっているものを提供し，新たにデジタル化が可能（必要）なコンテンツについては電子化も行う。そのために必要な機材（映像編集に必要な高性能なコンピュータやソフトウェアなど）の提供や，技術的なサポートも行う。

▶共同学習　Collaborative learning
　利用者（学生）が2名以上で小規模なグループを形成し，同一の課題に共同で取り組む学習方法のこと。共同学習では，学習者同士の相互作用や合意形成の結果として，課題に対する回答が得られたり，何らかの成果物が生み出される。一般的にグループ学習（グループ・ワーク）と呼ばれているものであり，専門的には「協調学習」あるいは「協同学習」ともいう。従来から初等・中等教育ではよく行われてきた学習方法である。知識創造を重視する近年の潮流を受けて，高等教育の領域でも注目されている。

▶共同学習スペース　Collaborative learning space
　利用者（学生）が，2名以上で共同学習や協同作業を行うための空間のこと。たとえば，図書館のラーニング・コモンズ内にあるグループ学習室がこれにあたる。

その規模は大学ごとに様々であるが，ほとんどの場合，1) 可動式家具を設置している，2) コンピュータの利用に備えて情報コンセントがある，3) ホワイトボードやプロジェクタのような出力機器を備えているなど，複数人での協同作業や，議論を円滑に行うための工夫が各所になされている。

▶コース・マネジメント・システム（CMS）　Course management system
　「統合コース管理システム」とも呼ばれ，教材作成の支援や，教材の提示，学生の受講状況の管理，学習状況のフィードバック等を統合的に行うシステム。WebCT，Blackboard，Moodleのようなウェブベースの「eラーニングシステム」はその一例である。教員と学生が，それぞれネットワークに接続されたPCを用いて，教材の作成，閲覧，課題の提出といった操作を行う。

▶コモンズ　commons
　コモンズとは，共同体の構成員が共有する「共有地」「入会地」のことを意味している。共同体が薪の共有を行う森林や，入漁権を独占する漁場などがその一例である。ここから転じて，「クリエイティブ・コモンズ」など，電子資源の共有を可能にする枠組みについて，この語が使用されるようになった。「ラーニング・コモンズ」の概念には，机・グループ学習室・その他作業スペースなどの，単なる学習空間の共有（＝物理的コモンズ）を超え，電子ジャーナルやリンク集などの電子資料の共有（＝電子的コモンズ）が含まれる。

▶コンピュータ・ラボ　Computer laboratory
　一定の広さのスペースに，固定式の家具とハードウェアを設置し，広範なソフトウェアを提供した空間を本書ではこう称する。日本において，いわゆる「コンピュータ教室」「マルチメディア教室」と称されてきた空間のこと。利用者による空間のカスタマイズや協働は意識されていない。

【サ行】
▶サービス・ポイント　Service points
　ラーニング・コモンズ内に設置され，個々のサービスを提供している場所のこと（例：レファレンス・デスク，マルチメディア・サポート・デスクなど）。各種のサービスを「個別に受けられる」場合と，「何でも受けられる」ワンストップ・サービスの場合とがあり，後者を指して，特に「統合サービス・ポイント（Integrated service point）」と呼ぶ。「統合サービス・ポイント」では，情報の所在，検索方法，機器の操作法についての疑問など，ラーニング・コモンズでの学習において生じがちな様々な課題を，1カ所で一元的に解決・支援することができる。

▶サポート・スタッフ　Support staff
　ラーニング・コモンズの利用者を支援するスタッフのこと。図書館員，IT担当者，その他の大学職員，学生のほか，大学によっては教員が担当することもある。ラーニング・コモンズにおいては，ハードウェアやソフトウェアの利用をサポートするコンピュータ・コンサルタント（Computer consultants）や，フロアを動きまわって質問に答えるナビゲーション・アシスタント（Navigation assistants）と呼ばれる学生アシスタントなど，各種のサポート・スタッフが必要とされる。

▶「使命の表明」と「将来展望」　Mission statement and vision statement
　ラーニング・コモンズについての，明確な目的と目標のことを指す。1つの簡潔なパラグラフからなる場合もあれば，より詳細な場合もあり，その長さや内容は大学によってまちまちである。大学（および関連部署）は，この目的と目標を理解し，共有しておく必要がある。使命やビジョンは進化するものでもあり，ある程度の柔軟性が必要とされている。

▶戦術的計画　Tactical planning
　主に計画の実施段階を取り扱う，1～2年程度の短期計画のこと。年間の予算編成と密接に結びついている。

▶戦略的計画　Strategic planning
　目標の設定，戦略，そして計画の目的を含む，3～5年程度の長期にわたる計画のこと。戦略的計画には，通常，1）組織の外的・内的環境の診断，2）使命の表明と将来展望，3）全体目標，4）遂行すべき戦略，5）組織の目標を達成するための資源配分などが含まれる。

【タ行】

▶ティーチング・センター（ファカルティ・センター）　Faculty center for teaching
　教授支援，およびファカルティ・ディベロップメント（FD）のためのセンターであり，教員に対して，教授法や指導技術に関する情報源の提供と支援を行う。教員が授業内で新しい情報技術を用いる場合には，その技術的なサポートなども担当する。

▶電子教室　Electronic classroom
　学生に教育（教授）が可能な協働エリアのこと。20～30台のワークステーションがあり，固定されたプロジェクタと，講師用のワークステーションが置かれている場合が多い。授業の教室としてだけではなく，学生や教職員向けの情報リテラシー教育や，研修の場としても利用される。ラーニング・コモンズ内に設置される場合は，壁を取り払ったオープン・スペース（パブリック・スペース）に近い形で設置される傾向がある。

【ハ行】

▶場所としての図書館　Library as place

　図書館とその「あり方」を，図書館のもつ機能や概念からではなく，物理的に存在する場所・建物・空間の側面から捉えなおそうとする議論のこと。1990年代に，電子図書館との対比の中で議論されるようになり，図書館を学生の社会活動や学習支援のための物理的空間と位置付けたうえで，各種の計画や運動が展開された。本書第5章のスペンサーによれば，この時期に「大学図書館は，カフェを設け，開館時間を延長し，無線LANを設置し，学業のための快適でとても魅力的で刺激を与えるスペースを開設した。図書館は飲食についての方針を改訂し，図書館が個人の研究用に設計された静寂なスペースであるという発想を放棄した」（本書 p.89）とある。

▶バーチャル・レファレンス　Virtual reference

　電子メール，掲示板，チャットといった電子媒体を用いた，非対面型のレファレンス・サービスのこと。情報源の取得や探索方法の伝達などのために，図書館員と利用者との間で「やりとり」が行われ，学習や研究活動を支援する。非対面型のため，情報源の提示や探索方法を伝達するにあたっては，パス・ファインダーなどの補助資料の併用が有効とされる。

▶ファカルティ・ディベロップメント（FD）　Faculty development

　「教育の質的向上」を達成するため，教員の学生に対する教育内容（カリキュラム）や指導方法の向上を意図して実施される種々の取り組みや活動のこと。中央教育審議会による「我が国の高等教育の将来像」答申（平成17年1月）には，大学教員のファカルティ・ディベロップメントの具体的な例として「教員相互の授業参観の実施，授業方法についての研究会の開催，新任教員のための研修会の開催」があげられている。ファカルティ・ディベロップメントの目的には，研究や社会貢献など，教員の活動全般についての質の向上が含まれるとする考え方も存在し，その定義や範囲は幅広い。

▶ファシリテータ　Facilitator

　ラーニング・コモンズの枠組みにおいて，図書館員は，教育支援の過程における協力的なパートナーとなり，さらに可能であれば，教育支援プロジェクトの世話人（ファシリテータ）となることが求められている。そこでは，図書館員は単なる情報リテラシー教育係ではなく，教育支援プロジェクトの計画者であり，パートナーであり，マーケティングや成果の評価についても，責任を持つことになる。

▶プレゼンテーション・サポート・センター　Presentation support center

　学生向けに，ウェブのデザインや開発，デジタル画像や音響の編集を助ける各種

ツールなどを提供するセンターのこと。「マルチメディア・ステーション」,「デジタル・スタジオ」,「メディア・オーサリング・ラボ」など様々な呼び名がある。学生では入手が難しい高価かつ高性能なPCや,各種の編集用ソフトウェア,会議やセミナー用の大判ポスターの印刷が可能な印刷機など,高性能なマルチメディア機器を設置し,利用者の活動を支援する。

【ラ行】

▶ライティング・センター　Writing center

論文や課題レポートを執筆する学生に対して,その企画から作成までに必要な助言とサポートを行うセンターのこと。担当者は情報へのアクセス,情報の組織化,図書館の利用法,ソフトウェアやIT機器の利用法等に通じている必要がある。ラーニング・コモンズにおける学生への支援を円滑に行うためには,こうしたライティング・センターや,コンピュータ・センター,教育・学習センターとも連携し,さらに全分野の基本的な質問に回答できる「多能力のスタッフ」を有することが望ましいとされている。

▶リサーチ・コモンズ　Research commons

主に大学院生や教員に対して,図書館員やIT技術者が,研究データの利用,作成,操作,保存方法についての助言や支援を行う。研究助成金やコンプライアンス,著作権,知的財産,技術移転の問題など研究活動の側面からも教員を支援し,ラーニング・コモンズを補完する役割を担う。

【アルファベット】

▶ILL

「図書館間相互貸借」(Interlibrary loan) の略称。どの図書館でも,1館で自館の利用者が利用・希望する資料を全て所蔵することは不可能である。そのため,図書館間で協定を結び,自館において非所蔵の資料を他館から借り受けて利用者に閲覧させたり(図書の場合),他館から複写物の提供を受けて利用者に譲渡したり(雑誌記事の場合)できるようにする制度のこと。

▶MSLIS

　→SLIS

図書館情報学修士号(Master of Science in Library and Information Science)の略称。MLIS (Master of Library and Information Science) も同様の学位である。

▶OPAC

「オンライン閲覧目録」(Online public access catalog) の略称。従来,冊子体やカードで検索されていた図書館の蔵書目録の内容を電子化し,来館者が誰でも検索・

利用できるように一般公開したもの。1990年代半ばからネットワークに接続し，来館者のみならず（インターネットに接続していれば）誰もが館外から利用できるようになった。OPAC は図書館の蔵書検索に特化してきたシステムであるが，近年の大学図書館では，電子ジャーナルや電子ブックなど電子情報源の取り扱いも増加し，旧来の OPAC が有する機能だけでは対応しきれない場面も増えつつある。

▶SLIS

図書館情報学大学院（School of Library and Information Science）の略称。アメリカ図書館協会（American Library Association: ALA）は，専門職としての図書館員について，ALA が認定する図書館情報学大学院を修了し，MSLIS を取得することを求めている。

（國本　千裕）

"ラーニング・コモンズ"を超えて
―― あとがきに代わる，日本の大学図書館への問いかけと期待 ――

　千葉大学において，アカデミック・リンクというコンセプトでラーニング・コモンズの機能を含む，コンテンツと学習の近接による能動的学習の推進による教育改革を推進してきた経験を踏まえ，あえてここで「ラーニング・コモンズを超える」と言ってしまうことで，大学図書館のこれから，そしてさらに先に目を向けてみたい。

　インターネットの普及，そして電子的コンテンツの利用可能性の高まりによって，多くの大学図書館は利用者の減少という，かつてない事態に直面してきたが，ラーニング・コモンズという学習空間の設置によって利用者数は増加に転じた。大学図書館はその魅力を取り戻したかのように見える。確かに，最近見学したラーニング・コモンズは，どこも楽しげに仲間と語らいながら学習する学生たちで溢れている。もちろんこれはすばらしいことである。しかしこれが大学図書館にとって本当によいこと，あるいは大学図書館が望んできたことなのだろうか。

　このように問いかけるのは，この学生たちの姿が，スターバックスやマクドナルドで勉強している学生たちと重なってくるからである。スターバックスと図書館のどこが違うのか。北米のとある大学図書館長は，「スターバックスこそが図書館の競争相手である」と語っていたが，空間の快適性ということに限定して言えば，おそらく図書館とスターバックスのめざすところはおそらく違わない。ハーバード大学のラモント図書館（学部生向けの学習図書館）のレファレンスルームは，数年前，深夜まで開いている，インターネットが使えるカフェとしてリニューアルされた。そのデザインはスターバックスと見まごうばかりである。

　図書館にラーニング・コモンズが設置される理由は，発端はどうあれ，本質的には図書館に人が来なくなって閲覧席が余っているからではないはずだ。ラ

ーニング・コモンズが大学図書館に設置されたからこそ実現できることがあるはずである。そして，そこで実現できることが，今日の大学教育あるいは大学のミッションとどのように関わっているのか。これに対する答を，今の日本のラーニング・コモンズから見いだすことは難しい。本書の終章として掲載された小山による調査の結果が示すように，日本の多くの大学図書館がラーニング・コモンズに取り組んでいるが，そこにあるものが，本書で紹介されている北米のラーニング・コモンズとは同じとは言えない。なぜなら，日本のラーニング・コモンズの多くは，機能ではなく空間としてしか存在していないからである。もちろん「まずは空間を」と考え，北米の大学図書館をまねる形でラーニング・コモンズを作ること自体は悪いことではない。まず形から入るということは，多くの芸術においてそうであるように，何かを身につける上の基本である。しかし忘れてはいけないのは，形は形に過ぎないが，それは精神の活動の所産であるということである。ここで言う精神とは大学図書館の理念に他ならない。すなわち，記録された知識を時空を超えて残し伝えること，そしてそれらへのアクセスを保証することを基礎に教育研究に貢献することである。

　さらに言えば，ラーニング・コモンズを展開してきた北米の大学図書館は，主題図書館員による論文執筆支援，文献案内等のコンテンツを活用した学習支援において長い伝統を持つ。ラーニング・コモンズはこのような理念，伝統の延長線上に存在するものである。本書を読まれた方々はこのことに容易に気づかれたに違いない。また，北米と日本では図書館や図書館員のおかれている文化的，制度的背景が大きく異なるので，人的支援が重要であることがわかっていても，そう簡単に日本で実現できるものではない。しかし，単に表面的にできることだけを模倣することと，本質を理解してその実現に努力することとでは，模倣を脱し，次に何をすべきかを考える際に大きな違いが生じるはずである。

　千葉大学において推進しているアカデミック・リンクという構想も，いくつかの点で北米の大学図書館の取り組みを参考にしている。本書の「はじめに」において「大学図書館の将来の方向性に関する千葉大学としての解答」と書かれているが，アカデミック・リンクは，ラーニング・コモンズの本質をふまえて，日本の高等教育の課題と，その解決に貢献しうる大学図書館の持つべき機能を再検討し，コンテンツの提供，それを扱うための技術，および教育・学習

の実践との連携を軸に教育の改革を実現しようとしている。この構想は，結果的にはラーニング・コモンズという概念を遥かに超える大きなものになってしまったが，それは今日の日本の大学に対する社会的要請を踏まえて，コンテンツを提供する基盤として，教育・学習への貢献としてなし得ることを検討し，構想に加えていった結果である。

　今日，ラーニング・コモンズという空間は，学生や教員に広く受け入れられている。単に様々な情報機器を備えた，快適なグループ学習空間であることを超えて，コンテンツ利用を促すような各種のナビゲーション，サポートを提供し，コンテンツを活かした学習を能動的に行なえる学生を育成するという機能を実現する好機である。この機能が実現すれば，いずれ「図書館に"ラーニング・コモンズ"がある」という過渡的な状況を超え，大学図書館が全体としてラーニング・コモンズとして機能する段階に至るだろう。そのときこそ，新制大学発足後の日本の高等教育において，教育・学習と直接つながる大学図書館がはじめて機能するときである。

　本書が日本の大学図書館のこれからにとって価値ある貢献になりうるなら，それはラーニング・コモンズについて，形だけではなくその背景にある理念，思想に考えをめぐらせるきっかけを与えることにある。つまり，序章において言及されているように，図書館が本来果たしてきた機能や役割を再検討しなければならないという危機意識を踏まえ，ラーニング・コモンズを単に学生の学習用施設・設備の提供ということではなく，大学図書館が目指すべき将来像として捉え，どのように実現するのかを考えるということである。そのような思考の先に，日本の高等教育の文脈の中で，教育に直接関与し学習を支える大学図書館の姿が借り物ではない形で見えてくるはずだ。本書の成立に関わったものとして，またアカデミック・リンクという先駆的な試みに取り組むものとして，一人でも多くの関係者が大学図書館のこれからに対して自分なりの解答を見出すことに強く期待するのである。

　　　2012年7月

　　　　　　　　　　　　　　　　　　　　　　　　　　　　　竹内　比呂也

人名・固有名詞索引

ア行

アイオワ大学　11, 45, 50, 52, 53, 55, 57
アズベリー神学校　10
アパラチア州立大学　30
アビリーン・クリスチャン大学　10
アリゾナ大学　9, 12, 45, 52, 54
アルバータ大学　145
井上真琴　7, 21
インディアナ大学ブルーミントン校　9, 17, 86, 164
ヴァンダービルト大学　157
ヴィクトリア大学　10
ウィノナ州立大学　47
ウェストミンスター・カレッジ　86
ウォーリック大学　3
ウォルターズ, C.　17, 163
エロン大学　9, 32, 33
オークランド大学　9, 10
大阪大学　3, 205, 211, 213, 216, 217, 235, 237, 238, 240
大妻女子大学　210, 217, 247, 249
お茶の水女子大学　3, 20, 207, 208, 211, 212, 215-217, 223, 225
オハイオ州立大学　12
オハイオ大学オールデン図書館　10
オブリンガー, D. G.　10
オレゴン州立大学　45, 54

カ行

カールトン・カレッジ　10
金沢大学　207, 209, 211-213, 216, 230, 232
カリフォルニア・ポリテクニック大学　9
カリフォルニア州立大学サンマルコ校　10
カルガリー大学　9-12, 45, 50-54, 56, 64
カンザス州立大学　44, 50, 51
九州大学　207, 243, 245
京都大学　207, 208, 210, 212, 235, 237
グールド, T. H. P.　12
グラスゴー・カレドニア大学　10
ゲルフ大学　9
公立はこだて未来大学　3, 5, 206, 207, 211, 246, 248
国際基督教大学　3, 203, 206, 208, 213-215, 250, 252
コネティカット大学　30
コロラド州立大学　9, 44, 56, 57

サ行

サンシャイン・コート大学　9
静岡大学　207, 210, 216, 217, 231, 233
シャーロット・ラテン語学校　9
シャンプレイン・カレッジ　10
上智大学　3, 211-213, 215, 217
湘北短期大学　→ソニー学園湘北短期大学
昭和女子大学　210, 211, 215, 251, 253
ジョージ・メイソン大学　44, 52, 54
ジョージア工科大学　10, 11, 147, 148, 153, 154, 157
ジョージア大学　9, 11, 12, 157
スタンフォード大学　10, 71, 150
スペンサー, M. E.　15, 85, 186
スワニー：サウス大学　110
成蹊大学　206, 208, 211, 215, 254, 256
聖トマス大学　142
ソニー学園湘北短期大学　5, 21, 207, 208, 211-215, 266, 268

281

タ行

ダートマス・カレッジ　153, 154, 157
大正大学　209, 211, 212, 214, 215, 217, 247, 249
立石亜紀子　220
ダニエルズ, T.　185
ダリス, D.　163
ダルハウジー・ラーニング・コモンズ　74
千葉大学　267, 269
筑波大学　203, 205, 207, 212, 216, 217, 221-225
土屋俊　6, 21
ティアニー, B. G.　9, 12
ディクソン・カレッジ　10
テキサス大学オースティン校　47, 54, 156
テネシー大学　10, 147, 153, 156
テネシー大学ノックスビル校　10
デューク大学　35, 88
東京女子大学　3, 5, 21, 207, 211, 212, 215-217, 219, 221, 255, 257
東京大学駒場アクティブラーニングスタジオ　5
東京大学総合図書館　204
トーマス, C.　15, 95
徳島大学　217, 243, 245
独立カレッジ委員会　79
図書館情報資源財団　70, 71
鳥取大学　212, 224, 242
トロント公共図書館　9
トロント大学　47, 48, 50
呑海沙織　220

ナ行

名古屋学院大学　207, 211, 213, 214, 259, 261, 262, 264
名古屋大学　3, 206, 208, 212, 216, 219, 231, 233
奈良女子大学　216, 239, 241
新潟大学　205, 212, 227, 229
ニューメキシコ大学　46, 48-50, 51
ネバダ大学ラスベガス校　46, 50, 52, 155
根本彰　4, 20
ノースカロライナ大学シャーロット校　9, 10, 46, 50

ハ行

ハミルトン大学　28, 31
バラット, C. C.　18, 185
ビーグル, D.　7-9, 14, 78-80, 89, 186
広島工業大学　209, 212, 263, 265
広島大学　207, 213, 214, 239, 241
広島文教女子大学　207, 211, 215, 217, 219, 263, 265
ブランデンブルク工科大学　9
ブリガム・ヤング大学　9, 12, 86
ブリッジウォーター州立大学　28, 29, 35
ブリンモア・カレッジ　119
ブルックデール・コミュニティ・カレッジ　9
ベイリー, D. R.　9, 12
ベネット, S.　14, 16, 67, 70, 71, 77, 103
ペンシルバニア州立大学　150
法政大学　213, 255, 257
北米研究図書館協会　89

マ行

マウント・ホリヨーク大学　3, 30
マギル大学　44
マクウィニー, L.　37
マクドナルド, R. H.　15, 95
マクマレン, S.　13, 25, 213, 218
マサチューセッツ大学アマースト校　3, 10, 12, 34, 144, 161
三重大学　209, 210, 217, 219, 220, 234, 236
ミシガン大学　11, 46, 50, 55
ミズーリ大学カンザス・シティ校　46
南カリフォルニア大学　10, 12, 47, 53,

56, 69
南メイン大学　　10, 12, 225
ミネソタ大学　　10, 12, 145, 153
ミネソタ大学ツインシティ校　　10, 12
武蔵野美術大学　　207, 213, 258, 260
明治大学　　5, 21
茂出木理子　　3, 20

ヤ行

山内祐平　　5, 21, 221
ユタ大学　　150
横浜国立大学　　206, 209, 212, 214, 219, 228
米澤誠　　3, 20, 220

ラ行

ランガナタン, S. R.　　96, 97

リッピンコット, J. K.　　16, 141, 180
レイク・スペリオル・カレッジ　　44
ロバーツ, R. L.　　13, 14, 63

ワ行

ワートバーグ大学　　133
ワシントン大学　　47, 150, 203
早稲田大学　　207, 215, 259, 261

アルファベット

ARL　→北米研究図書館協会
CLIR　→図書館情報資源振興財団
EDUCAUSE　　10, 11, 22, 23, 35, 91, 92, 95, 134-136, 141, 160, 161, 183

事項索引

ア行

IT 支援　→技術支援
IT スタッフ（IT 専門家，IT 担当者）　18, 79, 82, 153, 194
IT 部門（IT センター）　→情報部門
アイデンティティ　117, 121, 124, 187, 196
　学生の——　34, 124
　職業的——　120-122
　図書館（員）の——　19, 55, 196, 197
アカデミック・コモンズ　12
アカデミック・スキル　4
アマゾン　88, 97
新たな社会的ニーズに対応した学生支援プログラム（学生支援 GP）　5, 21, 216
イマージョン学習　107, 136
インスタント・メッセージ　98, 146, 187, 193
インフォメーション・コモンズ　8-20, 37, 41, 66-68, 77-81, 91, 141-160, 164, 166-169, 180, 186, 270
ウェブ 2.0　186-188, 197

カ行

学業成績　16, 198
学士課程教育　3, 20, 22
学習過程　→学習プロセス
学習空間（学習スペース）　5, 6, 11, 16, 40, 57, 81, 91, 103-109, 111-115, 117-119, 122, 124, 126-130, 132-137, 164, 167, 169, 200, 210, 218, 270
学習経験　71, 106, 127
学習行動　70, 105, 106, 109-111, 115-117, 127, 129, 135
学習コミュニティ　107, 114, 121, 125, 126, 130
学習支援　3-5, 19, 20, 78, 80, 82, 210, 213-215, 217
学習成果　9, 34, 78, 79, 107, 186
学習プロセス（学習過程）　25, 68, 70, 72, 73, 126, 150
学習方法　19, 99
学習目標　14, 78
学習様式　128
学習理論　3, 105, 135, 192
学生アルバイト　→：学生スタッフ，大学院生スタッフ，ピア・サポート・スタッフ　192, 203, 214
学生支援 GP　→新たな社会的ニーズに対応した学生支援プログラム
学生スタッフ　→：学生アルバイト，ピア・サポート・スタッフ　173-175, 177
学生生活　2, 18, 86, 122, 178, 194
学風　117
仮想空間（仮想スペース）　16, 106-108, 136
仮想情報空間　16, 100
カフェ　6, 13, 27, 30, 34, 40, 88, 89, 91, 128, 144, 158, 159, 164, 167, 187, 208, 209, 212, 217-219
技術支援（テクノロジー支援）　28, 42, 46, 87, 187, 189, 190, 192, 196
キャリア・センター　153
キャンパス・コミュニティ　→：学習コミュニティ　17, 34, 145, 159
教育 GP　→質の高い大学教育推進プログラム
教育の質保障　4
教授（方）法　→指導方式
共同学習　29, 104, 108, 109, 114, 115, 117, 121, 136, 143, 188, 219, 270

協同学習　→：共同学習　　13, 16, 37, 39, 53, 55, 58, 114
共同学習スペース　→：グループ・スペース，共同空間　　13, 27, 29, 41, 159, 218, 271
共同空間（共同スペース）　→：共同学習スペース，グループ・スペース　　180, 188, 197
共同研究　　114, 115
共同作業　→：共同学習　　18, 28-30, 90, 114, 144, 150, 187, 195-197
グーグル　　97
グーグル・スカラー　　99
グループ学習空間　→グループ・スペース
グループ研究　　37, 39, 41, 44, 46, 47, 54, 104, 114, 190
グループ・スタディ　→共同学習
グループ・スペース　→：共同学習スペース，共同空間　　143, 150, 155, 180, 204, 213, 219
訓練［スタッフの］　　33, 42, 54-56, 196
継続教育［担当者の］　→スタッフ・ディベロップメント
研究支援　　37, 39, 41, 42, 57, 189
検索エンジン　　1, 205
交差訓練　　79, 175
交流　　5, 16, 29, 34, 122-124, 158, 164, 198
コース管理ソフトウェア（course management software）　→コース・マネジメント・システム
コース・マネジメント・システム（授業管理システム）　　146, 149, 182, 271
五原則［ランガナタンの］　　96
個人学習　→単独学習
孤独な学習　　116
個別指導　　90, 150, 190, 215

サ行

サービス・デスク　　13, 17, 18, 27, 28, 34, 88, 144, 153, 171, 174-177, 179, 189, 190, 195, 213, 214, 218, 219
サービス・ポイント　　42, 54, 149, 159, 164, 169, 171, 172, 175, 177, 190, 191, 197, 213, 219
財政支援　　195, 196
サイブラリー　　185
質の高い大学教育推進プログラム（教育GP）　　5, 21, 214
使命　　14, 51, 57, 64, 78-81
　大学の――　　11, 13, 14, 18, 26, 37, 55, 151, 196
使命の表明　　43, 50, 272
社会空間　　188, 197
社会的相互作用　　29
社会的ネットワーク　　35
ジャスト・イン・ケース　　191
授業管理システム　→コース・マネジメント・システム
情報技術担当者　→ITスタッフ
情報ゲートウェイ　　166
情報サービス　　11, 79, 88, 91, 144, 164
情報部門　　17
情報リテラシー教育　→：図書館講習会，図書館利用教育　　2, 4, 5, 150, 203, 219
将来の展望（ビジョン宣言）　　48
人的資源　　7-9, 66, 78, 79, 186
スタッフ・ディベロップメント（SD）　　196, 217, 220
生産性ソフトウェア　　18, 27, 39, 41, 57, 65, 67, 187, 196
全国学生関与調査（National Survey of Students Engagement: NSSE）　　103, 109, 114, 115, 122, 123, 125, 127, 132, 134, 136, 198
騒音　　18, 195, 196
ソーシャル・ネットワーク　　10, 99

タ行

大学院生スタッフ　→：学生アルバイト，ピア・サポート・スタッフ　　47,

事項索引　　285

172, 175-177
大学教育　3-5, 20, 23, 54
大学サポート組織　33
第11回カリフォルニア大学・研究図書館会議　10
建物性能評価　104, 105, 130
単位制度の実質化　4, 220
単独学習（個人学習）　16, 68, 114, 115, 117, 209
知識コモンズ　25, 146, 151
ティーチング・コモンズ　12
テクノロジー支援　→技術支援
デジタル・インフォメーション・コモンズ　15
デジタル・コンテンツ（デジタル（情報）資源，デジタル情報源）　9, 37-41, 43, 57, 65, 66, 71-73, 78, 98, 147, 148, 166, 186, 192
デジタル情報端末　2
デジタル生活機器　98
電子教室　13, 27, 32, 33, 45, 218, 219
電子ジャーナル　3, 4, 6, 146
電子情報資源　38-41, 43, 65, 66, 166
電子ブック　4, 6, 11, 12, 87
電子レファレンス　→バーチャル・レファレンス
特色ある大学教育支援プログラム（特色GP）　5, 21
図書館講習会（図書館利用講習）　33, 42, 53, 175
図書館2.0　185
図書館利用教育　→：情報リテラシー教育　2, 175

ハ行

バーチャル・レファレンス（電子レファレンス）　57, 87, 182, 185, 191, 194
バーンズ・アンド・ノーブル　88
ピア・サポート・スタッフ　→：学生アルバイト，学生スタッフ，大学院生スタッフ，TA，SA　215, 216, 219

ビジョン［ラーニング・コモンズ／インフォメーション・コモンズの］　26, 64, 69, 87, 90, 145, 152, 159, 194
——宣言　→将来の展望
評価［ラーニング・コモンズ／インフォメーション・コモンズの］　9, 13, 19, 40, 42, 43, 50, 52, 53, 57, 58, 71, 73, 77, 79, 86, 91, 105, 128, 130, 134, 152, 179, 180, 182, 187, 200
ファカルティ・ディベロップメント（FD）　13, 27, 32, 79, 82, 217, 218, 220, 273
フォーマット　37-39, 43, 147, 189, 190
物理空間（物理的スペース）　37, 39, 54, 57, 89, 100, 106-108, 130, 135, 142
プレゼンテーション　6, 13, 27, 31, 32, 68, 69, 143, 147, 148, 150, 157, 176, 190, 218, 219
プレゼンテーション・サポート・センター　31, 274
プロセス志向空間　188
ヘルプ・デスク　41, 44, 48, 56
変革［組織の］　4, 5, 15, 21, 63, 64, 67, 73, 91, 95, 107, 176, 199
ボーダーズ　88, 186

マ行

マーケティング　51, 71, 73, 147
マイライフ・マイライブラリー　5, 21, 207, 216, 217, 219, 221, 255, 257
ミッション［大学の］　→使命［大学の］
ミッション宣言［ラーニング・コモンズ／インフォメーション・コモンズの］　→使命の表明
南カリフォルニア大学レビュー図書館2004会議　69

ラ行

ライティング支援　190, 215
ライティング・センター　13, 27, 33, 34, 90, 145, 149, 153, 167, 215, 218, 219, 274
ラウンジ　13, 27, 34, 91, 208, 209, 218,

219
利害関係者　12, 51, 69, 71, 74
リサーチ・コモンズ　12, 274
利用者行動　14, 63, 70
利用者サービス　17, 48, 144, 159, 163, 177, 199
レファレンス質問　167, 173, 175, 178
レファレンス・エリア（レファレンス・ルーム）　87, 88, 141-144, 152, 159, 187, 194
レファレンス・コレクション　46, 118, 167, 169, 170, 176, 211, 212
レファレンス・サービス　15, 17-19, 41, 44, 47, 85, 87, 91, 148, 163, 167, 176, 177, 185-187, 189-191, 193, 194, 197, 198, 200
レファレンス再考　85, 88
レファレンス支援　→レファレンス・サービス
レファレンス資源　192
レファレンス室　→レファレンス・エリア
レファレンス質問　53, 56, 78, 169
レファレンス担当者　→：レファレンス・ライブラリアン　53, 149
レファレンス・デスク　18, 44, 45, 48, 118, 137, 170, 174-176, 182, 185, 188, 190-195
レファレンス・ライブラリアン（レファレンス・スタッフ）　8, 44, 46, 47, 54, 55, 87, 177, 187
レファレンス・ルーム　→レファレンス・エリア

ワ行

ワンストップ（サービス，ショッピング）　7, 33, 56, 77, 88, 89, 144

アルファベット

CMS　→コース・マネジメント・システム
Facebook　10, 98, 187
FD　→ファカルティ・ディベロップメント
FSSE（Faculty Survey of Student Engagement）　115, 123, 126, 132
MLIS　18, 87, 191-193, 274
MSLIS　274
NSSE　→全国学生関与調査
OPAC　37, 41, 42, 87, 274
SA　→：ピア・サポート・スタッフ, TA　215, 216, 219
SD　→スタッフ・ディベロップメント
SLIS　172, 175, 177, 275
TA　→：ピア・サポート・スタッフ, SA　215-217, 219
WebCT　→：コース・マネジメント・システム　40, 192

執筆者紹介

加藤　信哉（かとう　しんや）＊編訳者　序章，1～10章翻訳
　1954年生。図書館短期大学図書館学科卒業
　現在　国立大学法人名古屋大学附属図書館事務部長
　主著　『学術情報流通と大学図書館』（共著，勉誠出版，2007），「COUNTER について（電子ジャーナルの利用統計）」『薬学図書館』2007, vol. 52, no. 3.

小山　憲司（こやま　けんじ）＊編訳者　序章，終章，1～10章翻訳
　1971年生。中央大学大学院文学研究科博士後期課程（社会情報学専攻）単位取得退学
　現在　日本大学文理学部准教授
　主著　「文献複写サービスの現状と課題：国内の文献複写サービスを中心に」『情報の科学と技術』2011, vol. 61, no. 10, p. 393-400., How the digital era has transformed ILL services in Japanese university libraries: a comprehensive analysis of NACSIS-ILL transaction records from 1994 to 2008. Interlending & Document Supply. 2011, vol. 39, no. 1, p. 32-39.（共著）「アメリカの大学図書館における利用教育の実際：1920, 30年代を中心に」『日本図書館情報学会誌』1999, vol. 45, no. 2.

土屋　俊（つちや　しゅん）はじめに
　1952年生。東京大学大学院人文科学研究科博士課程（哲学）単位取得退学
　現在　大学評価・学位授与機構教授
　主著　『心の科学は可能か』（東京大学出版会，1986），『情報倫理学：電子ネットワーク社会のエチカ』（共著，ナカニシヤ出版，2000），『情報倫理の構築』（共著，丸善，2003），『変わりゆく大学図書館』（共著，勁草書房，2005），『真の包括的な言語の科学』（くろしお出版，2008）

スーザン・マクマレン（Susan McMullen）1章
　ロジャー・ウィリアムス大学（Roger Williams University）教授／レファレンス・情報資源図書館員（Professor/Reference and Information Resources Librarian）

ローリー・A・マクウィニー（Laurie A. MacWhinnie）2章
　メイン大学ファーミントン校マンター図書館（Mantor Library, University of Maine at Farmington）レファレンス・サービス部門長（Head of Reference Services）

レジーナ・L・ロバーツ（Regina Lee Roberts）3章
　スタンフォード大学図書館・学術情報資源（Stanford University Libraries and Academic Information Resources: SULAIR）アフリカ・コレクション副キュレータ（Assistant Curator of the African Collection）
　現在は，スタンフォード大学図書館人類学・フェミニスト研究・ポルトガル語圏アフリカ・社会学担当ビブリオグラファ（Bibliographer for Anthropology, Feminist Studies,

Lusophone Africa and Sociology)

スコット・ベネット（Scott Bennett） 4章, 7章
　イェール大学名誉図書館長（Librarian Emeritus）・米国独立カレッジ委員会上級顧問

メアリー・E・スペンサー（Mary Ellen Spencer） 5章
　ヴァージニア・コモンウェルス大学VCU図書館ジェームス・ブランチ・キャベル図書館研究・指導サービス担当責任者（Head, Research and Instructional Services）
　現在は，コレクション担当図書館員（Collection Librarian）/助教授（Assistant Professor）

ロバート・H・マクドナルド（Robert H. McDonald） 6章
　フロリダ州立大学タラハシー校技術・調査担当副館長（Associate Director of Libraries for Technology & Research）
　現在は，ハーティトラスト研究センター執行委員会委員（Executive Committee Member）

チャック・トーマス（Chuck Thomas） 6章
　フロリダ図書館自動化センター　ディジタル推進図書館員（Digital Initiatives Librarian）
　正式には，チャールズ・トーマス（Charles Thomas）
　現在は，博物館・図書館サービス振興局（Institute of Museum and Library Services）上級プログラム担当官（Senior Program Officer）

ジョアン・K・リッピンコット（Joan K. Lippincott） 8章
　ネットワーク情報連合（Coalition for Networked Information: CNI）副理事（北米研究図書館協会（ARL）・EDUCAUSE合同プロジェクト担当）

ダイアン・ダリス（Diane Dallis） 9章
　インディアナ大学ブルーミントン校ウェルズ図書館インフォメーション・コモンズおよび学習サービス担当責任者（Head of Information Commons/Undergraduate Services, Wells Library）
　現在は，インディアナ大学図書館サービス部副部長（Associate Dean, Library Services）

キャロリン・ウォルターズ（Carolyn Walters） 9章
　現在は，インディアナ大学図書館副館長（Associate Dean of Libraries）

ティム・ダニエルズ（Tim Daniels） 10章
　ジョージア州立図書館のPINES部門PINESプログラム管理者，前ジョージア州立大学図書館ラーニング・コモンズ・コーディネータ

キャロライン・C・バラット（Caroline Cason Barratt） 10章
　ジョージア大学図書館レファレンス・指導担当図書館員

國本　千裕（くにもと　ちひろ）　用語解説
　1981年生。慶應義塾大学大学院文学研究科後期博士課程（図書館・情報学専攻）単位取得退学
　現在　千葉大学アカデミック・リンク・センター特任助教
　主著　「情報探索行動の開始メカニズム：医学・医療情報の探索実例を通じて」*Library and Information Science*, 2010, No. 64, p. 55-79.

竹内比呂也（たけうち　ひろや）　あとがき
　1961年生。愛知淑徳大学大学院文学研究科博士後期課程（図書館情報学専攻）単位取得退学
　現在　千葉大学文学部教授，附属図書館長，アカデミック・リンク・センター長
　主著　『変わりゆく大学図書館』（共著，勁草書房，2005），『図書館はまちの真ん中』（共著，勁草書房，2007），『情報学基本論文集 1』（共訳，勁草書房，1989）

ラーニング・コモンズ　大学図書館の新しいかたち

2012 年 7 月 25 日　第 1 版第 1 刷発行

編訳者　加藤信哉
　　　　小山憲司

発行者　井村寿人

発行所　株式会社　勁草書房
112-0005 東京都文京区水道 2-1-1　振替 00150-2-175253
（編集）電話 03-3815-5277／FAX 03-3814-6968
（営業）電話 03-3814-6861／FAX 03-3814-6854
三秀舎・ベル製本

© KATO Shinya, KOYAMA Kenji　2012

ISBN978-4-326-00037-1　Printed in Japan

JCOPY ＜(社)出版者著作権管理機構　委託出版物＞
本書の無断複写は著作権法上での例外を除き禁じられています。
複写される場合は、そのつど事前に、(社)出版者著作権管理機構
（電話 03-3513-6969、FAX 03-3513-6979、e-mail: info@jcopy.or.jp）
の許諾を得てください。

＊落丁本・乱丁本はお取替いたします。
http://www.keisoshobo.co.jp

逸村 裕・竹内比呂也編	変わりゆく大学図書館	Ａ５判	3045円
三田図書館・情報学会編	図書館・情報学研究入門	Ａ５判	2835円
情報探索ガイドブック編集委員会編	情報探索ガイドブック　情報と文献の森の道案内	Ａ５判	4620円
谷口祥一・緑川信之	知識資源のメタデータ	Ａ５判	2940円
倉田敬子	学術情報流通とオープンアクセス	Ａ５判	2730円
ヴィッカリー　村主朋英訳	歴史のなかの科学コミュニケーション	Ａ５判	3990円
常世田 良	浦安図書館にできること	〔図書館の現場①〕四六判	2730円
三田誠広	図書館への私の提言	〔図書館の現場②〕四六判	2625円
根本 彰	続・情報基盤としての図書館	〔図書館の現場③〕四六判	2520円
杉岡和弘	子ども図書館をつくる	〔図書館の現場④〕四六判	2520円
安井一徳	図書館は本をどう選ぶか	〔図書館の現場⑤〕四六判	2205円
竹内比呂也ほか	図書館はまちの真ん中　静岡市立御幸町図書館の挑戦	〔図書館の現場⑥〕四六判	2205円
田村俊作・小川俊彦編	公共図書館の論点整理	〔図書館の現場⑦〕四六判	2520円
柳 与志夫	知識の経営と図書館	〔図書館の現場⑧〕四六判	2520円
小川俊彦	図書館を計画する	〔図書館の現場⑨〕四六判	2415円

＊表示価格は2012年7月現在。消費税は含まれております。